2012年度浙江省哲学社会科学规划课题研究成

YEFASHAN KAOLUN

叶法善考论

周伟华 著

浙江工商大学出版社
ZHEJIANG GONGSHANG UNIVERSITY PRESS

图书在版编目(CIP)数据

叶法善考论 / 周伟华著. —杭州：浙江工商大学出版社，2015.1

ISBN 978-7-5178-0841-1

Ⅰ. ①叶… Ⅱ. ①周… Ⅲ. ①叶法善(616～720)—人物研究 Ⅳ. ①B959.92

中国版本图书馆 CIP 数据核字(2015)第 006638 号

叶法善考论

周伟华 著

责任编辑 郑 建
封面设计 王好驰
责任校对 何小玲
责任印制 包建辉
出版发行 浙江工商大学出版社
(杭州市教工路 198 号 邮政编码 310012)
(E-mail:zjgsupress@163.com)
(网址:http://www.zjgsupress.com)
电话:0571-88904980,88831806(传真)
排 版 杭州朝曦图文设计有限公司
印 刷 虎彩印艺股份有限公司
开 本 710mm×1000mm 1/16
印 张 10.75
字 数 189 千
版 印 次 2015 年 1 月第 1 版 2015 年 1 月第 1 次印刷
书 号 ISBN 978-7-5178-0841-1
定 价 32.00 元

浙江工商大学出版社营销部邮购电话 0571-88904970

序

我们经常说，历史是一条奔腾不息的河，它在流淌中汇集更多的涓涓细流，但同时它也在流失、蒸发、沉淀甚至消失。有许多人在历史的河流中寻找着遗失的真实，或者试图复原真实的历史。周伟华的《叶法善考论》就在做着这样的工作，她在追述叶法善的生平之间，综述叶法善的思想、政治、养生和排佛等真实的世界，她在重构叶法善作为一个历史人物和传奇人物的真实存在，这一工作枯燥，但却不乏发现的乐趣。

叶法善生活于初盛唐之间。关于他的生卒年月，存在着争论。但这不影响他是一个历史人物，也是一个传奇人物且活了一百多岁，据新旧唐书《叶法善传》记载，他历经五帝，尊为帝师，"当时尊宠，莫与为比"。他对当时的政治、宗教、民间社会等影响巨大。据周伟华告诉我，叶法善是她的老乡，真正的老乡，同一个镇的。当然，唐代时还不是，现在是的。因为这层关系，她从小就听到许多叶法善的传奇故事，并对这些传奇故事的真实的自然和人文历史景观非常熟悉。后来，受到学长的影响，开始研究叶法善。我太相信这种研究工作切入方式了，因为对于家乡的热爱常常与自然景观、人文历史景观、生活和著名的历史人物等紧密结合在一起，而著名的历史人物所形成的对于家乡的自豪感，是每一个后来者都存在的，它常常是激发我们去追寻历史真实的原生动力。对于这样切入的研究，我们在欣赏的同时，一定要支持和鼓励。当然，周伟华让我为她的书稿写点文字，我之所以立马同意，还因为叶法善与"我"也有"乡情"之谊。叶法善的外婆家是在宣平(柳城)，即今天的武义县，而我是武义人。我从小同样听到大量叶法善的传奇故事。拿今天特别流行的话来说，哥已退出江湖，但哥的传说依然在江湖流传。这就是影响力，叶法善就有这种影响力。一千多年后的今天，他的传奇故事依然在民间盛传，并让后人在对于他的真实历史、真实生活产生无限遐想的同时，有动力有冲动去研究他。周伟华就是其中之一，她就这样做了。

《叶法善考论》共六章，外加生平简谱、隋唐叶氏三碑铭文等五篇，约一二十万言。由于她所建构的研究框架具有自己的思路和特点，使我们对叶法善的生平和思想等方面可以通过本书的阅读，形成一个全貌式的了解，应该说，这是一部专门考校叶法善生平和思想非常不错的著作，在一些方面厘清了学术界存在的争议。

首先，对于叶法善的家世考述非常详实。传奇人物不仅他的出生非同一般，他的家世包括出生地、世居地和生活、创业、成名等不同的区域，都会形成不同的故事。由于历史久远和资料的欠缺，甚至互相矛盾，后来的研究者常常难以厘清脉络，甄别真伪。周伟华根据历史记载、笔记小说、族谱、传说等，对于叶法善的出生、成长、生活和成名过程及其轨迹，进行了考述和复原，让我们看到一个一千多年前孜孜不倦追求道教信仰并弘扬道教的家族，并在这个家庭渊源基础上产生了伟大的叶法善。对此，周伟华不仅考述了叶法善的家族渊源，也考述了叶法善的道教渊源。正是两者的联结以及与现实生活中的自然、历史人文景观等存在的结合，使叶法善从传奇中回归于历史与现实的真实，这是非常难能可贵的。

其次，对于叶法善早年学习修道活动的考述非常有历史价值。大家都知道，一个人的成长、成就事业及成名常常与他本人的家庭，尤其是包括他的童年、少年时代的生活、经历与学习等紧密相连。叶法善不仅出生在道教世家，而且，从小就开始了学道、访道和修道。他 8 岁离家辞亲访道游学，11 岁回家，14 岁再到全国云游，求师问道，15 岁入天台山拜茅君为师修习道术，并长期修道，遍问天下大师。从叶法善的青少年经历，我们可以充分地感受到，一方面叶法善非常善于学习，这为他后来的发展打下了坚实的基础；另一方面，叶法善是集道教众家之所长，这为他后来成为帝师或“道教宗师”奠定了坚实的基础。可以说，叶法善之所以成为叶法善是有生活与现实真实的逻辑的，他是一个通过努力而成长起来的道教宗师。

其三，对于叶法善的政治、思想、排佛及行道护道等考述非常全面。叶法善成为道教领袖，离不开他对于道教的行道与护道。这方面，《叶法善考论》用了一个章节的篇幅，对于叶法善在内道场的活动，对于人主景龙观等，都做了大量的述论，并对他在此期间的行道与弘道工作，做了充分肯定。实际上，正是叶法善的独特活动、独特地位决定了他本人的政治观念、思想观念及排佛观念等，并由此决定了他的行为。可以说，叶法善是一个完整的人，同时又是一个具体的道士和道教的坚定维护者和践行者。从世家到成长再到具体的活动，这样的考论，复原了叶法善作为真正道士存在的客观性和逻辑性，是一个活生生的、有血有肉的人，而不是神。当然，由于他的独特的生活和传奇的经历，也造就了大量关于他的神话和传奇，后者是对于前者的一种异化，但却是有着生活和历史真实的异化。

其四，对于轶事和传说真伪的考述非常有趣。《霓裳羽衣曲》、唐玄宗游月宫都是人们耳熟能详的音乐和故事，它与叶法善有着直接的关系，而这也是叶法善传奇的重要内容，正是这样与历史、与帝王关系密切的传说，成就了叶法善作为伟大道士的基本底色。至于其他关于叶法善的传奇，主要是在一些历史典籍中有所记录的内容，著者对它们都做了一一考述，并对它们的真伪做出自己的判断。另外，需要特别指出的是，这部分故事与传说真伪考述还对叶法善的不事著述之各种传说进行了甄别和辨别，读来令人耳目一新，增长知识，同时又趣味横生，让人追思遐想，确定叶法善确实非同一般。

最后，对于生平简谱等方面的附录增加了考述的真实可靠性。据周伟华介绍，附录中的简谱是她本人对于叶法善年谱的一个压缩版，是在完整的整理和研究基础上的一个简化版。从附录中，我们可以明确地读到叶法善整个生命过程中所经历的轨迹，与生平的考述相结合，两者是互为印证，相得益彰，增加了前者考述的真实性和可信度，从而使考述的学术价值大大地提升。因此，附录不是画蛇添足，而是画龙点睛。

当然，这本著作也不是完美无缺、至善至美的，关于一些历史中的争议，虽然进行了一些厘清，但在某些论据的使用和可靠性方面，仍然是属于一家之言，或集众家之所长，不是绝对的结论，后人还可以继续讨论。另外，对于传奇等内容的真伪考论还局限在历史典籍之中，对于民间盛传的各种神奇的传说没有涉及。而民间传说这部分内容虽然是艺术真实的再现，却是有着生活的真实性和广大民众的基础的。人们之所以喜欢叶法善，就是因为他具有神奇的能力——一种超自然、神秘的、常人无法企及的能力，正是这种能力成就了叶法善千百年来依然活在民间，成为民众膜拜对象的真实一面。当然，上述这些缺憾，可能仅仅是研究者的一种取舍或选择，本质上并不影响《叶法善考述》是一部值得研究叶法善学者、爱好者或希望通过叶法善的生平更多地了解叶法善和道教的人需要认真阅读的著作，而通过这种阅读，也可以使我们对盛唐文化、盛唐宗教、盛唐生活和生活于盛唐时期的人们有所了解。

真的是这样。如果你想知道真实的叶法善，那就读一读《叶法善考论》，相信不会让你失望，我已经得到了许多。

是为序。

陈华文

2014年10月于浙江师范大学

陈华文，浙江省二级教授，浙江师范大学学术期刊社社长、浙江省非物质文化遗产研究基地主任，浙江省民俗文化促进会副会长，浙江省民间文艺家协会副主席。

目　　录

第一章　近二十年来叶法善研究综述

在中国道教史和文化史上，叶法善是一位声名卓著的长寿高道。学术界对叶法善生平事迹、传说神话、道学渊源、思想等方面的研究取得了比较丰富的成果，对其进行梳理，有助于叶法善研究的进一步深化。

叶法善(616—720)，字道元，号太素，浙江丽水松阳人，生于五代为道的浙南道士世家，唐朝著名的道教大师。叶法善由普通的道教弟子，进位到宫廷内道场道士；随后，成为大洞三景法师；最后，以长安景龙观观主晋爵越国公，成为时名隆盛的国师、一代高道。他历经五朝，五十年间“往来山中，时时召入禁内”，成为帝王的“尊师”。他的道教活动，影响到当时的政治、社会，影响到后来道教的发展。

近二十多年来，大陆和港台学界对叶法善进行了多方位多角度的研究，包括叶法善的生平、事迹、著述和思想等，取得了比较丰富的成果。现对这一时期的相关研究作一简要的综述，以期对叶法善的研究进一步深化。

一　叶法善综合研究

叶法善虽然在唐玄宗时期获得极高的政治地位，但道教史对他的研究不像同时期的司马承祯以诸多的书面理论所代表的上清一系道士那么充分，那么被关注。上世纪八十年代以来，将叶法善作为一个在道教史和文化史上占有重要地位的历史人物进行综合研究比较少。近年来，叶法善研究的成果不断呈现于各种期刊杂志上，并有专著陆续出版。

主要专著有南开大学文学院吴真博士的《为神性加注：唐宋叶法善崇拜的造神史》(北京中国社会科学出版社 2012 年版)，以唐代宫廷道士叶法善为例，专门研究唐宋时期叶法善肉身成神的造神史。李丹、王陈亮的《唐叶法善家族三碑考》(西泠印社出版社 2011 年版)，以《叶有道碑》《叶慧明碑》《叶尊师碑》三碑为研究对象，还涉及叶法善生平简谱、道教圣地卯山。

重要论文有丁煌的《叶法善在道教史上地位之探讨》(《成功大学历史学报》,14(1988)),收入丁煌所著的较为周全的《汉唐道教论集》(中华书局,2009 年版),论述了叶法善在道教史上的学术地位和影响，是目前研究叶法善最全面的论文。文章根据《新唐书》《旧唐书》《太平广记》《全唐文》等史志碑传与说部、道教典籍，从史学考证的角度全面论述了涉及研究叶法善的各种文献史料、先世年里、习道授箓历程及道法、思想性格、著述传授及宗教活动、叶法善信仰等内容，全面系统地介绍了叶法善对道教的贡献以及在中国道教史上的地位。文中认为叶法善于道教最大贡献如下：

一、毕生竭力传教授箓行法展术，不惟延续天师教脉不绝，又大振其声势，令之遍布流行。这是叶法善的教内贡献。

二、维持反对佛教以及外来巫教的立场与坚守本土国教的本分。这是叶法善的本土传统情怀。

三、虽精于外丹黄白术，但极力反对服食延年。这是使道教保持良好的社会性。

叶法善善于内丹、幻、医、符咒、药学诸术，且挟技以济世救人并传播其教，古来部分人士不解秘术及科技，复以正统儒家行于当世，乃以异色眼光投视之，因而有所歧义。认为法善思想原出儒，后入道，近乎二家之间。吴真的《唐宋时期道士叶法善崇拜发展研究——内道场道士、法师、地方神祇》(香港中文大学 2006 年博士学位论文),系统地研究了叶法善的思想，是目前研究叶法善信仰最具学术性的论文。文章根据唐代金石碑刻、地方史志、笔记文学与道教经典等多种文献，对道士叶法善和唐宋社会叶法善崇拜的起源与发展进行了较为全面而深入的研究，为道教人物史、道教与地方社会互动关系研究提供了一个深度描绘的个案。探讨了叶法善的历史处境，钩沉正史中叶法善的生平事迹。认为在叶法善身上看到了传统道士的多个面向：江南道教世家子弟、内道场道士、功成行满的国师、大洞三景法师、景龙观观主、卓誉地方的孝子。

以上的论著及论文对叶法善的研究主要是从道教的角度展开的，但对于历史人物叶法善的研究只是对其碑文、生卒年、世家等方面零散的研究，却鲜有对历史的真实与后代追思想象的虚诞加以严格甄别。因史书及各种文献对叶法善的记载，偏多于降妖捉鬼禳灾祈雨的小说化的传奇故事，我们既不能一味否定那些传奇，又不能全盘肯定。并且，最早将叶法善小说化的《朝野佥载》成书于叶法善在世之时，这更是不能对叶法善降妖捉鬼禳灾祈雨的传奇之事予以粗暴简单的否定。

二　叶法善生平和事迹研究

(一)叶法善家世研究

由于文献不足及史料真伪莫辨、表述不清等种种原因,叶法善家世、生平和事迹等诸多问题一直是叶法善研究中的难点和弱点,涉及叶法善生平和事迹的研究成果如下。

目前关于叶法善的生平事迹的记载主要见于《旧唐书》《新唐书》《全唐文》《太平广记》。关于他的生卒年,史书记载有多种说法:一、仅知其卒于开元八年(720);二、生于贞观五年,卒于开元八年(631—720);三、生于大业十二年,卒于开元十年(616—722);四、生于大业十年,卒于开元八年(614—720)等。《新唐书》(卷二〇四"方技传")、《册府元龟》(卷五三"帝王部·崇黄老")、元赵道一《历世真仙体道通鉴》(卷三九)、《全唐诗》(卷九八〇)和《全唐文》(卷九二三、卷四一)等记载互有差异。

卿希泰的《中国道教》(知识出版社,1994)中考证叶法善的生卒年为生于隋大业十二年丙子岁(616),卒于唐开元八年庚申岁(720),寿数为一百五岁。朱玉麒的《唐代道教人物三考》[①]考证了叶法善生于隋大业十二年丙子岁(616),卒于唐开元八年庚申岁(720),凡一百五岁,按每年历六甲子日计,又为一百七岁。当然,这种考证,其实只是确证了《太平广记》里的《叶法善传》所记载的叶法善之年龄,即古代对高龄之人叠加其闰月进行计寿与现代大异。

李显光的《许逊信仰小考》(《宗教学研究》1999年第3期),对叶法善的生平事迹、师承、于道教贡献等也作了考证,认为叶法善师承除神授、冥感空传外,还有赵元阳、韦善俊、万振,为许逊徒裔,高道叶千韶为其后裔。于道教最大贡献认同于丁煌。

吴真的《中晚唐江南氏族兴起与道观、道士》(《中国社会历史评论》第11卷,2010),考证了江南道教氏族凭借家族著名道士叶法善的经营而上升为名列郡姓的显要家族,认为叶氏家族的上升路线是从乡间在家到朝廷内道场、舍宅为观变族产为道观,是道教史、社会史"唐宋变革"的一个缩影。

---

① 《中国道教》,1995年1月。

李丹的《叶法善生平简谱》(2010年中国武义国际养生旅游高峰论坛叶法善道教养生文化研讨会论文集，道教养生，上海人民出版社，2011年版)，辑编了我国第一部《叶法善生平简谱》。

周伟华、杜若的《唐代道教宗师叶法善郡望、占籍与乡贯考》[1]，考证了叶法善郡望、占籍与乡贯，认为叶法善的郡望是南阳，占籍为卯山怀德里，乡贯是永嘉郡松州或栝州松阳。

王大良的《叶法善与栝州叶氏家族的宗教信仰》(《2010年中国武义国际养生旅游高峰论坛叶法善道教养生文化研讨会论文集》，道教养生，上海人民出版社，2011年版)，从家族史的角度探讨了叶法善及其家族成员构成、宗教信仰特点及其成为道教世家的原因、在宗教史上的地位，认为栝州叶氏是魏晋以来直到宋代以前所见最著名的道教世家，在道教史上的地位堪与张天师世家相比。

樊光春的《长安道教与道观》(西安出版社，2002年版)、赵治中的《处州历史人物评传》(浙江古籍出版社，2008年版)、李玉用的《道教大宗师叶法善考》(2010年中国武义国际养生旅游高峰论坛叶法善道教养生文化研讨会论文集，道教养生，上海人民出版社，2011年版)、李德贵的《叶法善传奇》(中国民族摄影艺术出版社，2007年版)、李远国的《道教"北极驱邪院印"考辨》(《道学研究》2003年第1期)、寇养厚的《唐代三教并行政策的形成》(《东岳论丛》1998年第4期)对叶法善的生平事迹也有考证或记载。

这样，就清晰了叶法善郡望南阳，占籍栝州松阳卯山怀德里，高寿一百零五岁，是赵元阳、韦善俊、万振(万法师)的弟子，对道教史的"唐宋变革"有其促动之功，毕生传教授箓行法展术，令之遍布流行，以本土传统情怀使道教保持良好的社会性，推动了道教的进一步发展，尤其是产生了松阳地方的叶法善信仰。

(二)叶法善传说与神话研究

叶法善仙逝不久，就成为羽流信众崇祀之神，传奇小说为之添油加醋、增香饰色，乡邻邑人置观塑像，礼祠不绝。他的辉煌业绩代代相传，演绎成许多令人神往的仙话故事，神化叶法善的传说故事也愈演愈奇。学术界对于这些传说故事产生的原因、存在的价值或版本源流进行了研究。

---

① 《长江大学学报》(社会科学版)，2012年第1期。

李震的《叶法善传说研究》(中国文史出版社,2011 年版),研究了宋代之后以叶法善传说的变迁,考证了叶法善传说从公共性到地方性的变迁,认为流传于当代中国地方社会的叶法善传说故事,不仅承担着继续宣扬叶法善仙迹、渲染叶法善仙人崇拜的任务,而且以历史文物、自然景观和特殊物产这些地方风物元素与仙人崇拜主题相结合的形式,将叶法善传说的"公共叙事"转化为特色鲜明的"地方叙事"。叶法善形象作为象征资本,被栝苍、松阳等地方社会转化为公共社会文化资源。叶法善崇拜转而被有效地纳入地方民众的社会与身份认同这一心理架构之中,并为此心理需求服务,从而在可见的范围内推动了叶法善传说的地方性演化。

许淳熙的《叶法善传说故事的特色与价值》(《2010 年中国武义·国际养生旅游高峰论坛暨叶法善道教养生文化研讨会论文集》,道教养生,上海人民出版社,2011 年版),分析了以叶法善为主角的传说故事的特色与价值,认为叶法善传说故事的特色体现了三个方面:一是突出抑恶扬善思想;二是浸润着法术的神奇想象;三是充溢着仙境般的美妙画面,同时认为其具有四个方面的价值:一是历史文化价值;二是民俗文化价值;三是旅游文化价值,四是动漫文化价值。

吴真的《唐代社会关于道士法术的集体文学想象》[《武汉大学学报》(人文科学版)2010 年 5 月]以《太平广记》中叙事类型最为丰富的道教叙事为中心,总结唐代小说的道教叙事模式,并探讨了唐代文学中的道教叙事模式。文中指出,叶法善叙事与叶静能叙事之混乱,唐代社会对于道士存在着一种类型化的认识,以符箓为中心的宗教文学想象,民众对整个道士阶层的集体宗教想象。吴真的《太平广记叶法善传的版本源流与地方宗教知识》(《2010 年中国武义·国际养生旅游高峰论坛暨叶法善道教养生文化研讨会论文集》,道教养生,上海人民出版社,2011 年版),文章以唐宋叶法善叙事文本为研究对象,考证了《太平广记·叶法善传》的版本源流,论证了唐代佚书刘谷神《叶法善传》为诸家叶法善传之母本,《太平广记·叶法善传》第 1 和第 2 部分文本源自杜光庭《仙传拾遗》,叶法善生平事迹从 739 年唐玄宗《叶尊师碑铭并序》改写而来,并在此基础上增加了地方性知识和特定的宗教情境。

周维平、李宏的《敦煌文献中的三部唐代话本小说》(《丝绸之路》1999 年第 1 期),文章以敦煌发现的三部唐代话本小说为考察对象,分析了它们的思想内容和艺术成就,指出了其的不足,认为话本之一《叶净能诗》主要对叶净能、叶法善两人事迹加以综合,同时兼收当时有关道士作法的诸多传说,作品中的人物形象塑造得还不够自然,其中有的人物性格也难以统一，对叶净能形象的塑造似乎无完整的考虑，写到哪儿算哪儿，以致将有些相互抵牾的素材写进了同一篇文章。

萧欣桥的《论敦煌宗教话本〈庐山远公话〉和〈叶静能诗〉》（浙江大学学报第34卷第1期，2004），探讨了《叶净能诗》的话本特征，一是采用当时口语，且纯用散说；二是开头虽因残缺而不明究竟，结尾却用唐玄宗哭吊叶净能的祭文，即以韵文形式结束全篇；三是采用“捏合”、虚构的艺术方法，展开幻想的翅膀，构思出虚幻的情节故事，续写出神奇的人物形象。认为《叶净能诗》是道教徒利用说话艺术形式进行道教宣传的作品，把初唐至盛唐百余年间的明崇俨、申天师、叶法善、罗公远等著名道士的奇闻轶事都“捏合”在道士叶净能的身上，集中表现他的奇术异能。

志怪小说，从魏晋发轫，至唐代形成了一个高潮式的发展势头。对这个发展势头中的志怪小说的描写对象进行研究，其实只能具体地得出该对象的社会影响力，而非该对象其神异之事的真实性。当然，这可以有利于针对该对象的公共文化资源的开发，即研究叶法善的神奇故事有利于松阳和丽水地区历史文化价值、民俗文化价值、旅游文化价值的增益。

三　叶法善道学渊源研究

叶法善是一个传奇色彩浓重的道教人物，不大符合六朝天师道或者上清一系的道士标准，虽然叶法善地位显赫，但在有唐一代的有关记载中既无明确其师承渊源，又无道派明确认其为祖师，这使得后世道团中人以及研究者反而有空间为叶法善进行诸多“归类”。

卿希泰的《中国道教史》（四川人民出版社，1992年版第2册，第120—170页）、李远国《神霄雷法——道教神霄派沿革与思想》（四川人民出版社，2003年版，第3—10页）、《道教神霄派渊源略考》（宗教学研究，2001年第1期）皆认为叶法善是唐代北帝洞渊法的创始人。

张广保的《唐宋内丹道教》（上海文化出版社，2001年版，第52—54页）将叶法善列为唐代内丹法的大宗师。

李显光《许逊信仰小考》（《宗教学研究》，1999年第三期，第12—19页）和郭武《〈净明忠孝全书〉研究：以宋、元社会为背景的考察》（中国社会科学出版社，2005年版，第177—178页）则将叶法善归入唐代胡慧超所提倡的净明道门下。

1988年丁煌《叶法善在道教史上地位之探讨》（《汉唐道教论集》，中华书局出版社 2009 年版）一文对叶法善生平进行详细考证，认为“法善于道教最大贡献，一在毕生竭力传教授箓行法展术，不惟延续天师教脉不绝，又大振其声势，令之遍布流行”，并认为叶法善属于天师派。

吴真的《浙南叶氏道教世家的道法传统》（中国民俗学网，2008 年 6 月）认为浙南叶氏道教世家的道法是以劾鬼符架的实用技术为中心，叶法善凭借着这一道法特点独树一帜。

李玉用的《道教大宗师叶法善考》（2010 年中国武义国际养生旅游高峰论坛叶法善道教养生文化研讨会论文集，道教养生，上海人民出版社，2011 年版），认为叶法善道法绝非局限于一家一派，是广采博纳的结果。

沈志权的《叶法善道家养生文化及其现代价值》（2010 年中国武义国际养生旅游高峰论坛叶法善道教养生文化研讨会论文集，道教养生，上海人民出版社，2011 年版），认为叶法善的道学渊源远绍《周易》《老子》《庄子》三玄之学，近承天师道家学传统，兼取众多道教派系道术之长，并使之融会贯通，形成自己独特的道学特点。

李丹的《唐代叶法善属道教史上的茅山派》（中国松阳新闻网，2010 年 10 月 22 日），认为叶法善是符箓派中的茅山派。

赖萱萱、郑长青的《叶法善道法简析》（《中国道教》，2011 年第 1 期）认为叶法善道法既承家学，贯通正一与上清派道法，不能归类于某一派，并在道教传统修炼方法基础上发展出新兴的内炼法——内丹术。

张广保的《唐宋内丹道教》（上海文化出版社，2001 年版，第 52—54 页），深入研究了叶法善与内丹道的关系，认为叶法善为唐代内丹法的大宗师，对中唐时期道教内丹道的开创与显世具有贡献，对内丹道的理论与实践具有奠基性的意义。

综上研究所得，可以总结为：叶法善的道学，根植于上清茅山法术，兼收了当时社会流行的各大道法，是个有集大成之意味的高道大德。

四　叶法善思想研究

八十年代以来，对叶法善的研究，主要还是集中在他的思想方面，特别是他的道教思想研究。下面根据笔者收集的有关成果，试从叶法善的养生思想、孝道思想、弘道抑佛思想等方面进行概述。

（一）养生思想

叶法善不仅以其高超的道术匡国辅主、救世济民，深得唐王朝五代君王的尊宠，享誉当时，而且还通过自己独特的生命练养，活到了105岁的高龄，为后代留下了极其宝贵的养生文化，造福万世。

2010年11月，由浙江大学、国际养生学会、中国道家养生协会主办的以“弘扬传统养生文化，提升人类生活品质”为主题的“2010中国武义·国际养生旅游高峰论坛暨叶法善道家养生文化专题研讨会”在武义召开。会议收到关于叶法善养生思想的学术论文五十余篇，会议就叶法善与道家养生的理论创新与实践探索等领域进行了深入的交流与探讨。会后出版了论文集《2010中国武义·国际养生旅游高峰论坛暨叶法善道家养生文化研讨会论文集》（上海人民出版社，2011年版），极大地推动了叶法善养生思想研究工作的深入开展。

吕锡琛的《叶法善养生片言及其现代启示》，认为叶法善在养生修炼的问题上倡导“核其真伪”的理性态度和利济苍生的无私胸怀，对于建构道教养生文化、规范当前的养生保健市场有启示，对一些为“魅病”所困而投火者的调治，认为是一种特殊的心理治疗方法，启示人们进一步发掘道教中具有普适价值的心理保健、心理治疗资源。

张广保的《叶法善的内丹养生思想及在内丹道教史中的历史地位》，文章依据历史文献资料考述了叶法善的生平、著述，指出从内丹道理论发展的历史看，叶法善的内丹道理论在内丹道发展的历史上具有奠基性的意义，认为他的内丹思想构成了道教内修术由存思、导引、行炁等初始形态向内丹成熟形态的中间环节。

叶平的《叶法善道家养生长寿之探析》，对叶法善养生长寿进行了探讨，认为除遗传外，其长年栖居于风水泉林之间、周游天下五十年、淡泊功名利禄为其养生长寿之因，是一个深谙养生之道的隐士。

沈志权的《叶法善道家养生文化及其现代价值》，对叶法善道家养生文化进行了探讨，认为叶法善的养生文化远绍《周易》《老子》《庄子》三玄之学，近承天师道家学传统，兼取众多道教派系养生之长，并使之融会贯通，有理论，重实践，在运动健身、修心养性、理气自强、修功累德等方面的生命练养中，形成了自己独特鲜明的特色。叶法善养生文化无论是对于个体生命练养，还是正确处理人际关系、建构和谐社会，均具有不容忽视的现代价值。

陈德松的《从〈唐叶真人传〉中解悟叶法善的修道养生之法》，通过解读《唐叶真人传》，认为叶法善的修道养生之法：一是潜心修道；二是遍求名师；三是勤练丹功；四是广积功德，即为“性命双修”。

赵芃的《叶法善修道养生初考——学习丁煌〈叶法善在道教史上地位之探讨〉体会》，文章根据丁煌所作的《叶法善在道教史上地位之探讨》一文关于“叶法善习道授箓历程及其道法小考”部分及道教史料，总结归纳了叶法善的修道养生的宗派、始学、履历、缘起、法箓、师徒、法术、历程、课目等内容。

窦道阳的《传统道教养生文化观照中的叶法善养生思想》，认为其养生思想中体现着对传统道教养生的道术较多的传承和贡献，诸如针对疑难杂症、中医药方的开具、对卯山茶养生功能的发觉、对内外丹思想的全面阐述以及对温泉养生实践的先导作用，具有可贵的思想价值与文化价值，打上了深厚的文化史烙印。

上述这些研究，是发其微、探其奥的探索性研究。因叶法善之长寿并在百岁之时能够还乡修祖茔再回京这样的几千里往返，足见养生功夫之了得。

（二）孝道思想

叶法善出生于道教世家，他十分重视道教修炼中的“孝”，并以此为出发点，阐发道教的重要思想。他还身体力行，践行道教的孝亲观，在唐朝道教兴盛的历史上留下了浓墨重彩的一笔。

郭武的《关于许逊信仰的几个问题》（《宗教学研究》2000 年第 4 期）认为叶法善乃孝道人物，在社会上的积极活动，令孝道思想在民间及统治阶层产生了很大的影响，晚唐杜光庭与孝道的关系可追溯至叶藏质乃至叶法善，对孝道的发展及推崇许逊起过有益作用。

吴真《道教修道生活的忠与孝——以初唐“致拜君亲”论争为中心》（《现代哲学》2009 年第 4 期）对叶法善的一系列孝道行为作了分析，认为叶法善出生于五代为道的浙南道教世家对于孝道与仙道并行的宗教动机尤为强烈，“致拜君亲”态度立场坚定并力行，对于促进改变当时道释两教的孝道观念起到了历史性的重要作用。

冯静武的《叶法善的忠孝思想略论》（《中华文化论坛》2011 年第 4 期），论述了叶法善“忠”和“孝”的思想，认为叶法善的忠孝思想影响深远，从学术影响看，他不仅对当时诸多道派的思想产生了影响，使他们在一定程度上吸取了“孝道”的思想，同时他对后来道教的发展也产生了不小的影响，后代叶藏质在一定程度上接受了他的“孝道”思想，同时他很有可能又影响到了杜光庭的孝道思想。

孝是中国古代宗法社会的大本，道士出家并不去姓，不像佛教徒要削发去姓，统一姓释。故而，叶法善的孝，是很传统的。

对叶法善的思想研究，学界特别关注的还有他的儒道观，这方面的研究成果主要有：汪敏的《叶法善儒道兼济的思想倾向及其成因探析》（《“浙学传统与当代浙江精神”学术研讨会论文集》，2009），讨论了叶法善思想中儒道兼济倾向形成的原因，认为援儒入道是叶法善思想的基本特征，成因：一是自身原因。少年时代饱读天下各派书籍，“十一诵诗书，十二学礼乐，研穷周易，耽味老庄，河洛图纬，悉皆详览”，从小就受到了儒道思想的熏陶。寻访各处名山名师，兼收并蓄儒道思想。二是家有道缘。祖先的儒道兼济式的道教思想文化传统对他的影响。三是时代背景。三教合一的历史传统和政治因素影响了他。

当然，孝就是儒道所兼顾的。叶法善的孝道思想，即是一种儒道相兼。

（三）弘道抑佛思想

叶法善排挤释教的态度与立场，史书有明确的记载。

丁煌的《叶法善在道教史上地位之探讨》（《台湾成功大学历史学报》，1988 年第 14 卷），根据《旧唐书》《新唐书》《朝野佥载》《宋高僧传》及《道藏》等史书，考证了叶法善排挤佛法的史实，认为叶法善反佛强烈。

张继禹的《天师道史略》（华文出版社，1990 年版，第 77 页）认为在武则天推行重佛轻道政策下，叶法善“常力诋毁”佛教，为道教的发展起了很大的作用。

李彭陆等人的《中国道教》（宗教文化出版社，1996 年版）认为不满武后的“雅不喜浮屠法”的叶法善敢于逆上而动，表现了他对道教的热爱和对李唐皇朝的忠贞。

王永平《道教与唐代社会》（首都师范大学出版社，2002 年版）、寇养厚《唐代三教并行政策的形成》（《东岳论丛》1998 年第 4 期）对叶法善反佛均有考证。

当然，华夏与外夷，在先秦之时就有其分别，自从明确于南朝顾欢的《夷夏论》，正统的华夏传统与非主流的外夷文化便成为中国文化相辅相成和互促互进的发展之路。叶法善的反佛斥佛排佛抑佛，完全顺乎《夷夏论》。

综观二十世纪八十年代以来的叶法善研究，虽然取得了丰硕成果，但是仍有众多的课题值得进行深入探讨，如：叶法善师承关系、内丹思想、政治思想、思想渊源、甄别叶法善的相关史料、著述的考辨等。

由于叶法善长期被神化、仙话、渲染，对他的研究更应该讲求学术规范，只有理性地对待叶法善，叶法善的相关研究才能经受历史的检验。

第二章　松阳卯山叶氏家世考述

一　叶法善郡望、占籍与乡贯考

有唐王朝，叶法善是时名隆盛的一代"道教宗师"，天师派的重要领袖。他历经高宗、武氏、中宗、睿宗和玄宗五朝，见宠于五朝君主，成为玉真公主及玄宗的"尊师"。五十余年间，他"往来山中，时时召入禁内"[①]。在宫廷，位极公卿，几乎与郡王同列。"当时尊宠，莫与为比"[②]；在民间，他可谓妇孺皆知，还被奉为"追求往事，坐知来兹"[③]的"国师"，尊为"火涤淫祀，剑诛群妖"[④]的"真人"、百姓治病去邪的"神医"、羽流崇祀之"天师"。

自叶法善仙逝以后，经过传记笔记等叙事文本的"仙化"，传奇志怪故事的"塑造"，地方道观的传授、民间百姓的"神化"，中唐以来逐渐形成叶法善崇拜，他更成为开山启教之"道祖"、方士的"法师"（驱邪术士）、传奇的"仙人"、善男信女供奉的"神祇"。

对于这样一位历史、小说、神话、传奇与仙话交织，真伪杂厕、史实䮾晦的人物，至今多有叶法善崇拜的研究，却鲜有将历史的真实与后代的追思想象的虚诞加以严格甄别，拨去迷雾祥云，让他由仙境下到凡间，从神坛走回尘俗，还叶法善以"道教宗师"的历史本真面。

---

① [宋]欧阳修：《新唐书》卷二百四，北京：中华书局，1956。

② [后晋]沈昫：《旧唐书》卷一百九十一，北京：中华书局，1961。

③ [清]董浩等：《全唐文》卷二百六十四，上海：上海古籍出版社，1990。

④ [清]董浩等：《全唐文》卷二百六十四，上海：上海古籍出版社，1990。

(一)叶法善的郡望

本节试图对叶法善的郡望、占籍与乡贯作些考证与分析,以便了解其“去脉”和“来龙”。

关于叶法善,新、旧《唐书》,《处州府志》和《松阳县志》等都有传记,只不过归类稍有不同:新、旧《唐书》归入“方伎”——有医病、占卜、星相之类的技艺之人;而《处州府志》《松阳县志》则列入“方外”——世俗之外的方士一类。

叶法善的生卒年,史乘与碑铭有载:

> 法善生于隋大业之丙子,死于开元之庚子,凡一百七岁。(《旧唐书》卷一百九十一)
>
> 至隋大业之岁,岁在丙子,法师是生。凡六百四十二甲子。洎我开元之岁,岁在甲申,形解升云,则春秋百有七矣。(唐玄宗《叶尊师碑铭并序》)

早有学者指出:唐开元年间并无“庚子”,而只有“庚申”。自隋大业丙子(616)至唐开元庚申(720),叶法善的年寿该是105岁。107岁说,则是按每年历六个甲子日三百六十天来计算的。叶法善经历的六百四十二甲子中,闰月相加而得两年,故合计为107年。

叶法善的祖籍,即先祖入籍定居的地方,碑铭和传记均有载:

> 文王之胤,乃食于沈。尹戌之子,载封于叶。受氏享国,大哉邈乎!(李邕《唐故叶有道先生神道碑并序》)
>
> 师讳法善,字道元。自诸梁食采,是谓叶公,邑亦如之,因而命氏,则昔为南阳人也。(唐玄宗《叶尊师碑铭并序》)
>
> 真人姓叶,名法善,字道元,一字太素,本南阳人也,自叶公沈诸梁之后属。(张道统编撰的《叶真人传》)

自古以来,我国就有寻根问祖的传统,故介绍人物都喜溯源流,力求找寻一个家族的根源与出处。几则引文集中介绍了叶姓的起源:源出于姬姓,是周文王的后代。自聃季食采于古诸侯沈国(今河南平舆县北),后代即改为姓沈。春秋时期,沈氏后代相继受用于楚王。至沈尹戌之子诸梁,官至令尹(最高执政官,兼有将相全权)、司马(掌军事、军需等事),曾先帮楚灵王平定白公胜之乱,后又二次救楚庄王性命,因以受封、退食于叶邑(今河南叶县),诸梁之后代就以封地邑名的叶为姓,以自别于沈。因而,沈诸梁也就成为叶姓的鼻祖。

"昔为南阳人","本南阳人",说的都是叶法善的祖籍与郡望。祖籍者,为祖先入籍定居的地方,即今天所说的原籍。叶县隶属南阳郡(今河南西南),故有祖籍"南阳人"的说法。郡望者,本指用以表示某一行政区域的名门望族。在魏晋至隋唐时期,人们习惯以郡望来表示某一地域内有声望的姓氏大族,其显贵为世人所仰望。叶姓世居南阳郡,世代仕宦,身份显赫,就成了南阳郡的名门望族,故有"本南阳人"的表述,或称"南阳叶氏"。"世重高门,人轻寒族,竟以姓望所出,里邑相矜"。[①] 古人向来看重郡望、讲究门第,介绍人物时往往先表白郡望,以便认亲寻祖联宗,更利于族姓子弟入仕为官,与高门大户通婚。前引的碑铭与传记在介绍碑主时,表述的只是祖籍与郡望,而并不是占籍与乡贯。由此可见,对于碑主与传主来说,其祖籍与郡望似乎远比占籍与乡贯重要得多。

(二)叶法善的占籍

占籍,指的是户口从外地迁来,入籍定居。但各朝认定的标准不一:有指寄居地有祖坟,且长住有相当年限;有按"三世居于某地者,即以该地为占籍之所"。叶法善的占籍,无论按照前者还是依据后者,自然是松阳卯峰怀德里(今古市镇)。现在的问题是,自叶法善上溯至第几代为卯山叶氏的鼻祖?即叶姓是谁最早从外地迁来松阳,入籍定居于卯峰怀德里?

> 叶俭,字静能,会稽人遍游天下名山胜地,至松阳,登卯山,即大喜,遂卜居焉。(民国版《松阳县志》卷九)
>
> 俭公,字巨文,号仲廉。仕晋为折冲将军,迁散骑常侍,为栝苍太守。其先南阳叶县人也,乃叶公二十七世孙,始迁栝松卯峰怀德里,在卯山之右。子孙世居于此,自俭公始也。(清·叶万春等纂修《卯峰广远叶谱·事略篇》)
>
> 盖自琚葬松阳,俭独不迁。(李纲《叶氏宗谱源流序》)

---

① 刘知几:《史通·因习下》卷五,沈阳:辽宁教育出版社,1997。

叶俭生于西晋元康六年(296),卒于东晋升平五年(361)。据《越国公叶真人神像世系之谱》所载:曾仕“晋为折冲将军,迁散骑常侍,苍梧(今属广西)太守”[①]。说他任过栝苍太守,则缺乏根据。叶俭曾回栝州松阳卯山壬山父母合葬的墓旁,结庐守孝三年。苍梧太守卸任后,他“不复干进”,于晋建武元年(317),举家“卜居”松阳九都怀德里。卒后,葬于茅山观右前侧父亲叶琚墓旁,谥临海侯。松阳叶姓“子孙世居于此,自俭公始”。故《卯峰广远叶谱》将叶俭列为松阳叶氏第一世,称之为叶姓鼻祖,为迁居怀德里的始迁祖。延至叶法善,居卯峰已非三世,而是整整有十八世了。

> 松阳卯峰世家曰:叶氏瓜瓞连绵,簪缨奕叶,历年所矣。有琚公显一,俭公行著二,为族之始祖,创辟于卯峰者也。(赵鼎《琚公俭公墓志铭》)

墓志铭又将叶琚作为卯峰叶氏“始祖”。叶琚曾任钱塘令,爱民如子,民称“叶父”。后“为南海武陵太守,又为幽州刺史。母张氏合葬卯山壬山丙向,乃真人(法善)十九世祖也”[②]。从族谱看,始祖似又可上推至叶琚,卯峰始成为江南叶姓的发祥地。

叶姓自沈诸梁受封楚国叶邑之后,直至二十六世孙叶琚之前,作为南阳叶氏世家是瓜瓞繁衍、簪缨蝉联、德业隆盛而散居于中原各地 。《卯山叶氏主要宗支世系图》列有各代子孙的任职:三世叶重凝为楚大夫,五世叶昫为长乐太守,六世叶翫为楚邑令,九世叶诩为颍州太守,十一世叶奉为清河太守,十三世叶纂为清河令,十四世叶斌为汉大将军,十五世叶尤为汉太尉,十六世叶祎为太中大夫,十七世叶嘉为长乐太守,十八世叶元为武陵令,十九世叶宗为南顿太守,二十世叶仲为雁门太守,二十一世叶颖为云梦令。

> 望,字世贤,太中大夫。东汉献帝二年(197),从青州(今属山东益都)南渡。初侨居丹阳之句容,后徙居会稽郡松阳县卯山右。娶陈氏,生遂。建安年间(196—220)卒,葬卯山西南麓。(引文出处同前)

---

① 越国公叶真人世系之谱:《正统道藏》第30册,台北:新文丰出版社,1985年版,第327页。

② [清]叶万春等纂修:《松阳卯峰广远叶氏宗谱·事略篇》,道光十一年(1831)木活字体,上海图书馆藏,上海图书馆馆藏家谱提要,上海:上海古籍出版社,2000。

叶望为叶公沈诸梁二十二世，出身于士族世家。桓帝朝，官至太中大夫（郎中令下属，秩比千石，掌议论）。灵帝即位，朝廷朽腐，宦官专权，党锢相继，官场极端腐败，卖官鬻爵盛行。叶望虽"有宏才异藻，以时多蹈谄佞，弃官不仕，横舟钓于江浦，时号横州逸人"①。在熹平元年（172），叶望正当壮年就弃官归隐青州（今属山东），横舟垂钓，闲逸度日，亦潜心探研家族世系，编纂叶姓第一部宗谱。中平元年（184），黄巾起义席卷中原八州二十八郡。随后，频仍的战乱，粉碎叶望闲适度日的幻想，还危及叶姓家族的生存，逼得他只好举家南迁。献帝建安二年（197），叶望挈妇将雏从青州渡江"徙居丹阳之句容"。句容虽远离中原战乱，但也非世外桃源。当时山越族头领盘踞丹阳一带，经常与东吴的孙权集团发生战事，叶望一家避乱无果而再遇战祸。约在建安七年（202），叶望迫于无奈而再度南迁。② 而松阳向有"浙南桃源"之美称，松古平原又是"浙南粮仓"："惟此桃花源，四塞无他虞。况复父老贤，挽留使者车。"③叶望终于选定秀山丽水、土地肥美、环境清幽、民风淳朴的松阳怀德里定居下来，繁衍生息，终老后，又墓葬于卯山西南麓东角垄村黄土岗。

对于叶望再次南迁松阳卯山右，从 1987 年、1989 年东角垄村西社庙山发掘出的"建安昭宝叶""元康七年（297）七月三十日叶家富贵"的纪年墓砖，亦可以得到旁证。而更重要的是叶望的子孙均生活在松阳怀德里，死后又都墓葬于卯山、石龟山及东角垄村的社庙山一带：

> 望之夫人陈氏生一子曰遂，遂生成，成生胤。胤生二子：长曰琚，次曰瞰。琚生四子：长曰硕，次曰俭……自琚以下，各以其族散居四方，派别始不一。（叶梦得《叶氏宗谱源流序》，民国三十七年缙云《宏坦叶氏宗谱》）

叶遂，官指挥将军、蔡州刺史，卒葬石龟山。叶成，官儒林郎。叶胤，官晋侍郎，葬卯山望公左侧。叶琚与叶俭任职与葬地，前面已叙不赘。

从前面的引文与介绍可知，叶姓二十二世的叶望才是松阳卯山叶姓的真正鼻祖，江南叶姓的始迁祖。从叶法善上溯至叶望，也有二十二世。无论怎么去认定，叶法善的占籍自然是松阳卯山右怀德里。

---

① [清]叶万春等纂修：《松阳卯峰广远叶氏宗谱·事略篇》，道光十一年（1831）木活字体，上海图书馆藏，上海图书馆馆藏家谱提要，上海：上海古籍出版社，2000。

② 叶世钧、叶平：《江南叶姓始祖汉太中大夫叶望》，中华叶氏研究（3）。

③ 沈晦：《初至松阳·处州历代诗词选》，杭州：浙江古籍出版社，2010 年版，第 44 页。

（三）叶法善的乡贯

叶法善的乡贯，史乘、方志、碑铭中的传记和一些道教仙传、传奇等叙事文本有种种不同的说法：

> 师讳法善，字道元。……今为古栝人也。（唐玄宗《叶尊师碑铭》）
>
> 道士叶法善，栝州栝苍人。（《旧唐书》卷一百九十一）
>
> 叶法善，字道元，处州栝苍人，世为道士。（《历世真仙体道通鉴》卷三十九）
>
> 叶法善，字道元，本出南阳叶邑，今居处州松阳县。（《太平广记·叶法善传》）
>
> 在儒、道、佛诸家兼容并存的唐代初期盛世，现今武义县柳城畲族自治镇出了一位全国首屈一指的著名道士。他姓叶，名法善……他父亲鉴于住卯山过于清苦，难以为生，就寻访灵虚福地，看到白马山气势不凡……山下有宽敞别致的石室……就搬到石室来居住。（《金华历史名人代传》，杭州大学出版社，1998 年版，第 1 页）

前引的文字，叶法善乡贯就有"古栝"说、"会稽"说、"栝州栝苍"说、"处州栝苍"说、"处州松阳"说、"武义柳城"说等。

乡贯者，籍贯也。它指的是一个人的祖居或出生地，而并非曾经短暂居住或生活过的地方。据此，上述的说法没有一个表述是准确的。

"古栝"说与"会稽"说，那是用了汉代松阳归属的郡国名称。《栝苍汇记》卷之一有载："处州，古栝苍地。"在隋开皇九年（589）置处州之前，松阳、平昌、回浦等县均可称"古栝"，隶会稽郡。但是，叶法善则生在初唐，其乡贯理应用唐初卯山怀德里归属的郡县，而不能再用几百年前汉代的归属。"栝州栝苍"说，是用了唐代前期处州的建置。在唐武德四年（621）至景云二十九年（741），松阳县是归属"栝州"管辖，将松阳隶于"栝州"是对的。而栝苍县自隋开皇九年由松阳分置，直到唐大历十四年（779）改为丽水县，前后存续有 189 年。叶法善出生地、祖辈的居处，均不在松阳东乡的栝苍县，而是在栝苍县西的松阳县。因此，《旧唐书》《新唐书》将叶法善的乡贯说成是"栝州栝苍"，同样是不确切的。"处州栝苍"说，因"处州"是自隋开皇九年至十二年(592)由古栝分置,那时叶法善并未出生。叶法善生于隋大业十二年,处州已改为永嘉郡。随后,松阳于唐武德四年(621)改为松州,八年(625)废松州为松阳县。松州或松阳,自唐武德四年(621)直至天宝元年(742),一直隶属栝州。之后,栝州改为缙云郡,后又改回栝州。直到中唐大历十四年(779),栝州才改为处州。叶法善出生地在唐初始终未归属处州。所以,叶法善的乡贯只能归属栝州,而不是处州。栝苍作为县,是隋开皇九年由松阳东乡分立的。唐武德四年,又析栝苍置丽水县。八年,废丽水入栝苍。直到大历十四年(779),改栝苍为丽水。叶法善生活的怀德里,一直隶属松阳,从未归栝苍或丽水管辖。所以,“处州栝苍”说无视处州与松阳的建置沿革实际,是完全错误的。

至于“武义柳城”说,除前引的《金华名人传》所主张外,另有“叶法善祖居地的确地点,今为松阳县古市镇卯山后村,武义县柳城镇全塘口村”[①]。祖居地不能同用两个,前者说松阳是对的,后者说法则不妥。叶法善母亲刘氏,是宣慈乡全塘口村人。叶法善幼时,有可能在外婆家生活过一段时间;十二岁父母双亡,墓葬在欧溪旁全塘口村外山丘上,即宣阳观(北宋易名冲真观)之侧。两处虽离松阳很近,但在唐朝则归属栝苍县。然而,外婆家、父母墓地并不能成为其乡贯。明景泰三年(1452),兵部侍郎孙原贞讨平寇乱,因丽水县域地旷而不便弹压,奏请朝廷以丽水县之宣慈、应和二乡及懿德之北乡分置宣平县。由此,后人又衍生出叶法善为“宣平人”说。叶法善生于初唐,怎么可以将他出生后830多年建的县地作为他的乡贯呢?民国版《宣平县志》卷十一,在介绍叶法善也只说他“产于松而示异于宣”。1958年4月,国务院决定撤销宣平县,将柳城区、桃溪区划归武义县,懿德乡即今之曳岭划回丽水县。我们又怎能将叶法善出生后1300多年后外祖母居住地、父母墓地归属的县作为他的乡贯呢?将叶法善诞生后830多年始建的宣平县、1300多年后外祖母归属的武义县作为其乡贯,显然是张冠李戴、“今为古用”。它既不符建置实际,又不合情理,更会混淆历史与地理,惑乱视听。因此,叶法善乡贯的正确表述,应该是永嘉郡松州,或是栝州松阳。

经过考证与分析,我们得出的结论:叶法善的郡望是南阳,占籍为卯山怀德里,乡贯是永嘉郡松州或栝州松阳。

---

① 李震:《叶法善传说研究》,北京:中国文史出版社2011年版,第20页。

二　叶法善道教世家谱系考释

松阳卯山叶法善的高祖乾昱，虽是位有出世情怀的隐士，但并未与道教发生直接关系。曾祖叶道兴，才是“通开道脉”，“始构大门”的人物。祖父叶国重和父亲叶慧明习道和传道活动，在浙西南已有相当影响，乃至升闻帝庭，受到征召，但他们仍是在家受箓传道的职业道士。直到叶法善，才由江南道教世家子弟，进位内道场道士、国师、大洞三景法师，乃至景龙观观主、越国公，“恩开五君，名动四国”。侄子叶仲容，晚年弃官从道，承袭黄冠旧业。后裔叶藏质，入天台习道传道，人称尊师，中兴卯山叶氏道业。叶法善及祖孙一门，真称得上是浙西南一个典型的道教世家。

叶法善先由道教弟子，再进位到内道场道士；随后，成为国师、大洞三景法师；最后，是进爵到长安景龙观观主，受封为越国公。死后，唐玄宗追赠叶法善为越州都督。在唐代道士中，叶法善所得法位和爵位最高，可以说是独一无二的；他与父、祖被朝廷封赐立碑，所获得的殊荣在中国道教史上更是罕有其匹。

叶法善如何成为唐前期的时代骄子，随后还出现了“叶法善崇拜”。这些历史现象，都值得我们深入探讨。究竟怎么切入？倒是相当关键。

在《中国历史研究法》中，梁启超明确指出：

> 苟离却社会与时代，而凭空以观某一人或某一群人之思想动作，则必多不可了解者。①

它从反面告诫我们：若要真切了解和公正评价历史人物，就必须结合当时的社会环境与他所处的时代背景。

十九世纪法国著名的史学家和批评家丹纳，则从正面明确指出：

> 精神文明的产物和动植物界的产物一样，只能用各自的环境来解释。②

---

① 梁启超：《梁启超文集》，北京：北京燕山出版社，2009。

② 法·丹纳著，傅雷译：《艺术哲学》，北京：人民文学出版社，1996。

说起环境，则有大环境——社会与时代，小环境——生活的地域与其风俗习惯，以及家庭背景。古人有云："且人无定质，因地而化。故生于荆者，言皆成楚；居于晋者，齿便从黄。"①自然环境不仅制约着社会的生产方式，也影响着人们的生活方式以至性格气质。

叶法善生活的大环境是唐朝前期的社会。当时新王朝刚建立不久，统治阶级奋发进取，故政治较为开明，实行科举取士，思想相当开放，文化上兼容并包，既宗儒又尊佛更崇道，终于形成经济高涨、国力强盛、文化繁荣、社会安定的升平局面。叶法善正是唐高宗和唐玄宗两个崇道高潮之间重要过渡时期的时代产儿。

生活的小环境，则是松阳卯山怀德里与叶姓家族。卯山浓厚的习隐风气与新兴的道教文化，特别是叶姓家族的习道世系传承，对叶法善的成长尤为直接。本文暂不探索唐前期的时代与社会，而重点在考释叶法善道教世家之谱系及其对道教的传承。

（一）自曾祖三代为道

南阳叶氏，自汉末建安二年(197)由叶望举家迁居到丹阳之句容(今属江苏)；又约于建安七年(202)，因山越族头领与东吴孙权集团频繁交战，再度南迁至松阳卯山怀德里。此后，叶姓后世虽有子孙陆续外出仕宦，但致仕后都归隐于故里，死后多墓葬于卯山一带。

从卯山叶氏世系梳理下来，一直到叶望的十九世孙乾昱，似都未发现与道教直接发生过关系。

> 逮乎祖乾昱，克壮其犹，永孚于德。墐户习隐，塞兑亿坤。硕肤长材，通理博艺。虽安车累至，而坚卧固辞。②

乾昱是叶法善的高祖，约生于南朝齐武帝建武三年(496)前后，活动于梁武帝中大通、大同年间(530—546)。他虽以宏大的谋划而壮盛，以道德盛美、品性高尚而深为人们所信服；既堵塞利欲的窍穴，藏身于乡村野里，又心安于八卦"坤"形的地势；有着卓荦不凡的才智，精通事物的发展规律，

---

① 刘知几：《史通·因习下：卷五》，沈阳：辽宁教育出版社，1997。

② 李邕：《唐故叶有道先生神道碑并序》，[清]董浩等：《全唐文》卷二百六十二，上海：上海古籍出版社，1990。

博览诗书六经。即便朝廷屡次征召，赐乘小车，他仍然坚定地安卧于家而力辞不赴。乾昱承传叶望、叶琚“习隐”的传统，虽清心寡欲，遗世隐居，可并没有去习道和传道，也看不出其明确的宗教信仰。他充其量，只是位长才伟抱而有出世情怀、才德双具的隐士而已。

有人说“叶乾昱的宗教信仰及行为习惯至少与道教有关，或者实际上就是一个道士”；甚至称他是“叶氏家族宗教信仰的奠基人”“遹开道脉的人”①。那都是缺乏事实根据的。前面的引文概括而笼统，反映不出叶乾昱的宗教信仰及行为习惯与道教的关系，更难作出“实际上就是一个道士”“叶氏家族宗教信仰的奠基人”的论断。

卯山叶氏真正与道教发生关系，应肇始于叶道兴：

> 厥考道兴，性守宫庭，道敷邦国，居鬼从地。率帅神从天，受箓以怛之，飞符以比之，扼魍魉之邪，刘台台之祟，有足奇也。②

叶道兴，名廷莹，是叶法善的曾祖，约生于南朝梁武帝普通七年(526)前后。南朝萧梁年间(502—556)，正是天师道在会稽、永嘉郡一带传布勃兴的时期。受其影响，叶道兴在松阳古市酉山修道，擅长天师道符箓辟邪和劾鬼隶神之道术，遂成为天师道在地方上受箓道士。因此，他天性守护坛宇，布施道教以匡扶国家，震慑鬼蜮以归于地狱；率领众神归顺天道，授予道术秘箓以吓唬妖怪，散落符箓以击败魑魅；用力掐住山川中的魍魉，杀灭三台六星的灾祸，启用和推广“五行”道术，显示出他异乎寻常的奇秘。从卯山叶氏世系的道教活动来看，叶道兴才真是“遹开道脉”，“始构大门”的人物。

叶道兴之子、叶法善的祖父叶国重的情况，李邕在《叶有道碑并序》中有专门的介绍：

> 先生灵承道宗，异闻训诱。……仙骨有象，童心不萌。专精五龙，遍游群岳。聪以达远，明以察微。达生死之占，体物气之变。尝静贞动耗，息影归止。云卧牝壑，林藏仙居。人绝不邻，道

① 王大良：《叶法善与栝州叶氏家族的宗教信仰》，《2010 中国武义·国际养生旅游高峰论坛暨叶法善道家养生文化研讨会论文集》，上海：上海人民出版社，2011。

② 李邕：《唐故叶有道先生神道碑并序》，[清]董浩等：《全唐文》卷二百六十二，上海：上海古籍出版社，1990。

阻且右。独往幽胜，永歌隐沦。放闲保和，习虚致静。捃五石之髓，撷三芝之英。……事适玄同，神与道媾。惟寂惟寞，不饮不食。数十载于兹，乃升闻帝庭。[①]

叶国重名仲，字雅镇，约生于南朝梁敬帝太平元年(556)前后。开元四年(716)，玄宗追赐谥号“有道先生”。他有天赋的才智，自幼承继先辈道教的宗旨，因接受高道的开导而异于他人；专精于天师道的五龙安宅、役使召考等传统道术，遍游国内的五岳群山；耳聪能通晓未来，目明能察微知著；占卦能知晓吉凶生死，卦兆能体察自然的变化；平日里娴静贞洁，减省因运动而造成的损耗，处静以息迹，归隐以闲居；似白云卧于丘壑，如神仙养晦在林间；远离市井尘嚣，与尘世流俗隔绝，不与人结邻；独来独往于幽深胜景，长歌久咏其隐沦生活；放任于清闲安逸，保持个人心态平和，熟悉无形无象的天道，内修达到心无杂虑而虚静空明；撷取道家炼五石散之精髓，采摘瑞草灵芝之花朵，用外药以服食养生；做事归向于玄学的混同为一，精神本体与天道自然媾和交合；生活中只有寂寞，精通辟谷轻身之术而可以不喝不吃；因为几十年都是如此，他行道已突破浙西南栝州一带，向当时政治、宗教中心区域帝京蔓延，并为帝王所嘉奖：“骏发皇眷，简木受命，降尊加礼，将之以文马，速之以畅毂”[②]。其家业再次兴旺发达，逐渐成为松阳的富户与大姓。朝廷虽一再延请与寻访，叶国重亦坚辞不赴，安于乡间的隐居生活。

从碑铭可知，叶国重已正式走向社会，是一个一心向道的专职受箓道士。他在松阳虽也延续叶家道教的法脉，拥有众多的道徒，但始终没有外出行道，自甘寂寞而不求闻达，又没有著作存世，因而也只能算个居家道士。

叶静能(648—710)，号静龙，为叶国重的胞弟，叶法善的叔祖。历经高宗、中宗、武则天、睿宗四朝，也是习道与传道的。其法位颇高，影响也大，只是行道方法与结局与叶法善迥异。这在正史、稗史、方志、碑记都有明确的记载与叙说：

---

① 李邕：《唐故叶有道先生神道碑并序》，[清]董浩等：《全唐文》卷二百六十二，上海：上海古籍出版社，1990。

② 李邕：《唐故叶有道先生神道碑并序》，[清]董浩等：《全唐文》卷二百六十二，上海：上海古籍出版社，1990。

叔祖靖[静]能，颇有神术。高宗时，入直翰林，为国子祭酒。武后监国，南迁而终。①

《太平广记》采录自汉至宋初的笔记小说、稗史等资料。其《叶法善传》中涉及叶静能，除“南迁而终”的结局与史实不符外，其余的记述还是可信的。这有史传的载述可证。

从《越国公叶真人世系之谱》可知，叶静能是叶乾昱之子、叶国重之弟，官银青光禄大夫、国子祭酒②。[10]在高宗、中宗朝，他任内道场道士。

墨敕以方士郑普思为秘书监，叶静能为国子祭酒。③

叶静能敕封之事，是在神龙元年(705)，中宗即位之初。叶静能任国子祭酒，相当于从三品文官，掌邦国儒学训导之政令，负责主持皇室祭天等礼仪。以道士为国子祭酒，前朝尚无先例，故而遭到朝野大臣强烈的反对：侍郎恒彦范“苦言其不可”，指责陛下“官不择才，滥以天秩加于私爱”④；右卫骑曹参军宋务光斥责：郑普思和叶静能因“狭小道以登朱紫，或因浅术以取银黄，既毁国经，实悖天道”⑤；酸枣县尉袁楚客痛骂叶静能为“国贼”，斥其“不修中正以事君，妄引鬼神而惑主”⑥。尽管遭到大臣们的质疑和弹劾，叶静能仍得宠于中宗：

丙申[午]……叶静能加金紫光禄大夫。⑦

丙午，为神龙二年(706)，叶静能再次被加封为金紫光禄大夫。叶静能因擅长符箓法术和金丹服饵之术而著名，深受中宗、韦后的宠信与重用，曾充当内道场道士。有《太上北帝灵文》三卷、《天真皇人九仙经》一卷等传世。

---

① 《故金紫光禄大夫鸿胪卿越国公景龙观主赠越州都督叶尊师碑铭(并序)》，[清]董浩等：《全唐文：卷四十一》，上海：上海古籍出版社，1990。

② 《越国公叶真人世系之谱》，正统道藏：第30册，台北：新文丰出版社，1985。

③ [宋]欧阳修等：《新唐书》卷一百二十、卷一百一十八，北京：中华书局，1961。

④ [宋]欧阳修等：《新唐书》卷一百二十、卷一百一十八，北京：中华书局，1961。

⑤ [宋]欧阳修等：《新唐书》卷一百二十、卷一百一十八，北京：中华书局，1961。

⑥ 《唐会要》卷六十七，上海：上海古籍出版社，1991。

⑦ [宋]司马光：《资治通鉴》卷二百零八，北京：中华书局，1956。

景龙(707—710)中,叶静能谄谀媚妒,树势倾人,自谓金鼎(金丹服饵、长生轻举之术)可期,羽衣可立。(李乂)劾奏其辟,中宗原而宥之。[①]

与叶法善劝高宗“金丹难就”而反对内道场炼丹的态度截然相反,叶静能则以冶炼金丹而惑帝邀宠。中宗被安乐公主与韦后毒弑后,韦庶人临朝亲政,更引他为党羽心腹,进入朝廷权力中心。景龙四年(710)六月,叶静能因参与韦氏、安乐公主的乱党。二十日晚,临淄王与太平公主发兵讨伐,他也因韦后集团覆灭而被诛杀于宫内。叶静能本为“方伎庸流,妄引鬼神以惑主”,终于落得可耻的下场,还被睿宗宣布为“逆贼”[②]。尽管叶静能的历史不光彩,结局可耻,但他终究是中国道教史上一位有影响的人物,又是卯山叶氏道教世家一位重要成员。

叶国重的儿子、叶法善的父亲叶慧明的情况,李邕的《叶有道碑并序》亦有载:

公罔替厥繇,代增其业。启秘箓之高妙,扬玄津之洪波。道微若声,心麽苦气。吹律暖谷,运历知天。屡下辟书,终不应命。[③]

叶慧明字德昭,约生于南朝陈后主至德四年(586),卒于唐贞观元年(627)。他是子承父业,世袭道箓,增广道学:开扩道家秘箓的高义要旨,提升玄学津渡的大波,吹奏管乐以暖和山谷,运用历法以知晓天地。朝廷虽也屡屡征召,他亦始终没有应命。

《叶慧明碑并序》,因是专记碑主生前的实际,兼诉悼念和称颂之情。所以,对他的记述就更为具体而深入:

……降仙府,乘道流,追踪隐沦,叶契幽叟;结庐涧沚,考盘岩椒。同人利贞,遁代勿用。雅好酒德,尤邃老经。话言解颐,精义绝倒。……每至升月帷户,和风林薄,植杖啸谷,席皮琴山,泰然

① [唐]苏颋:《唐紫微侍郎赠黄门监李乂碑》,四库全书:卷八百九十三,第1341册。

② 《唐大诏令》卷一百二十三,《唐会要》卷六十七,上海:商务印书馆,1959。

③ 李邕:《唐故叶有道先生神道碑并序》,[清]董浩等:《全唐文》卷二百六十二,上海:上海古籍出版社,1990。

乐生，澹乎忘老。方且维性，寿溯神仙，徇赤松之游。纵黄老之术，外身先物，归根致柔。缘以大均，持以大定，色理不荡，宠辱不惊。①

意即叶慧明降临仙府，驾御道学，追踪先贤；隐居山林，守操正道，匿身避世；以酗酒为德，尤精通老子《道德经》；言论精彩而令人开颜欢笑，精研事物的微义而让人倾倒……每至月夜，和风吹木，柱杖席地，吹啸弹琴于山谷，顺天性自乐而忘老。他把寿命向上推求到神仙，为追踪赤松子而出游；释放神仙黄灵的术数，置自身于尘世物外，摆脱物欲的诱惑，归根于温柔本性；凭藉大自然，保持身心淡定，目对肌肤纹理而心旌不摇，完全做到宠辱不惊，把得失置之度外。

而《唐鸿胪卿越国公灵虚见素真人传》的介绍是：

父慧明业诗礼居儒，素不符荣宠，游玩山林，枕石漱流。行歌负薪，每结草为舍。预知未然……②

这就是说：叶慧明平日习诗书礼义，训导蒙童，有暇则隐居山林，怡然自乐，不追求"荣宠"，他俨然以儒士自居。从"预知未然"，又可知他家传占卜与符箓之术，颇有道士的色彩。

从上引的碑铭可知：叶慧明比起前辈上代来，行踪更远离世俗，情感更深藏不露，心态也更为淡定。从思想与活动来看，他更像一位在家受箓传道的著名职业道士，可传记说他又是位宗儒的儒士。要么叶慧明是儒道兼宗的人物，或则是先儒后道的过渡性道士。

（二）道教宗师叶法善

叶道兴传至第四代为叶法善。其思想与活动、业绩与影响，远远超越先祖与父辈：

幼得父书，早传成法。夤念有训，迈亦自身，读天下之书，备

---

① 《大唐赠歙州刺史叶公神道碑并序》，[清]董浩等，《全唐文》卷二百六十四，上海：上海古籍出版社，1990。

② 《唐鸿胪卿越国公灵虚见素真人传》，《正统道藏》第30册，台北：新文丰出版社，1985。

> 方外之术，火涤淫祀，剑诛群妖。恩开五君，名动四国。其入也，排金锁，谒紫庭，为帝傲吏；出也，法玉京，坐玄寺，作仁宗师。①

叶法善，字道元，少时就得到前辈的道教典籍，开始承传天师道的道法，钻研思考而掌握道教典式法则，因而能迈步在先人的功业之上。长大后，突破居家修道的传统，出守拜师求道，读天下之道书，具备方外的术数，用火荡涤不合礼制的祭祀，以宝剑诛杀各类妖魔。中年后，他为皇帝及皇室成员祈福、消灾、行道、授箓、问道，因而受宠于五朝君王，名声惊动四方邻国。他入朝时，卫士大开宫门来恭候，帝王在寝宫迎接，成为皇帝引以为傲的宠臣；出宫后，他效法天阙规制，操守道教之法规，作世人尊崇的法师。

李邕更从继承祖先事业而大力训育后代的角度，有力地肯定了叶法善的操守与勋业：

> 袭上德，延庆灵，生而知之，学而习之，有专门之资，得丕成之业。才龀琊道，既冠同玄，讯远岳之福庭，觏幽寻之方士。……呵万鬼，搦百神，启阴官之符，变冥司之箓，追究往事，坐知来兹。膏肓无所遁其形，雾露不能滋其疾，奇迹多绪，嘉声日闻。是以大君孔休，辟命荐至，入自卧内，问以咎征，造膝必诚，偶事偕中。②

叶法善承继上天最高的道德，延续先辈的积善与福荫，少时就学习了“三玄”，又经常复习它们，故有天生的资质与专门的禀赋，得承前人的伟业。在孩提换牙时就能理解“道”，到成年就研习道家“三玄”，寻访五岳的洞天福地，遇见寻幽探胜之方士就拜师学道。叶法善大声呵斥和捉搦各类鬼怪，百神众仙都来庇护他；分开福荫官家符命的凭证，改变阴间冥司掌管的符箓，查究以往的情事，安坐着就能知晓古往与未来。在叶法善眼中，重病不能障蔽其形迹，云雾露水不能使他滋生疾病。能在不凡中创立功业，因而赞誉经常可闻，天子十分欣赏他，下令征辟荐举，让他进入宫廷。皇帝以凶灾的征象相问，他在皇帝膝下诚心相告，大凡国家遭遇，所答则一一与事后的事实相符。

唐玄宗亲撰的《叶尊师碑铭并序》，更塑造叶法善作为“尊师”的形象：

---

① 《越国公叶真人世系之谱》，《正统道藏》第30册，台北：新文丰出版社，1985。

② 李邕：《唐故叶有道先生神道碑并序》，[清]董浩等：《全唐文》卷二百六十二，上海：上海古籍出版社，1990。

"幼有奇质，长标特操，神照体外，骨秀形表"，是一个颇具"仙格"的仙人；详叙叶法善神奇的行迹：涉江而游，"咽灵药，吸云浆""见昔青童""茅君印腹""灵应感通"；"杖策游诸名山，远访茅君"，"于青城赵元阳，受遁步玄之术，于嵩高韦善俊，传八史、云跷之道，宴息于罗浮、栝苍，往返于蓬莱、方丈"；更盛赞叶法善"匡国辅主"的功业：

> 朕在藩邸，累闻道要。及临宇县，虚竚昌言。奸臣寓谋，凶丑僭逆。未尝不先事启沃，亟申幽赞。[①]

在国家政治形势需要、相王和临淄王运筹帷幄之时，叶法善以德高望重的高道身份出现在宫掖，揭泄韦后、安乐公主的密谋，探发太平公主之隐奸，协助相王李旦、临淄王李隆基起兵讨伐韦、武集团，帮助睿宗恢复王位、李隆基执掌大政，改元"开元"。在谋定逆乱、匡复社稷的政局急遽转变中，叶法善为护持李唐王室而"匡国辅主"，其功业勋绩实不可没。故而，唐玄宗于开元二年(714)八月就下诏："道士叶法善，德包真素，学究元微，体含众妙，道冠群仙，预睹衅萌，亟申忠义，宜嘉宠命，以答懋功。"特授给他金紫光禄大夫(正三品文官)、鸿胪卿(从三品文官，挂名之虚职，安抚性官职)、越国公(从一品文官)兼景龙观观主(唐道士最高的称号)的爵位。在叶法善死后十九年，还亲为恩师撰写长篇碑铭，除抒发怀念和感激之情外，对叶法善的生平和业绩作了全面的介绍与高度评价。并令太子题额，又命当宠道士尹愔到景龙观宣敕御碑。宋政和六年(1116)，叶法善还被敕封为"致虚见素法师(官谥，二等二品)"。宣和二年(1120)，又有元命护国真人之封——"致虚见素真人(官方道谥最高级别)"。

叶法善生前在道教中的身份与地位，一步步在提高，40岁前，生活在浙西南，经历传承祖业与外出习道修炼，渐渐成为颇有名望的道士。中年以后，被高宗征召到京师而成为内道场的道士，身处政治与宗教交汇地带，赢得帝王和皇室的重视与垂青，成为国家政治生活的公共人物，参与宫廷道观的设坛、修斋、醮祭，为宫廷祈福避灾、却敌除妖、行道授箓、祈雨止雨，还奉命修黄箓于天台。60岁以后，取得道士最高法位——大洞三景法师，奉授上清道经和上清戒箓，奉敕于泰山祭岳，修斋河图大醮，敕敬造壁画，代表皇室封岳于南岳衡山，辟地禁采樵、断畋猎、罢献琛。睿宗朝，至南岳夫

① 李邕：《唐故叶有道先生神道碑并序》，[清]董浩等：《全唐文》卷二百六十二，上海：上海古籍出版社，1990。

人魏夫人仙坛修法事，于坛西置洞灵观；玄宗朝，奉旨南下浙江，主持会稽龙瑞宫投龙仪。秦中大旱，奉帝诏祈镜龙，雨大澎。即使年过耄耋，他仍尽力于讲经布教。叶法善死后，唐玄宗颁发《赠叶法善越州都督制》，盛赞叶法善“天真精密，妙理玄畅，包括秘要，发挥孤秀”的修炼成就；“情栖蓬阁，迹混朝伍，保黄冠而不拔，加紫绶而非荣”的出世襟怀；“体应中仙，名升上德”①的崇高品性；敕令内廷图写叶真人貌像；亲自制词赞美其“卓尔无对，超然不群”②的音容状貌与气质风度，以及对像主地位的肯定。

（三）后裔传承道脉

卯山叶氏不仅自叶道兴四代为道士，而且叶法善一门的族侄叶仲容、族裔叶藏质，也都是习道与传道的人。

关于族侄叶仲容，叶法善临终时曾有遗书给他：

> 汝将吾诗及书送上，不得求官。当奉诏监丧，归葬栝苍。③

弟子仲容，据《卯峰广元叶氏宗谱》所载，即为叶望二十二世孙叶玄灌，仲容是他的字。他原是叶法善弟弟叶法喜之子，当是其族侄，后来过继给法善作养子。仲容原任滑州（今属河南）司马，后奉法善遗命而弃官出家从道，成为东京圣真观道士，并与中使监护扶丧，亲扶法善灵柩归葬栝苍宣阳观之侧。叶法善将仲容收为养子和弟子，意图是十分明显的：可以传承家族道教衣钵；确保叶氏的社会经济地位不因自己的去世而被剥夺；确保所赐封的名号、官阶，所得的分田和寺观，可让子孙永继。后来，叶仲容还舍卯山和栝苍的故宅为道观，创淳和观及宣阳观，使叶氏家族道教拥有固定的活动场所。叶仲容因从道时间较晚，其道业、影响和地位自然不可与叶法善相比，但卯山叶氏家族道教衣钵得以传承，终究后继有人。

在中晚唐时期，卯山叶氏中还出现一位高道，他就是叶藏质。北宋初，道士贾善翔的《高道传》有载：

> 道士叶藏质，字含象，处州松阳人，法善之裔也。初隶安和观

---

① 《全唐文》卷二二、卷四二，上海：上海古籍出版社，1990。

② 《全唐文》卷二二、卷四二，上海：上海古籍出版社，1990。

③ 叶法善：《报弟子仲容书》，[清]董浩等：《全唐文》卷九二三，上海：上海古籍出版社，1990。

> (淳和观改名)为道士,诣天台冯惟良授三洞经箓。于玉霄峰选胜,创道斋,号石门山居。其前有二峰,耸峭对峙,故曰石门。日诵《道德》《度人》二经。晚年尤精符术,请之者如织。……唐懿宗优诏石门山居为玉霄观。忽命酒召其友应夷节同饮,语及生平事,然后告以行日。及期,题于门曰:鸡鸣时去。门人遂闻珠佩杂鼓乐声于空中,须臾鸡唱,视之,已化矣。年七十四。[①]
>
> 藏质公,为松阳安和道观道士。唐元和间(806—820),诣天台栖瑶池,受三洞秘诀。后筑室玉霄峰,号石门山居。终得其祖八史云跷之术。晚精符术,名动京师。懿宗年间(860—874),优诏褒封,以其庵为玉霄观。一日,忽与应夷节言别。翌日解化时,门人闻珠佩杂箫管声于云中,视之化无形矣。[②]

两则小传告诉我们:叶藏质为"法善后裔也",并非"藏质为叶法善之孙"[③]、仲容之子。从元和间就学道天台山,咸通年间多次被懿宗召入内廷,享年七十四岁等,可以断定:叶藏质大约生于九世纪初期,绝不会"约生于唐大中六年(852)"[④],活动年代在810—890年之间。藏质比法善迟生两个世纪,说他是"法善之裔也",或是其六世孙,则是较为可靠而可信。叶藏质开初隶籍安和观为道士,安和观坐落松阳卯山,是法善的祖居地,又是叶法善后裔修道之所。开元间,叶法善舍宅为观,唐玄宗赐名曰淳和观。随后,淳和观逐渐成为浙西南著名的道观。中唐元和年间,为避唐宪宗李纯之讳而改名安和观。叶藏质正是道观改名之初出家入观,入祖辈创立的道观也符合卯山叶姓习道的传统;叶藏质为提高道学修养,青年时期曾离家去天台追寻先祖遗迹,修道于桐柏观,拜冯惟良为师,学习上清三洞经箓。叶藏质还于咸通五年(864),在玉霄峰创立"石门山居"。在山居里,他日诵《黄庭》《度人》《道德》诸经。叶藏质在天台山的道迹,曾名动京师,唐懿宗多次征召他入内廷问道。咸通十三年(872),还优诏石门山居,赐名为"玉霄宫"。自此,私人的道斋始变为公共道院。此后,叶藏质就隐居在玉霄宫,

---

① [元]赵道一:《历世真仙体道通鉴》卷四十,道藏:第五册,第328页。

② [清]叶万春等纂修:《松阳卯峰广远叶氏宗谱·事略篇》,道光十一年(1831)木活字体,上海图书馆藏,上海图书馆馆藏家谱提要,上海:上海古籍出版社,2000。

③ [元]赵道一:《历世真仙体道通鉴》卷四十,《正统道藏》第5册,上海:上海古籍出版社,1989。

④ 叶贵良:《天台玉霄宫叶尊师道迹考》,《天台山暨浙区域道教国际学术研讨会论文集》,杭州:浙江古籍出版社,2008。

边修道边付授真文秘诀，还收集和整理道书，将七百多卷道书移置玉霄宫钟楼，史称之为《玉霄道藏》，即前面所引的“玉霄藏”；在天台期间，叶藏质精研道经，擅长檄召之术，能祈祷雷雨、祛除疠疫、役使鬼神、驱邪治病，成为晚唐道教天台山上清一系的代表人物，上清大法的主要传人。叶藏质平日交往较广泛，与官员有交往的是浙东观察使李绾和水部员外柳韬。前者为感谢他为其修斋授箓，特将高二尺、重百余斤，相传为夏禹所铸的古钟赠予玉霄宫；后者馈赠玉霄宫老君像一幅。与道士和文人交往则更多，会昌(841—846)中，叶与高道刘处静、应夷节为林泉之友，与和尚贯休也有接触，与诗人方干、皮日休、陆龟蒙、徐铉等有诗作唱和。叶藏质出生于道教世家，家学渊源深厚，少承传符箓，传授炼丹服食的八史、腾云驾雾的云跷术数。到了晚年，传说他特别擅长符箓檄召，尤能祈祷雷雨、驱却疠疫、役使鬼神。曾为婺州人驱邪治狂，为当地百姓消灾治病，人们尊称他为“叶尊师”。从其经历与活动来看，我们完全可以说，叶藏质是晚唐时期浙西南卯山叶氏道教世家的一位中兴人物。

晚唐时期，与叶藏质出身相似的处州叶姓道士还有叶孤云、叶广寒等天师。他们稍后于叶藏质，也在松阳家族道观安和观修道、在天台山自创道观传道，只不过其地位没有叶藏质高，影响没有叶藏质大，故道书与族谱罕有提及。

卯山叶氏一门，自曾祖叶道兴开始，一连四代一脉相承，都是以道为业。这与唐代道教世家承续的传统符合。

> 宗门素履，家代隐仙。道一相孕，薪火交传。……道开幽键，性与真筌。一门累祖，四至百年。抗迹岩谷，消声天地。[①]

意即叶国重家族一门行为淳朴，世世代代都习隐求仙；道学一脉相孕，薪火世代交传；对幽深的事理能开通关键，人的本性亲附道教的真诠；祖孙都崇尚道教，四代相计已有百余年；高尚的品性操守迹遗在山岩深谷，消失的声音仍隐藏于天地之间。

叶国重一门，由于“积习相传，寖以成俗，迷而不返”[②]：叶道兴为“遹开道脉”“始构大门”；叶国重已一心向道，仅是居家的受箓道士；叶慧明虽也

---

① 李邕：《唐故叶有道先生神道碑并序》，[清]董浩等：《全唐文》卷二百六十二，上海：上海古籍出版社，1990。

② 刘知几：《史通·因习下》卷五，沈阳：辽宁教育出版社，1997。

在家受箓，但已是著名的职业道士；到了叶法善，更习灵宝及上清之法，道风大畅，声名隆盛，遂成为正一派之领袖。百岁之后，他在栝苍建宣阳观，在松阳舍庄宅为道院，玄宗赐名“淳和仙府”，为叶氏子孙和当地道徒提供习道、从道的活动场所，后来终成为道教的一大丛林胜场。继子叶仲容又弃官从道，承袭黄冠旧业。开元末，还形成叶法善崇拜，使其享祀千余年。族裔叶藏质重振家学，中兴道业，再度得到皇帝的器重与百姓的尊崇。

卯山叶氏对于道教，前有“遹开道脉”者，中有颠峰人物，成为一代宗师，后又有承袭者和中兴人物。无论是按照原先的“世家，谓世世有禄秩之家也”的标准，还是后来世家泛指世代显贵的家族或大家的条件来衡量，我们完全可以称他们是南朝至唐代浙西南一个典型的道教世家。

第三章　叶法善早年活动考述

一　叶法善少年访道与修道考

有关叶法善的身世，诸如里居、乡贯、年寿，或其养生之道、道教史上之地位、传说、崇拜等，后人讨论已较多，然而对于奠定叶法善毕生从事宗教活动，建树其学问、道术、品行的童年时期，却少有人探讨分析，这对于叶法善完整的生平研究而言是一件憾事。俗语有云："三岁定八十。"这表明出世与童年对一个人的一生影响重大和深远。任何一个道士，由于家世、出生环境、先天禀赋的差异，其在青少年时代的思想、观念、性情、人品、涵养、生活等都会有所不同，从而会看出他成长后在思想、学问、道术、品行等方面，也随之不同，甚至由此决定其一生的命运与成就。少年时代的种种，其重要性由此可见。

探讨叶法善少年时代的访道与修道，是极其必要的，一则可弥补史料对叶法善少年时代叙述简略的缺失；二则可印证一位道教宗师的少年时代种种，是其未来成长后，评估其在修道、传道、行道、护道有何成就的重要依据。

少年时期，在叶法善的生命史上，是极为重要的阶段。在《叶尊师碑》《太平广记·叶法善传》《唐叶真人传》等作品中，对其出生状况、少年访道与入道虽都有所追叙，但极其概括，语焉不详。以下就对史传中叙述到法善出生状况、少年时代访道与修道略加以考述。

(一)栝苍卯山　法善出世

叶法善，字道元，一字太素、真人，栝州松阳怀德里(古市)卯山后村人。生于隋大业丙子岁，即隋大业十二年(616)，卒于唐开元庚申岁，即唐开元八年(720)，在世 105 年。

关于叶法善的出生,《太平广记·叶法善传》有载:

> 母刘,因昼寐,梦流星入口,吞之乃孕,十五月而生。①

《唐叶真人传》也有记载:

> 妻刘氏,因昼寝,梦流星入口,吞之,继而有娠。经十有五月,岁在困敦,月黄钟,而真人生。……天无浮翳,四气朗清。异香入室,神光满堂。彩云徘徊,玄鹤下降。初真人在胎,声闻于外。②

这两则记载,介绍叶慧明的妻子刘氏,一日白昼午睡,梦见流星进入口中,吞下之后便怀孕了,15个月后生下叶法善。《唐叶真人传》关于法善出生年月的表述中,"困顿"是十二地支中"子"别称,"黄钟"为十二音律中的第一律,指一月。李丹先生认为叶法善生于隋大业十二年春正月。其根据是成书于南宋淳祐年间,由《正统道藏》收录的丽水冲真观道士张道统编集而成的《唐鸿胪卿越国公灵虚见素真人传》中,有"岁在困敦,月黄钟"之语而作出的推断。

浮云山圣寿万年宫道士赵道一修撰的《历世真仙本道通鉴》,也称叶法善"梦流星入口,吞之有娠,十五月而生"。③

叶法善的母亲"梦流星入口,吞之乃孕,十五月而生"的出生神话,就是用古代"圣人出生"的惯用手法,是对叶"圣人"品格的一种暗示。在中国古人的眼里,圣人、高人出生就和一般人不一样,这是宣传圣人、树立圣人权威的惯用套路。吴真博士说:"中国民间传说有'圣人奇生'的母题,圣人必有非一般的超自然出生。"④例如《诗经·生民》:"厥初生民,时维姜嫄。生民如何?克禋克祀,以弗无子。履帝武敏歆,攸介攸止,载震载夙。载生载育,时维后稷。"又如孔子出生,有所谓"龙生虎养鹰打扇"之说;孟子出生有五色祥云降临到他家的胡同里;老子在娘胎里呆了八十一年才出生等等。叶法善的母亲梦流星而怀孕,怀孕15个月才生产,以及特有的天象"天无浮翳,四气朗清。异香入室,神光满堂。彩云徘徊,玄鹤下降",这些细节都

---

① 李昉等编纂:《太平广记》卷二十六,叶法善,北京:中华书局,1961。

② 《唐鸿胪卿越国公灵虚见素真人传》,《正统道藏》第30册,台北:新文丰出版社,1985。

③ 《中华道藏》第74册,《历世真仙本道通鉴》卷3。

④ 吴真:《唐宋时期道士叶法善崇拜发展研究》,香港中文大学哲学博士论文,2006,第59页。

预示着叶法善日后将有不凡、奇伟的人生。

杜光庭在一篇原创的道教传纪中，描述他的度师、晚唐南天台派宗师应夷节出生的情形，“母何氏夫人，梦流星入牖，惊寤而神光在焉，因觉怀妊。”这一出生神话与叶法善出生如出一辙。[①]

（二）法善七岁 离家习道

许多史籍、特别是道书，都记录了真人、法师的习道始岁、始地。出生于黄冠世家的叶法善，始学于几岁、何地，是道教史上有争议、需要认真考证并加以澄清的问题。

1. 寻师学道

《正统道藏·唐叶真人传》有载：

> 年甫七岁，识量温雅，貌古老成。父熟视之曰：汝幼勤苦，老必雅贵。于是涉江而游，三年不返，家人谓已溺亡。及还，问其故，则曰：二青童引我，饮以云浆，留连许时。[②]

唐玄宗御撰《叶尊师碑》的记载：

> 初，师甫七岁，涉江而游。迨三年，人以为溺。及还，问其故。则曰：三青童引之，憩于华堂峻宇，咽灵药，吸云浆，太上镇之，是以留也。十五中毒死，又见昔青童曰：天台茅君飞印印其腹，始殊闷绝，良久豁如，师以灵应感通，殊尤若此。[③]

《太平广记》卷二十六《叶法善传》则云：

> 年七岁，溺于江中，三年不还。父母问其故，曰：“青童引我，饮以云浆，故少留耳。”亦言青童引朝太上，太上领而留之。[④]

---

① 杜光庭：《洞玄灵宝三师记》，《正统道藏》第 11 册，第 557 页。
② 《唐鸿胪卿越国公灵虚见素真人传》，《正统道藏》第 30 册，台北：新文丰出版社，1985。
③ [清]董浩等：《全唐文》卷 41，上海：上海古籍出版社，1990。
④ [宋]李昉等：《太平广记》，北京：中华书局，1961。

以上史料记载：叶法善七岁涉江河而不溺，其经历颇有传奇性。而三青童之引憩于华堂峻宇，以及天台茅君印腹之说，是传记作者为将他神化而附会杜撰的故事，不可妄信。

丁煌先生认为："唐高祖武德五年(622)，法善七岁，离家习道。七岁习道，则为道士世家子弟之惯例常制，隋唐前后高真人物传中，每多见载其事。"例如，《云笈七签》卷五"唐茅山升真王先生"，载王远知"年七岁，日览万言，博总群书，心冥至道"。叶法善七岁开始习道，在道教史上"道教高真人物，七岁习道事，碑传中屡有所见，此为兹时常俗惯习"。[①]

按习俗惯例，叶法善习道应始于七岁。

那么，"三年不返"的叶法善到底去哪里了呢？各种推测都有。有人推测说：是住在外婆家。但不符合情理。叶法善父母怎么可能与外婆家三年间未走动或联系。据《唐叶真人传》所述，叶法善少年老成，识量温雅。由此可以推定，叶法善少年时代受过良好的教育。根据《太平广记》卷二十六记载，叶法善年甫七岁时，未与父母家人辞别，便外去寻师问道，于情于礼于法均不可信。叶法善离家涉江游学仙道，决非偶然兴起，而是事出有因。且《唐叶真人传》云，法善涉江而游，与乃父所云"汝幼勤苦，老必雅贵"存在明显的因果关系。可有如下考辨：

考辨一：叶法善辞亲远游学道，或为父祖所安排。东晋南朝以降，东吴瓯越学道之家，素有将子弟寄养他家之风。东晋世家大族子弟、南朝著名诗人谢灵运，幼年时便被寄养在知名道士钱塘杜昺家，故其乳名为客儿，世称谢客。遵循道教世家的习俗，叶法善继承父祖道统，年甫七岁便辞家远游与寻师学道，或是由家族中预为安排。

考辨二：叶氏一门四世修道，且叶法善早有令闻，或为某一云游到松阳之道士相中以传其衣钵，故而在未知会叶氏夫妇家人的情况下，便令数名道士趁叶法善独自在野外玩耍时，将其"诱拐"至道观中而悉心教诲之。

考辨三：史传云其父素有预知未然之能，法善离家游学之初家人并无悲戚，待及三年家人始谓法善或已溺亡，表明叶法善离家辞亲远游是经过父母同意，甚或是特意安排的。以其父叶慧明有预知未然之能，及"汝幼勤苦，老必雅贵"之预言，表明法善离家远游是受到家人与父母鼓励的。法善学道三年归家后，所云"三青童子引之，憩于华堂峻宇，咽灵药，吸云浆，太上镇之，是以留也"，则正是叶法善在某一宫观建筑气象宏伟的大型道观庙宇中，被某位颇具修为的道长"诱拐"去学道的实况描述。

---

① 丁煌：《汉唐道教论集》，北京：中华书局，2009，第168—169页。

叶法善究竟去了哪里习道？

据丁煌先生的推测，栝苍、天台或余杭一带，最有可能是叶法善的习道之地。中唐时的方瀛观道士徐灵府，也在《天台山记》中推测："法善初学道，或即在此附近山中。"两人的推测比较合乎情理，七八岁的小孩离家学道，不可能走得很远。游学处，当为天台茅君所。

《叶尊师碑》云：

> 迨三年，人以为溺。及还，问其故。则曰：三青童引之，憩于华堂峻宇，咽灵药，吸云浆，太上镇之，是以留也。十五中毒死，又见昔青童曰：天台茅君飞印印其腹，始殊闷绝，良久豁如。[①]

其所云"又见昔青童"，则为年十五法善中毒殆死所施救的，乃法善昔日所遇的青童；且青童云是天台茅君飞印相救。由此可知，法善当年所游学处乃天台茅君之宫观内。

《叶尊师碑》又云：

> 遂乃杖策游诸名山，远访茅君而遇。岳骨上起，目瞳正方，冰雪绰约，嗎然微笑曰：尔来乎！尔名已登仙格。身逢魔试，故此相救而免。当以辅人弼教为意，无汲汲于去来也。[②]

法善病稍愈，乃杖策游诸名山，远访茅君而遇。当时可能法善所中毒尚未全解，须待进一步疗毒。因其病体尚弱，当需杖策而游。及待见茅君于其驻所，茅君言语对于法善十分亲昵疼惜，实有故人情谊，又告之以法善已登仙格而施救，并嘱法善当以"辅人弼教为意，无汲汲于去来"。

2.箓生弟子

叶法善七岁习道，当为"箓生弟子"，尚没有真正入道。

所谓"箓"，又称道箓、法，是一种记载神吏、神将名箓的文书。按道教中的正一派的观点，道士只有获"箓"之后，才能名登天曹，有道位神职，也才具有了差遣一定数量护身神兵的权力，才能斩妖除邪、拔度生灵、救济困厄。道士受不同级别的箓，可以驱遣不同的鬼神。

从法术这个意义上说，所谓的"授箓"，更像是一个给被授予者（道教内

---

① [清]董浩等：《全唐文》卷四十一，上海：上海古籍出版社，1990。

② [清]董浩等：《全唐文》卷四十一，上海：上海古籍出版社，1990。

称为“箓生”）确认在神界的职务、颁发通行神界的职务证书的过程。而从道教组织本身而言，授予某人道箓，意味着正式接纳他为本派弟子；被授予某一符箓，则表示该人已经正式皈依道门，也标志着他在道派中处于什么地位，在仙籍中留有位置。授箓时，实际上与授符联系在一起，所以泛称为授符箓。

授受法箓，必须依科次第修行。收入明《道藏》中“初入道仪篇”云：

> 凡初欲学道，男七岁，号“箓生弟子”；女十岁，号“南生弟子”。始，授训师门，性行稍淳，与授三戒、五戒，渐止荤血，自此后不更婚嫁。如已成夫妇者，男称“清真弟子”，女称“清信弟子”，常依科斋戒，兼行黄赤交接之道，能便断得，即为佳也。①

三戒即三归戒，指皈依于道经师三宝；五戒：戒杀、戒盗、戒淫、戒妄语、戒酒。谓之五戒可除五欲，修五德，脱离五浊。

根据这个记载与规定，可以认定“法善七岁习道”，并不到真正入道的年龄，当为“箓生弟子”。《太平广记》卷二十六“神仙二十六叶法善”和《唐叶真人传》中，均说叶法善自小“不茹荤（辛）”，乃系守道门之戒，彼“常独处幽室”。说明叶法善七岁习道仅为“箓生弟子”，而不是真正意义上的出家道士。

3. 离家习道

法善出生于道教世家，为何还要离家外出习道？这与当时道士授箓迁职制度有关。正如丁煌先生所言：“欲成上真必多访名师，方能成其淹博之学，兼得授愈高之法位也。”②

什么是道士？道士是道教的神职人员，专指信奉道教教义并修习道术的教徒，是信道、修道、行道之人。他们因信仰道教而皈依之，履行入教的礼仪，自觉自愿地接受道教的教义和戒律，过那种被俗世视为清苦寂寞而他们却视为神圣超凡的宗教生活。同时，道士作为道教文化的传播者，又以各种带有神秘色彩的方式布道传教，为其宗教信仰尽职尽力。道士之称始于汉，当时意同方士。北魏寇谦之改革天师道，规定道徒可在家立坛，朝夕礼拜，不必出家修行。金、元之际，全真道等兴起，仿照佛教规定，道士不蓄妻、不茹荤，须出家住丛林，遂形成出家的全真道道士和在家的正一道道士两类。

---

① 孙夷中：《三洞修道仪》，《正统道藏》，第54册，第261页。

② 丁煌：《汉唐道教论集》，北京：中华书局2009年版，第169页。

在唐代，度人入道有非常严格的规定。首先，必须跟从师父，精勤修行；然后经师父推举，由政府考核合格后，上报名单，领取尚书祠部颁发的度牒，才成为合法的“正名道士”。贺知章所作的《玄虚志序》中，就有“敕度真人”（指叶法善）弟子司马仲容为东京圣真观道士的记录。道士还俗或过世后，度牒归还政府，不得转让。正名道士还合法地拥有一定数量的土地。[①]

这种度牒和道籍的管理制度，是针对出家道士的。唐代有著名道经《一切道经音义妙门由起》，唐玄宗御制序，史崇玄等奉敕编撰。该道经把初唐时期的道士分成六阶：“一、天真道士；二、神仙道士；三、山居道士；四、出家道士；五、在家道士；六、祭酒道士。”其天真、神仙、幽逸、山居、出家等，“去尘离俗，守道全真，踪寄寰中，不拘世务”，其在家、祭酒等“愿辞声利，希入妙门，但在人间救疗为事。今剑南、江表，此道行焉。所以称之为道士者，以其务营常道故也”。[②]

按此分类，自曾祖道兴至叶慧明，当属在家或祭酒之类的道士。既然出生于黄冠世家，父亲叶慧明又是道士，按常理，才七八岁的叶法善，在家跟着父亲学道就行了，为何要出家寻师习道？

赵芃先生认为，原因在于唐代实行“道士授箓迁职制度”。想要突破“在家道士”之囿，成为更高等级的道士，必须走出家门寻择天下高道名师。

叶法善为了实现他的“欲成上真”的修道目标，得到“上清三洞大法师”的称号，就必须寻访名山洞府大观，投拜高道名师，学习“正一”“灵宝”“上清”的教法经箓，“方能成其淹博之学，兼得授愈高之法位”[③]。因而，其修道经历必定不平凡，多难而传奇，荒诞而又现实。

叶法善能在童年离家寻师学道，还有一个决定因素，是他从小勤奋好学，犹爱道家学说，在学习方面有突出的天赋与能力。其善学博览的才华，是内在修道天赋的表现，也是访师修道的良好基础。

（二）移居石室　矢志修道

1. 矢志修道

叶法善天资聪颖，加上家学熏染以及后天的勤奋好学，少年成材，气宇

---

① 王永平：《道教与唐代社会》，北京：首都师范大学出版社 2002 年版，第 134 页。

② 《正统道藏》第 41 册，第 638 页。

③ 丁煌：《汉唐道教论集》，北京：中华书局 2009 年版，第 169 页。

轩昂，显示出与众不同的气质。

《唐叶真人传》有载："年十岁，有善人伦者，曰'子以日角、月渊，隆隼偻背，脩上促下，当为帝王之师'"。①

《叶尊师碑铭并序》亦说："幼有奇质，长标特操，神照体外，骨秀形表……颇具仙格。"②

叶法善自习道处辞师归省，侍奉亲老，随父耕读，研穷《周易》，耽味《庄》《老》，河洛图纬，悉皆详览。矢志修道，栖隐林泉。与父俱遁于卯山，樵苏自给。

《唐叶真人传》称其：

> 好古学文，十一诵诗书，十二学礼乐。研穷周易，耽味老庄，河洛图纬，悉皆详览，志愿修道，栖迟林泉，与父俱遁乎卯山。樵蔬自给，寻形选胜，占星候气，登高临深，穷源逝险，是时已有役使之术。其门巨石当路，投符起之，须臾飞去，叠于山之东南。众皆惊异。今卯山有石坎存焉，常寻幽访隐，得灵墟福地。③

《唐故叶有道先生神道碑》：

> 孙景龙观道士鸿胪卿越国公，幼得父书，早传成法。賨念有训，迈迹自身，读天下之书，备方外之术。④

由此可见，叶法善少时勤奋好学，博览群书，尤好道家学说，反复诵读《周易》《老子》《庄子》，深入钻研河图洛书。父亲叶慧明带着他，隐遁卯山修炼，樵蔬自给，对法善尽传寻形、选胜、占星、候气等家法，并传授"飞符役使"等方外之术，秉承家传道法。

2. 修道白马山

唐太宗贞观元年(627)，即叶法善12岁这一年，据说因为居住卯山过于清苦，父母就带着他到外婆家——栝苍全塘口村一带寻访灵墟福地。翻过几座山梁，在距松阳卯山30多公里的地方，发觉气势不凡的白马山，犹

---

① 《唐鸿胪卿越国公灵虚见素真人传》，《正统道藏》第30册，台北：新文丰出版社，1985。
② ［清］董浩等：《全唐文》卷四十一，上海：上海古籍出版社，1990。
③ 《唐鸿胪卿越国公灵虚见素真人传》，《正统道藏》第30册，台北：新文丰出版社，1985。
④ ［清］董浩等：《全唐文》，卷二六二，上海：上海古籍出版社，1990。

如一群腾蹄起尘的骏马朝南竞驰。在白马山的半山腰，发现一处宽敞的天然石室，并且林泉环绕，洋溢着道家仙气。他们便在此落脚，以石室为家，隐修道术，并就近翻地耕种。

白马山，位于柳城西南的边上，即如今白马下行政村的后山。当时属栝苍县，今属武义县柳城畲族镇，离叶法善外婆家全塘口村只有三四里路。

《宣平县志》卷一《舆地志·山川》载：

> 白马山，在县南五里，上有石室，巨石屹立，击之铿然，叶法善常隐此。①

《唐叶真人传》对此地的环境，更有详细的记述：

> 其有欧冶铸剑溪。欧溪有神女化冢、石门岭、仙人曳履岭。其山势并栝苍仙都洞天，连延天台四明。近金华长山赤松洞，黄初平叱石羊之处，相去不远。中有白马山瀑布水。青溪万仞，古号仙居，林泉葱茜，于是真人隐焉。②

在白马山隐修道术期间，叶法善曾遇见三位神人：《太平广记·叶法善》的记载：

> 常游括苍白马山，石室内遇三神人，皆锦衣宝冠，谓师曰："我奉太上命，以密旨告子。子本太极紫微左仙卿，以校录不勤，谪于人世，速宜立功济人，佐国功满，当复旧任。以正一三五之法，令授于子。又勤行助化。宜勉之焉。"言讫而去。③

《唐叶真人传》记载叶法善在石室遇见三位神人的情况，则更为详细：

> 十月上甲夜半，焚香愿念，忽闻空中鸣钟击磬，管弦箫瑟之音。起而视之，俄顷见骑从满室，内有三神人，各长八尺余，容貌异常，衣云锦之衣，戴通天冠。真人俯伏虔请。

---

① 《四库全书》，第472册，卷四十四，第1047页。

② 《唐鸿胪卿越国公灵虚见素真人传》，《正统道藏》第30册，台北：新文丰出版社，1985。

③ 李昉等编纂：《太平广记》卷二十六，叶法善，北京：中华书局，1961。

神人曰：汝但复坐勿恐，太上遣吾喻汝，汝合得道。盖昔是太极紫微左宫仙翁领校簿，书录诸仙，及天下得道之士名字，增年减算，一月三奏。缘汝失谨，曾于休暇之日，游乎八荒。因兹降下人世，更修功累德，行满之日，当复汝仙位。今汝行三五盟威正一之法，诛斩魑魅妖魔，救护群品，惠施贫乏，代天行理。但以阴德为先，不须别有贡告。吾有秘法欲相传授，须清斋三日，无使世人知。受吾口诀，不得文字相付，恐传非人。轻泄帝旨，罪延七祖，不得上升。即以符、剑、封、印授之。

又一神人曰：卿今退真，下生人世。宜广建功德。更受五岳符图，天皇大字，及三一真经，黄庭紫书，八景素书，步蹑罡纪秘密微妙。但是三洞上清、上法、上真须精进修习，晨夕无替。及长存五千文，统理人道，明察天地。勿致轻泄，道当自成。

又一神人曰：至道微妙，非此能言，要当守一，屏去骄淫。每以鸣钟击鼓，调三理关，导引吐纳，服内外丹。常抱存日月，开闭门户，朝修太上，则当朱光潜照，无英白元，自来守护。黄老奏书，功成行满，必当升举。汝受此言，修行不倦，后期欲至，即于许氏旌阳君宅北山峰，重复相见。

真人俯伏，谢曰：某行微德薄，不悟天真，枉垂灵驾，非意所及，恭承教旨，精意奉行. 再拜奉辞，神人腾空而去。①

在接受三位仙人的开导后，叶法善努力践行道教的教义要旨。他之后的修道、行道、护道，印证了三仙人所授意的“修功累德”“惠施贫乏，代天行理”“广建功德”“精进修习”“屏去骄淫”“修行不倦”。丁煌先生认为，叶法善在石室相会的三位神人，实际上是三位道士，是叶法善正式入道誓诫时监度证盟的道师。

（三）守孝三年　出家入道

1. 丁父母忧

在移居白马山石室不久，叶法善的父母相继去世。叶法善是年 12 岁，即公元 628 年。

《唐叶真人传》记载：

---

① 《唐鸿胪卿越国公灵虚见素真人传》，《正统道藏》第 30 册，台北：新文丰出版社，1985。

无何居父母丧，乃于欧溪近山访卜葬之地，有一白鹿卧于山下雪中，近之，鹿遂跃去，其卧处温然，其有白气亘属高下。真人异之，因小立，环视此山，则重冈叠陇，朝挹四正。与夫左右前后连裘起伏，形势悉备。叹曰：'斯可藏矣。'遂葬焉。[①]

法善父母亡故因由及时间，均不可考。然据相关史料推测，其死因或为贫病饥羸。《资治通鉴·唐纪》卷一九三"贞观四年"条下载：贞观初年，天下灾眚迭生，水旱虫蝗相继，由是民间饥苦，饿殍遍野。"元年，关中饥，米斗直绢一匹；二年，天下蝗；三年，大水。上勤而抚之，民虽东西就食，未尝嗟怨。"且叶法善自游学归家后曾有亲老家贫之叹。

据南宋淳祐间丽水冲真观张道士编撰的《唐叶真人传》所载：叶法善之父叶慧明"业诗礼居儒，素不务荣宠。游肮山林，枕石漱流。行歌负薪，每结草为舍。预知未然，曰：'吾当有子'"。其"吾当有子"的预见，则暗示叶慧明夫妇似乎婚后多年不曾生育过一个儿子，或者虽然前面生育过儿子，但也可能是因故夭折了。故知叶法善出生之时，叶慧明夫妇应是人当中年。据《正统道藏·唐叶真人传》：叶法善年 13 岁时，尝叹曰："堂有垂白之亲，及家贫无以为养。"而稍后，法善自云丁父母忧，更可为叶法善出生时其父母已届中年的佐证。李丹先生考证："叶慧明终年约四十二岁。"再者从"有一白鹿外于山下雪中"中，得知叶法善父母相继去世应该在冬季。

《唐叶真人传》中有载：

家贫，尝曰：我生人世，功业未成，堂有垂白之亲、何以为养？遂佣耕亩亩，日吁不休，时有紫云为之覆盖。同人夺其阴处，云亦随之。被渔者扫水，外于泥中，口中不言，色亦不愠。牧马既去其害，牧牛瓦无其金。[②]

失去双亲的少年叶法善，寻觅阴宅风水之地，将父母合葬于离全塘口村不远处的瓯溪（今乌溪）畔的小山上。这里"山不高但有依，而且瓴视田野，显得松竹茂翠，濒水清清"。[③] 叶法善晚年建的宣阳观，就在父母墓地附近。[④]

---

① 《唐鸿胪卿越国公灵虚见素真人传》，《正统道藏》第 30 册，台北：新文丰出版社，1985。

② 《唐鸿胪卿越国公灵虚见素真人传》，《正统道藏》第 30 册，台北：新文丰出版社，1985。

③ 万中一：《叶法善与冲真观》，《今日武义》，2008. 6。

④ 《卯峰广元叶氏宗谱》，第 8 卷：慧明与"夫人刘氏合葬处州宣慈乡宣阳观侧"。

2. 守孝三年

安葬父母后，叶法善从白马山石室搬到全塘口外婆家居住，并守孝三年。

《唐叶真人传》的记载：

> 真人曰："不遇名师，将何度世！"是时岁方十三，从括苍山入天台、四明、金华、会稽，涉江浙，北入天柱（安徽省潜山县）、天目（浙江临安）、姑苏（江苏苏州）、洞庭（湖南）、勾曲（江苏省句容县，道教第二十七洞天。《唐叶真人传》误印作"勾曲"）、衡山（湖南衡阳市衡阳县）、霍山（安徽省天柱山的另名）。南游剑水（无此名胜或道教圣地。疑江西省剑池，或四川省剑门，或云南省剑川之误），登赤城（浙江天台），至罗浮（广东罗浮山）等处，凡名山胜地，自江汉之南，无不经历。①

此记载有待考证。父母刚刚安葬，怎么可能四处云游？

中国自古以来就重孝道，天下之大以"孝"为大，百行之首以"孝"为先。在《孟子》《书经》《诗经》《礼经》等著作中，都有关于"孝"的论述。在古代，很早就产生了相关的"守丧"礼俗。早在周朝时期，我国就产生了子女为父母守丧三年的"丁忧"丧俗。"丁忧"就是遭逢居丧的意思，也叫"丁艰"、又叫"守孝"，是对父母孝心的最好体现，也是对儿女是否孝顺的考验。春秋战国以后，儒家的伦理学著作《孝经》提倡重丧，慢慢地形成了"丁忧"的习俗。三年期间（27 个月）不能外出做官应酬，也不能住在家里，而要在父母坟前搭个小棚于，要吃、住、睡在父母坟前，不宴饮、不婚娶、不作乐等礼俗，汉代以后，"丁忧"演化为历代王朝"孝治天下"的强制性法律措施。

道教自创立之初就十分重视孝道，汉代早期道经《太平经》中就有"天下之事，孝为上第一"的这种说法，把孝理解为供养父母，"使父母老有所依"。道教的孝道理论是相当丰富的。《太平经》中还有不少劝诫之文，如《不孝不可久生诫》《不可不祠诀》等等，都是讲孝道的。如《不孝不可久生诫》曰：

> 父母念之，常见其独泪孤相守，无有辅佐之者。老更捐弃，饮食大恶，希得肥美，衣履空穿，无有补者，是恶之极。岁月年长，空

---

① 《唐鸿胪卿越国公灵虚见素真人传》，《正统道藏》第 30 册，台北：新文丰出版社，1985。

> 虚日久，面目丑恶，不象人色。如是为子，乃使父母老无所依，亲属不肯有之。此恶人之行灭乃上，亲属患之，名为蔽子。死不见葬，无有衣木，便见埋矣。狐狸所食，骨弃旷野，何时当复见汝衣食时乎?①

"孝"在道教伦理中是一项非常重要的内容，在不同的时代、不同的经诫中都将其提到首要地位。如《云笈七籤》"说十戒"引《玉清经·本起品》云：第一戒者，不得违戾父母师长，反逆不孝。又如陈寿清的《重编百孝图说》叙言：《玄灵经》曰："八宝不坏，天上金刚。"八宝者，即孝、悌、忠、信、礼、义、廉、耻也。孝列为"八德"之首。

六朝以来，天师道就强调道教徒需要潜心修行功德以连荫"七世父祖"，这就是常说的仙道与孝道合修。出生于黄冠世家的叶法善，少时就得到前辈的道教典籍，开始承传天师道的道法："幼得父书，早传成法"，"好古学文，十一诵诗书，十二学礼乐。研穷周易，耽味老庄"，为他"仙孝合修"提供了良好的环境。同时，这种修行方法的宗教意识，在叶法善身上表现的尤其强烈。叶法善的孝道思想，从现存文献看，比较集中体现在为长安国立道观景龙观的主持时曾向玄宗先后呈上的三篇表：《真人乞归乡上表》云："前岁天，恩赐归乡里，残魂假息，获拜先茔，聚族联党，不胜悲庆。属亲姊莫年百余三岁，见臣还丘壑，载喜载悲，才逾一旬，奄忽先逝。虽死生有命，理则固然，而骨肉有情，岂无哀痛？积年之疹，一朝遂发，形容枯劣，殆不能胜。"②《真人乞归乡修祖茔表》云："伏惟陛下覆焘亭育，昆蠢遂性，孝理之教。"③《真人乞回授先父表》云："臣闻孝道之大，人行所先。故洪覆无言，神女有卷，……伏惟皇帝陛下孝道叶天地，圣德符神祇，斋郡擢灵芝，陵寝降甘露，此陛下孝感之应。故当锡类及物，而臣幸生孝理之代，目视灵应之符，身无横草之功，虚受茅苴之锡。……生我父母竟未答……诚则微物岂能无心，自忝辱朝列，日夜惶懔，生无益于圣代，死实负于康时。而犬马私情，切有所愿，乞以陛下所授爵位回赠先父。上不违陛下孝道之风，下得展臣罔极之念。"④从第一表到第三表全都是围绕着一个"孝"字展开的，前两次是对宗族祖先的祭祀活动，第三次则是对父亲尽行孝道。

---

① [东汉]李吉：《太平经》，卷一百四，《不孝不可久生诫》。
② 《道藏》第18册，北京：文物出版社等1988年版，第86页。
③ 《道藏》第18册，北京：文物出版社等1988年版，第86页。
④ 《道藏》第18册，北京：文物出版社等1988年版，第86页。

可见，叶法善十分重视孝道，有着深刻的孝道观念，知孝义、明孝道、行孝义。所以在安葬父母后，叶法善就按照“丁忧”丧俗，在父母坟墓前盖草舍陪伴父母，而不是其他学者所说的从白马山石室搬到全塘口外婆家居住，也非《唐叶真人传》记载的从十三岁就开始游历全国道教圣地或名山。根据《旧唐书·伎传·叶法善传》“自曾祖三代为道士，皆有摄养占卜之术。法善少传符箓，尤能厌劾鬼神”记载，以及审其一生，在叶法善12岁到14岁期间应该在全塘口或者附近一带习道。

3.出家入道

道教以道、经、师为“三宝”，认为“道无经不传，经无师不明”。道，即修道，指以自身功修，参悟大道。经，即读经，阅读古代修炼家的著作，以印证己修。师，即师传，须要真师传授，指明道要。所谓真师，是指有真正实修功夫的老师。“要知山下路，须问过来人”，叶法善守孝期满后，抱着“不遇名师，将何度世”的信念，辞别家乡，云游全国道教圣地或名山，寻名师入道。那么，他到底是几岁出家入道？最初的师父是谁？

《唐叶真人传》记载曰：

> 真人曰：“不遇名师，将何度世！”是时岁方十三，从括苍山入天台、四明、金华、会稽，涉江浙，北入天柱、天目、姑苏、洞庭、勾曲、衡山、霍山。南游剑水，登赤城，至罗浮等处，凡名山胜地，自江汉之南，无不经历。①

此记载说明叶法善如此艰辛奔波跋涉，是为将来正式入道誓戒作准备。

《叶尊师碑铭(并序)》记载了此事：

> 十五，中毒死，又见昔青童曰：天台茅山飞印，印其腹。始殊闷绝，良久豁如。师以灵应感通，殊尤若此，遂乃杖策游诸名山，远访茅君而遇。②

丁煌先生认为，法善年“十五，中毒死”恐系彼误服毒丹。法善十五，才入道誓戒，是其出家(未舍俗)的旁证。

---

① 《唐鸿胪卿越国公灵虚见素真人传》，《正统道藏》第30册，台北：新文丰出版社，1985。

② ［清］董浩等：《全唐文》卷四十一，上海：上海古籍出版社，1990。

法善十五岁之年，一定已经出家誓戒。可以明代《道藏》中《三洞修道仪》"初入道仪篇"记载为证。其道仪云：

> 其童男、女秉持，至十五岁，方与诣师，请求出家，禀承戒律，稍精，方求入道。[①]

此记载可以证明叶法善十五岁才出家习道。丁煌先生认为唐玄宗御碑称其"十五，中毒死，又见昔青童曰……"是隐喻式描写方法。

《正统道藏·唐叶真人传》《太平广记·叶法善传》也有叶法善十五中毒获救相类似的记载。

根据以上文献记载，叶法善曾因服金丹中毒频死、幸遇仙人相救之事。可以认定：法善被高道救活后，从现在的柳城畲族镇全塘口出发，开始云游名山大川，寻师访道。先后赴天台山、四明山、金华山、会稽山、天柱山、天目、姑苏、洞庭、勾曲、衡山、霍山、青城山、嵩山等道教圣地学道，足迹遍布今天的浙、陕、豫、晋、鲁、苏、赣、湘、粤、川等省。

那么他最初的师父是谁呢？

李玉用教授提出：文献中"青童"颇具有老子化为太上老君后身边随侍的形象，神话色彩明显，问题在于"青童"究竟是何指，根据文献是难以推断出来的。然而"青童"虽不可考，也未授叶法善以任何法术，但却是叶法善师承的得力引荐人，是其入道的最初启蒙者和接引者。[②]

吴真博士认为，青童与上清神祇有关，在上清经派传经授箓的场合最常出现。如李勃《真系》记司马承桢的弟子焦静真，被人导至方丈山，遇二仙女，谓曰"子欲为真官，可谒东华青童道君，受三皇法"，即由青童引导授箓。[③]

丁煌说，叶法善最初的师父，应该是"上清派道士"。他依据《叶尊师碑铭并序》的记述分析：叶法善15岁那年中毒获救后，游茅山得遇茅君，当系神话，所遇者，应当是依托茅君开教的上清茅山宗道士。至于遇到何人，今已无从考证，以年辈推之，王远知、王轨、潘师正、魏隆诸人，皆有可能。其中之一是叶法善最初的师父，具体是谁，尚待进一步探究。[④]

---

① 孙夷中：《三洞修道仪》，《正统道藏》，第54册，第261页。

② 李玉用：《道教宗师叶法善考》，《2010中国武义国际养生旅游高峰论坛暨叶法善道家养生文化研讨会论文集》，上海：上海人民出版社，2011。

③ 吴真：《唐宋时期道士叶法善崇拜发展研究》，香港中文大学哲学博士论文，2006，第59页。

④ 丁煌：《汉唐道教论集》，北京：中华书局，2009，第172页。

二　叶法善师承传道弟子考

从相关文献史料可知，叶法善师承开蒙于上清，授道于正一，得道于洞渊、净明诸派高道。对叶法善师承加以考略，对于研究叶法善思想的发展具有一定意义，亦有利于进一步认识叶法善在道教史上的贡献与影响。

（一）叶法善师承考

叶法善在游学修道过程中，得到了许多高道隐仙的指点。他们精内丹道术，兼有儒家学术思想。根据《大唐故有道先生叶公碑（并序）》《大唐赠歙州刺史叶公神道碑（并序）》和《叶尊师碑铭（并序）》三篇唐代碑文，以及《旧唐书》《全唐文》和《道藏·唐鸿胪卿越国公灵虚见素真人传》等文献史料记载，叶法善师友有名字可考者为赵元阳、韦善俊、万振，无从考证者为三神人、青童。

1. 开蒙于上清派

上清派是在晋朝时形成的一个道教派别，至陶弘景时，茅山成为上清派活动的中心，所以上清派也被称为茅山宗。上清派以《上清经》（《上清大洞真经》）《黄庭经》为主要经典，以存神服气为修行方法，辅以育经、修功德。该派发展到唐代，已成为影响最大的道派。其代表人物有王远知、潘师正、司马承祯、吴筠和李含光等等。

青童

《叶尊师碑铭（并序）》：

> 初，师甫七岁，涉江而游。迨及三年，人以为溺。及还，问其故。则曰：三青童子引之，憩于华堂峻宇，咽灵药，吸云浆，太上镇之，是以留也。十五，中毒死，又见昔青童曰：天台茅山飞印，印其腹。①

铭中所提的青童，在道书中通常有以下指称：

先为神话传说中的仙童。南朝梁任昉《述异记》卷上："洞庭山昔有青

① 《全唐文》卷四十一。

童秉烛飚飞轮之车至此，其迹存焉。”[①]《太平广记》“汉元寿二年，八月己酉，南岳真人赤君、西城王君及诸青童并从母降于盈室。”[②]

后又引申为修炼有素的道士。唐李白《访道安陵遇盖寰为予造真箓临别留赠》诗：“清水见白石，仙人识青童。”

诗中之青童即青童君，我国神话传说中的仙人，居东海。南朝梁陶弘景《真诰·运象三》：“青童大君云：‘欲植灭度根，当拔生死栽。’”《〈黄庭内景经〉序》：“《黄庭内经》一名《东华玉篇》”务成子注：“东华者，方诸宫名也，东海青童君所居也。”唐顾况《短歌行》之六：“轩辕弓箭无人识，东海青童寄消息。”唐李白《至陵阳山登天柱石酬韩侍御见招隐黄山》：“步网绕碧落，倚树招青童 。”王琦注：“《真灵位业图》：‘龚仲阳、幼阳兄弟二人，受道于青童君 。’”宋苏轼《行琼儋间肩舆坐睡梦中得句戏作此数句》诗：“喜我归有期，举酒属青童 。”王十朋注引赵次公曰：“青童 ，神仙青童君也。”陈三立《渠林五十生日赋赠》之三：“神丹受得青童秘，散落人间只等闲。”

吴真博士认为，青童与上清神祇有关，在上清经派传经授箓的场合经常出现。如李勃《真系》记司马承桢的弟子焦静真，被人导至方丈山，遇二仙女，谓曰“子欲为真官，可谒东华青童道君，受三皇法”，即由青童引导授箓。[③]

丁煌说，叶法善最初的师父，应该是“上清派道士”。他依据《叶尊师碑铭并序》的记述分析：叶法善15岁那年中毒获救后，游茅山得遇茅君，当系神话；所遇者，应当是依托茅君开教的上清茅山宗道士。至于遇到何人，今已无从考证。以年龄段推之，王远知、王轨、潘师正、魏隆诸人，皆有可能。其中之一是叶法善最初的师父，具体是谁，尚待进一步探究。[④]

2.授道于正一派

正一派是在天师道、龙虎宗长期发展的基础上，以龙虎宗为中心，集合各符箓道派组成的一个符箓大派。以《正一经》为共同奉持的主要经典，主要法术是画符念咒、祈禳斋醮，为人驱鬼降妖、祈福禳灾。

三神人

据《唐叶真人传》记载：“俄顷见骑从满室，内有三神人，各长八尺余，容貌异常，衣云锦之衣，戴通天冠。真人俯伏虔请。神人曰：汝但复坐勿恐，太上遣吾喻汝，汝合得道。盖昔是太极紫微左宫仙翕领校簿，书录诸仙，及

---

① 南朝梁任昉《述异记》。

② 《太平广记》卷十一，引[宋]曾慥《集仙传·大茅君》。

③ 吴真：《唐宋时期道士叶法善崇拜发展研究》，香港中文大学哲学博士论文，2006，9。

④ 丁煌：《汉唐道教论集》，北京：中华书局，2009。

天下得道之士名字，增年减算，一月三奏。缘汝失谨，曾于休暇之日，游乎八荒。因兹降下人世，更修功累德，一行满之日，当复汝仙位。今汝行三五盟威，正一之法，诛斩魑魅妖魔，救护群品，惠施贫乏，代天行理。但以阴德为先，不须别有贡告。吾有秘法欲相传授，须清斋三日，无使世人知。受吾口诀，不得文字相付，恐传非人。轻泄帝旨，罪延七祖，不得上升。即以符、剑、封、印授之。"《太平广记》卷二十六，也记载了此事。

丁煌先生考证：石室内遇到三神人之事，三神人者乃三位道士，系法善正式入道誓诫时监度证盟的道师。[①]

此考证不无道理。道教素喜假托仙真授法来增强其法术和地位的权威性。如北魏寇谦之欲改革天师道，即宣称其得到太上老君亲授经戒，如《老君音诵戒经》谓："老君曰：……今有上谷寇谦之，隐学嵩岳少室，精炼教法，掬知人鬼之情，文身宣理，行合自然，未堪系天师之位……一从吾乐章诵诫新法，其伪诈经法科，勿复承用。"[②]又据《三天内解经》《正一天师告赵升口诀》《正一法文天师教戒科经》等道经，称太上老君曾授张道陵"正一盟威之道"。如《三天内解经》云："天师受太上正一盟威之道、三天正法，付子孙传为国师，谓当终于无穷"[③]；太上老君遣天神降授叶法善"三五盟威正一之法"，固属道教神秘化其道法授受之说。

丁煌先生认为，三位道士授叶法善"正一三五之法"，此法即为正一(天师)派的法箓。在道教正一派的法箓中，多有"三五"之称。比较有代表性的内容包括："太上三五正一盟威宝箓(二十四阶)""太上三五正一盟威仙灵百五十将军箓""太上三五正一盟威三元将军箓""太上三五正一盟威混沌元命赤箓""太上三五正一盟威都天九凤破秽箓""太上三五正一盟威护命长生箓""太上三五正一盟威九宫捍厄八卦护身策""太上三五正一盟威龙虎斩邪箓""太上三五正一盟威都章毕印箓""太上三五正一盟威步星纲箓""太上三五正一盟威天灵赤官斩邪箓""太上三五正一盟威九州社令箓""太上三五正一盟威考召箓""太上三五正一盟威九天兵箓"等。[④]

丁煌先生认为，道教"三五"思想内容非常丰富，比如三光(日、月、星)、三才(天、地、人)、三气(太阳、太阴、中和)、三官(天官、地官、水官)、三天(三清境：玉清圣境、上清真境、太清仙境)或(清微天、禹余天、大赤天)。又

① 丁煌：《汉唐道教论集》，北京：中华书局，2009。

② 《道藏》第3册，第765页。

③ 《旧唐书》卷191。

④ 丁煌：《汉唐道教论集》，北京：中华书局，2009。

如《十洲记》:“方丈在东海中央,三天司命所治处。”关于“五”,道教也复衍生多种说法,认为“五”之数应本于“五行”“五方”“五色”“五星”“五常”之义。叶法善的修道养生法箓则源于道教“三五”思想的重要内容。对此,李叔还氏以为源出《史记·天官书》,并对“三五”之法又做了进一步的注载:“为天数者,必通三五。”此“三五”即所谓“三辰五星”也。又《天官书》载:“为国者,必立三五。”对于什么是“三五”,又解释认为即“三纲五常”也。[①]

3.得道于正一道各宗派

洞渊派高道——赵元阳

洞渊派,起源于西晋末年马迹山道士王纂得《洞渊神咒经》而传,入唐后盛极一时。洞渊道士受洞渊三昧法箓,其法上辟飞天之魔,中治五气,下绝万妖。唐代洞渊派的主要法术是斋咒为人治病,代表人物有黄元赜、韩元最、韦善俊、赵元阳、刘玄元、尹愔等。

据唐玄宗的《叶尊师碑铭(并序)》载:“于青城赵元阳,受遁甲、步玄之术。”[②]《青城山道教志》“青城山历史上著名道士和隐士”也记载了叶法善师事赵元阳之事:“唐叶法善以救人为志,于四海六合,名山洞天,咸所周历,师青城赵元阳,玄宗尊为天师。”[③]叶法善师事赵元阳,唐代史书无传,但从以上御制碑文来看,叶法善曾师事赵元阳,向其学习“遁甲、步玄之术”,存在师承关系。考赵元阳系唐代青城山著名道士和隐仙,为“岷山七圣”之一,且“必当世一极负时誉之高道,故为玄宗所知”[④]。

付元天、王家佑的《青城道教仙源录》认为:赵元阳或为赵公元,又以为即赵昱。[⑤]

所谓“遁甲”乃是术数的一种,术士们常常根据奇门遁甲来推算吉凶祸福,以趋吉避凶。

洞渊派高道——韦善俊

韦善俊(595—694),初唐高宗、武则天时道士,民间尊其为“药王”,河南巩县人,祖籍京兆(今西安市),因祖父曾任巩县令,遂隶籍巩县。洞渊派高道。

据唐玄宗的《叶尊师碑铭(并序)》载:“于嵩高韦善俊,传八史、云跷之道。”[⑥]

---

① 丁煌:《汉唐道教论集》,北京:中华书局,2009。

② 《全唐文》卷四十一。

③ 《青城山道教志》,中央文献出版社,2007。

④ 丁煌:《汉唐道教论集》,北京:中华书局,2009。

⑤ 付元天、王家佑:《青城道教仙源录》,《中国道教》,1986。

⑥ 《全唐文》卷四十一。

据丁煌先生考证，韦善俊于《太平广记》卷三十九《神仙类三十九·韦老师》、同书卷四十七《神仙类四十七·韦善俊》、南宋绍兴间正一道士陈葆光《三洞群仙录》卷五引《高道传》《历世真仙体道通鉴》卷三十六，皆传其事。“彼系京兆杜陵人，精于‘三皇文’，得神化之道，十三岁，长斋，诵《道德》《度人》《西升》《升玄》等经，人有所惠，悉为赎救之用，及壮诣嵩阳观事黄元赜，参佩道法。又从临汝洞元观道士韩元最，复授秘要。调露初，归嵩阳；嗣圣中，寓籍升仙观，后复归嵩阳，绝迹不出。”①

李远国认为“其后叶法善继其洞渊道统，并光大之”。②

叶法善师事韦善俊，唐代史书也无传。但从以上史料及学者考证，叶法善师事韦善俊，向其学习“八史、云蹺之道”，存在师承关系。考韦善俊，为道术超凡又修道有素的一代法师。

净明派高道——万法师

净明道是宋元间兴起于江西西山的道教教团，由东晋以来的许逊崇拜发展而成，全称“净明忠孝道”，主要经典为《净明忠教全书》。此道派有度人济世、净明思想、忠孝伦理等理学特色，融合北方全真派的内炼丹法与上清派“黄庭”学说，继承和发挥闾山派的符法咒术。该派在唐代的代表人物，有张蕴、胡慧超、万振等。

万法师，名振，也名仞，字长生，南昌人，得长生久视之道，为净明派高道。

据《唐叶真人传》载：“寻诣豫章万法师，求炼丹、辟谷、导引、胎息之法，但熊经、鸟申，吐故纳新，食松茹术，无荣于世。”③

据清人编纂的《逍遥山万寿宫志》卷十三《人物志》记载万法师“尝慕胡洞真净明忠孝大法，遂至游帷观师事之，得长生久视之道”。④

胡洞真即为胡慧超。胡慧超的事迹，《历世真仙体道通鉴》卷二十七有记载，同书卷三十一记载万振：

> 万天师名振，字长生，洪郡之南昌人。得长生久视之道。……有符咒，济物，治人疾苦，立效。当时以为旌阳、栾巴之徒。……显庆二年，高宗召见光曜日殿。帝问治国养生之道，振答曰：“无思、无为，清静以为天下正。治国犹治身也。”帝尊待之如师友。

① 丁煌：《汉唐道教论集》，北京：中华书局，2009。

② 李远国：《道教“北极驱邪院印”考辨》，《道学研究》，2003，1。

③ 《道藏》第18册，第82页。

④ 《逍遥山万寿宫志》卷十三《人物志》，《藏外道书》，第20册。

赐予无所受。龙朔元年，尸解于京师。数日，启棺，惟有一剑一杖而已。诏以铜函盛剑、杖，葬于西山天宝洞之侧，今洞阳观是也。天师有德业碑，乃唐滕王元婴文，在开元观中云。①

万法师是高道胡慧超的得意门生。叶法善在修道过程中，曾得到万法师的指点和教诲。丁煌先生考证“万振极钟爱法善，法善之得于显庆中人谒高宗，则系万振所援引荐之”。②《叶尊师碑铭并序》中记载了万法师对叶法善的评价：“先生幼有奇质，长标特操，神照体外，骨秀形表。故万先生目之曰：‘子书成仙格，方自仙宫，吾将及尔，为同僚也。’信哉！”③万法师慧眼识徒，认为叶法善是一个难得的修道人才，具有“奇、特、神、秀”之天赋，坚信一定具有“成仙”之品格。所以极力引荐给高宗皇帝，这对于叶法善日后成为唐代著名高道至关重要。

据御制碑文记载，叶法善还曾往返于神山蓬莱、方丈，驻足祖处括苍山和惠州罗浮山寻师访友，拜师高道，掌握了高超的“灵图秘诀，仙符真度，宝录生券，冥感空传。临目而万八千神，咽胎而千二百息。或潜泳水府，或飞步火房，或剖腹涤肠，勿药自复；或刳肠割膜，投符有加；或聚合毒味，服之自若；或徵召鬼物，使之立至；呵叱群魅，奔走众神，若陪隶也。故海内称焉，千转万变……”④的道教法术。

综上所述，叶法善之师承，绝非局限于一家一派，而是秉承天师道家学传统，融摄其他宗派道法道术之长，不拘一格、内外兼修，逐渐形成自己独特的道学特点。也正因为如此，叶法善能在同时代的诸多高道中“超绝”出来，成为一代宗师。

（二）叶法善传道弟子考

叶法善的道门弟子之众，“道教史上罕有匹俦者”⑤。据《唐叶真人传》《新唐书》《全唐文》和碑文等诸史料记载，有数千余人。著名的且有姓名可考者，有叶仲容、玄宗皇帝、金仙公主、玉真公主、尹愔、丁政观、暨齐物（一作卢齐物）、詹玄冰（一作玄一、玄虚）、夏侯子云、沈护法等。

---

① 《历世真仙体道通鉴》卷三十一《万振传》，《道藏》第5册，第279页。

② 丁煌：《汉唐道教论集》，北京：中华书局，2009。

③ 《全唐文》卷四十一。

④ 《全唐文》卷四十一。

⑤ 丁煌：《汉唐道教论集》，北京：中华书局，2009。

1.入室弟子

叶仲容

据《唐叶真人传》记载，叶法善临终时曾有遗书留给他："汝将吾诗及书进上，不得求官，当奉韶监丧，归葬括苍。"①《全唐文》卷九二三，收有叶法善所撰写《报弟子仲容书》。

弟子仲容，据《卯峰广元叶氏宗谱》所载，即为叶望二十二世孙叶玄灌，仲容是他的字。他原是叶法善弟弟叶法喜之子，是其族侄，后来过继给法善作养子。仲容原任滑州（今属河南）司马，后奉法善遗命而弃官出家从道，成为东京圣真观道士。他与中使扶丧，亲扶法善灵柩归葬栝苍宣阳观之侧。

唐玄宗

据唐玄宗撰《叶尊师碑铭（并序）》中，数次称法善为"师""先生""夫子"。又据《唐叶真人传》记载，法善弟子则可确证叶法善为唐玄宗授箓，为其弟子。

金仙公主　玉真公主

金仙公主，讳无上道，为唐睿宗女，唐玄宗八妹。

玉真公主，公主法号无上，字玄元。天宝中，更赐号持盈。为唐睿宗女，唐玄宗、金仙公主同母妹。玉真公主生于周武则天如意元年692，卒于代宗宝应元年762，享年71岁②。

据《全唐文》记载，弘观道道士蔡玮，在天宝二年（743）撰碑《玉真公主朝谒谯郡真源宫受道王屋山仙人台灵坛祥应记》云："公主法号'无上'，字'玄元'，睿宗大圣真皇帝之爱女，今上之季妹……年甫二八。当景云之初，始受（阙一字）道于括苍罗浮真人越国叶公。其时，老君为亲降法坛……"③

清代陆耀遹《金石续编》卷八（《石刻史料新编》册四）、清代毕沅《中州金石纪》卷三等均录有此碑文。考玉真公主，为叶法善的女弟子。

据丁煌考证，金仙公主，初与玉真公主同入道，则当亦系法善女弟也。同时考证，金仙、玉真公主于大内归真观诣史崇玄授箓，授五法、上清法，玉真公主后拜司马承祯、胡慧超为师。④

---

① 《道藏》第18册，第80页。

② 丁放：《袁行霈・玉真公主考论》，北京大学学报（哲学社会科学版），2004，3。

③ 《全唐文》卷九十二，北京：中华书局1983年版，第9664页。

④ 丁煌：《汉唐道教论集》，北京：中华书局，2009。

尹　愔

开元二十七年(739)2 月 26 日,唐玄宗亲撰《故金紫光禄大夫鸿胪卿越国公景龙观观主赠越州都督叶尊师碑铭(并序)》,到了 4 月 23 日,时任"谏议大夫集贤院学士兼知史官事"的内道场道士尹愔奉敕至景龙观宜讲御文。

据《唐叶真人传》记载:"唯弟子尹愔、卢齐物等,见密而不言。"①

北宋道士贾善翔《高道传》记载"法善游弟子百余人,唯暨齐物、尹愔入室"。《中国道教史》介绍叶法善的弟子主要有:"尹愔、暨齐物、丁观政、司马仲容,其中尹愔、暨齐物为他的入室弟子。"②

这些文献都将尹愔列入叶法善弟子,但唐代文献没有提供尹愔与叶法善交往的资料。

据《新唐书》卷二一三记载:"尹愔,秦州天水人。父思贞,字季弱。明《春秋》,擢高第。尝受学于国子博士王道珪,称之曰:'吾门人多矣,尹子叵测也。'以亲丧哀毁。除丧,不仕。左右史张说、尹元凯荐为国子大成。每释奠,讲辨三教,听者皆得所未闻。迁四门助教,撰《诸经义枢》《续史记》皆未就。梦天官、麟台交辟,寤而会亲族叙诀,二日卒,年四十。愔博学,尤通老子书。初为道士,玄宗尚玄言,有荐愔者,召对,喜甚,厚礼之,拜谏议大夫、集贤院学士,兼修国史,固辞不起。有诏以道士服视事,乃就职,颛领集贤、史馆图书。开元末,卒,赠左散骑常侍。"③

《新唐书》卷二百载:玄宗开元中,"尹愔拜谏议大夫集贤院学士兼修国史,固辞不起,有诏以道士服视事,乃就职"。

根据以上文献考尹愔,唐开元时道士,四门助教尹思(守)贞之子,秦州天水人。曾为长安肃明观观主,是叶法善的入室弟子,尽得其传。初为翰林供奉,开元二十五年正月授谏议大夫,集贤院学士兼知官事,开元末年(740)仙逝,赠左散骑常侍。著有《老子说五厨经注》一卷,明养气归真之理。

暨(卢)齐物

据《唐叶真人传》记载:"唯弟子尹愔、卢齐物等,见密而不言。"④

《太平广记》记载法善弟子有暨(卢)齐物、尹愔、叶仲容。

---

① 《道藏》第 18 册,第 80 页。

② 卿希泰:《中国道教史》卷二,成都:四川人民出版社 1992 年版,第 162 页。

③ 《新唐书》卷二一三,列传第一百二十五,儒学下。

④ 《道藏》第 18 册,第 80 页。

李邕撰《叶慧明碑》，金乡县翻刻本碑末有“检校树碑侍者洪州翊真观主卢齐物”。

卢齐物与暨齐物为同一人，还是两个人？《叶慧明碑》、《道家金石略》107页、《两浙金石志》卷二、《金石续编》卷六、《唐叶真人传》等史料，都记卢齐物。《太平广记·叶法善传》、元代《历世真仙体道通鉴》《天柱观碣》等记为“暨齐物”。

丁煌认为，卢齐物与暨齐物为两个人，都是叶法善的弟子[①]；吴真认为，卢的繁体字“盧”，可能是“暨”的笔误，或许是同一人。这有待于考证[②]。

我们认为吴真的推测很有道理，两个字形似，抄录时容易出现笔误。

中岳道士吴筠于大历十三年(778)曾撰《天柱观碣》，记此宫前身天柱观之创建与兴盛情况，“后又道士张整、叶法善、朱君绪、司马子微、暨齐物、夏侯子云，皆为高流，或居或游，穷年忘返”，可知叶法善、暨齐物都曾经游于天柱观。暨齐物的度师是唐开元初年写作《要修科仪戒律钞》的天师道道士朱法满(字君绪)。[③]

2. 寄名弟子

詹玄一

李邕撰《叶有道碑》末，书其名“开元五年岁丁巳三月七日，侍者清溪观主，詹玄一……”。叶法善回乡在西山祖父叶国重墓侧立碑时，他是一名“侍者”。

丁煌认为，詹玄一(一作玄一、玄虚)是叶法善的著名弟子之一[④]。而吴真认为，栝州地方道观清溪观观主詹玄一为叶法善寄名弟子，他在叶法善回乡立《叶国重碑》时作为侍者，题名于碑后，是表示尊重。侍者道士是为某一重要道士在地方立观而配备的侍者(助手)，是地方道士而非宫廷道士。[⑤]

丁政观

丁政观，为景龙观大德，公元731年负责三校敦煌《阅紫箓仪》，为法善门人。

开元二十七年(739)二月二十六日，唐玄宗亲撰《故金紫光禄大夫鸿胪

---

① 丁煌：《汉唐道教论集》，北京：中华书局，2009。

② 吴真：《唐宋时期道士叶法善崇拜发展研究》，香港中文大学哲学博士论文，2006，9。

③ 《道藏》第18册，第156页。

④ 丁煌：《汉唐道教论集》，北京：中华书局，2009。

⑤ 吴真：《唐宋时期道士叶法善崇拜发展研究》，香港中文大学哲学博士论文，2006，9。

卿越国公景龙观观主赠越州都督叶尊师碑铭(并序)》,文末附有《弟子丁政观谢赐真人碑铭状》:

> 敕内肃明观道士尹愔,宣敕内出御文,赐臣师主。臣跪奉天章,仰瞻宸翰。以惶以喜,载庆载悲。臣忝与门人,不胜感愧之至,谨录陈谢以闻,谨状。开元二十七年四月二十三日,弟子景龙观道士丁政观等进。①

从中可知,丁政观为当时景龙观道士中的代表性人物,丁政观代表观内一众叶门弟子,谢玄宗御赐叶法善碑铭。

3.再传弟子

沈法护

全真系道士庄继光(庄严居士)等编纂于民国十八年的《道流源流》载:“叶天师传沈真,名法护,唐时德清人。幼敏慧,为叶天师弟子。景云二年,授敕采药,后仙去。”

叶法善除以上弟子外,姓名可考的还有张探玄、田仙寮、田名德。

据吴真考证,张探玄、田仙寮、田名德均为法善门人弟子。张探玄(667—742),为“正一真人道陵师君之胄”的道士。公元684年,张探玄在临洺山观入道,开元初,补长安景龙观大德,恩诏供奉。公元733年诏为“东都道门威仪使”,俄兼圣真、玄元两观主,后来与玉真公主共同修炼于王屋山。田仙寮,于开元初曾“隶景龙观,名雄上国”,后任长安玄元庙大德。其弟子有蔡玮、杨婉等。田名德,为景龙观修道的三皇内景弟子、永仙观观主兼检校奉先道门威仪。天宝年间,被称为“景龙观先生”。他们在入道的开始阶段,都在叶法善主持的景龙观中修道,而后一步步地升迁,直至担任道观观主,并担任道门威仪使。三人同法善一样,虽然在道教内部地位显赫,也屡获朝廷的嘉奖,但始终没有个人的诗歌或文章传世。②

---

① 《全唐文》卷四十一。

② 吴真:《唐宋时期道士叶法善崇拜发展研究》,香港中文大学哲学博士论文,2006,9。

第四章　叶法善行道护道考述

叶法善自高宗显庆中应征入宫后直至去世，就一直在宫内道场及景龙观等官方机构中任职，前后时间长达六十余年。完成了他由一名普通的江南道教世家子弟，到供职内道场为道士、受封为国师、大洞三景法师乃至景龙观观主、金紫光禄大夫、鸿胪卿[①]、越国公的辉煌一生。

一　叶法善与内道场、景龙观考

（一）入职内道场

《旧唐书·方伎·叶法善传》云："道士叶法善，括州括苍县人。自曾祖三代为道士，皆有摄养占卜之术。法善少传符箓，尤能厌劾鬼神。显庆中，高宗闻其名，征诣京师，将加爵位，固辞不受。求为道士，因留在内道场，供待甚厚。"

这里的"显庆"是唐高宗李治的年号。这一年号共行五年，显庆元年为公元656年。这一年中李唐皇室发生了一件重大的宫廷事变，原本由太宗皇帝亲自遴选的皇太子妃（即李治即位登基后被册封为皇后的王氏）和宠妃萧氏被废并幽禁冷宫，而曾经为太宗才人的武则天则被高宗李治册立为后。武则天被册立为后之后即命人将两人缢杀。皇太子忠被废为梁王，改

---

① 《新唐书·百官三》：鸿胪寺，卿一人，从三品……掌宾客及凶仪之事。领典客、司仪二署。……司仪署：令一人，正八品下；丞一人，正九品下。掌凶礼丧葬之具。京官职事三品以上、散官二品以上祖父母、父母丧，职事散官五品以上、都督、刺史卒于京师，及五品死王事者，将葬，祭以少牢，率斋郎执俎豆以往。三品以上赠以束帛，黑一、纁二，一品加乘马；既引，遣使赠于郭门之外，皆有束帛，一品加璧。五品以上葬，给营墓夫。有司仪六人，府二人，史四人，掌设十八人，斋郎三十人，掌固四人，幕士六十人。

立代王弘为皇太子。而这一事件的诱因，便是因为王皇后恐失宠而欲借武则天来分萧淑妃之宠，结果被工于心计的武则天利用，加以武则天被高宗皇帝宠幸后为高宗生下了皇子弘和咸，结果为后多年且无子嗣的皇后王氏便为武则天所陷害。①

至于叶法善何时及缘何被征入宫，诸史传语焉不详。《旧唐书·叶法善传》云："显庆中，高宗闻其名，征诣京师。将加爵位，固辞不受。求为道士，因留在内道场，供待甚厚。"据此我们只知叶法善大概在显庆年间被征入宫。显庆年号共行五年，而叶法善入宫的具体年间及入宫缘由，考诸史载，也提供了一点可资考证的线索。叶法善当在显庆二年夏秋间奉诏入宫，而诏令叶法善入宫的缘由，乃因武后数见故后王氏及故淑妃萧氏为祟宫中，当时虽有内廷僧道为之厌劾，仍不能去，且即使高宗携武则天驾幸他处以避，然武后仍是梦魇缠身，故有诏朝野举异能有道之士，叶法善因此方被征入宫为之厌劾。至于武后令人厌劾事，史有明载。《旧唐书·后妃传》云：

> 永徽六年十月，废后及萧良娣皆为庶人，囚之别院。武昭仪令人皆缢杀之。后母柳氏、兄尚衣奉御全信及萧氏兄弟，并配流

---

① 《资治通鉴·唐纪》：永徽五年(甲寅，公元六五四年)：初，王皇后无子，萧淑妃有宠，王后疾子。上之为太子也，入侍太宗，见才人武氏而悦之。太宗崩，武氏随众感业寺为尼。忌日，上诣寺行香，见之，武氏泣，上亦泣。王后闻之，阴令武氏长发，劝上内之后宫，欲以间淑妃之宠。武氏巧慧，多权数，初入宫，卑辞屈体以事后。后爱之，数称其美于上。未几大幸，拜为昭仪，后及淑妃宠皆衰，更相与共谮之，上皆不纳。昭仪欲追赠其父而无名，故托以褒赏功臣，遍赠屈突通等，而武士彠预焉。王皇后、萧淑妃与武昭仪更相谮诉，上不信后、淑妃之语，独信昭仪。后不能曲事上左右，母魏国夫人柳氏及舅中书令柳奭入见六宫，又不为礼。武昭仪伺后所不敬者，必倾心与相结，所得赏赐分与之。由是后及淑妃动静，昭仪必知之，皆以闻于上。后宠虽衰，然上未有意废也。会昭仪生女，后怜而弄之，后出，昭仪潜扼杀之，覆之以被。上至，昭仪阳欢笑，发被观之，女已死矣，即惊啼。问左右，左右皆曰："皇后适来此。"上大怒曰："后杀吾女！"昭仪因泣诉其罪。后无以自明，上由是有废立之志。永徽六年(乙卯，公元六五五年)：六月，武昭仪诬王后与其母魏国夫人柳氏为厌胜，敕禁后母柳氏不得入宫。中书舍人饶阳李义府为长孙无忌所恶，左迁壁州司马。敕未至门下，义府密知之，问计于中书舍人幽州王德俭，德俭曰："上欲立武昭仪为后，犹豫未决者，直恐宰臣异议耳。君能建策立之，则转祸为福矣。"义府然之，是日，代德俭直宿，叩阁上表，请废皇后王氏，立武昭仪，以厌兆庶之心。上悦，召见，与语，赐珠一斗，留居旧职。昭仪又密遣使劳勉之，寻超拜中书侍郎。于是卫尉卿许敬宗、御义大夫崔义玄、中丞袁公瑜皆潜布腹心于武昭仪矣。它日，李勣入见，上问之曰："朕欲立武昭仪为后，遂良固执以为不可。遂良既顾命大臣，事当且已乎？"对曰："此陛下家事，何必更问外人！"上意遂决。许敬宗宣言于朝曰："田舍翁多收十斛麦，尚欲易妇；况天子欲立一后，何豫诸人事而妄生异议乎！"昭仪令左右以闻。十一月丁卯朔，临轩命司空李勣赍玺绶册皇后武氏。是日，百官朝皇后于肃义门。

> 岭外。遂立昭仪为皇后。庶人良娣初囚，大骂曰："愿阿武为老鼠，吾作猫兒，生生扼其喉！"武后怒，自是宫中不畜猫。初囚，高宗念之，闲行至其所，见其室封闭极密，惟开一窍通食器出入。高宗恻然，呼曰："皇后、淑妃安在？"庶人泣而对曰："妾等得罪，废弃为宫婢，何得更有尊称，名为皇后？"言讫悲咽，又曰："今至尊思及畴昔，使妾等再见日月，出入院中，望改此院名为'回心院'，妾等再生之幸。"高宗曰："朕即有处置。"武后知之，令人杖庶人及萧氏各一百，截去手足，投于酒甕中，曰："令此二妪骨醉！"数日而卒。后则天频见王、萧二庶人披发沥血，如死时状。武后恶之，祷以巫祝，又移居蓬莱宫，复见，故多在东都。

我们之所以认定叶法善为朝廷所征并于显庆二年夏秋之际入宫为武则天厌劾，有如下几点理由：

第一，本传说，"显庆中，高宗闻其名，征诣京师"。这里的京师是指长安而非东都洛阳。因为是年闰正月壬寅，高宗携武则天等行幸洛阳宫。据此可以推定高宗闻叶法善之名并下旨征叶法善入京，是在高宗与武后一行尚未出发离京城长安前往洛阳之前，也就是在显庆二年闰正月壬寅之前。而唐玄宗开元二十七年御撰《叶尊师碑》云"先朝宠焉，一昼三接"，与《唐叶真人传》中的"高宗皇帝见之，不使设以臣礼"诸记载，都表明高宗征叶法善入京师是有求于彼，故此特地降尊纡贵以客礼待法善。以彼时之情况，若非皇帝以武后因频见王、萧披发沥血如死时恐怖之状而惊恐莫名导致宫室不宁，皇帝也绝对不可能对叶法善这样的乡间道士一昼三接[①]，同时也不可能给予乡间道士叶法善这种超乎想象的礼遇。而且，若是叶法善无寸功于国家或皇室，高宗也绝对不可能赏以爵位，供奉优渥。

第二，唐高宗李治对于神仙之说并不十分认同，可见下旨征叶法善入宫并非为了修炼什么神仙道法。《旧唐书·西戎传》载：贞观二十二年王玄策奉命使天竺，得天竺国方士那罗迩娑婆寐以归，方士自云年二百余岁，自言有长生之术。太宗颇信之，深加礼敬，使合长生药。发使四方求奇药异石，又发使诣婆罗门诸国采药。其言率皆迂诞无实，苟欲以延岁月，药竟不就，乃放还。高宗即位，复诣长安，又遣归。显庆二年秋七月自明德宫避暑还洛阳宫后，玄策又奏言："此婆罗门实能合长年药，自诡必成，今遣归，可

① 《叶尊师碑》云"先朝宠焉，一昼三接"，当指高宗时期武则天为王萧二人厉鬼所祟，致使在武后病情严重之时一日之内尝三次诏叶法善进宫为之厌劾。

惜失之。"玄策退，上谓侍臣曰："自古安有神仙！秦始皇、汉武帝求之，疲弊生民，卒无所成。果有不死之人，今皆安在！"然是年高宗下诏广征方术之士诣京师，所以王玄策力荐那罗迩娑婆寐，而此时叶法善已经为武后施法驱魔，武后之病症大有起色，加以叶法善极力诋毁浮屠法，故此高宗信道士叶法善而遣归此婆罗门方士。或因叶法善之故，是年更有诏"自今僧尼不得受父母及尊者礼拜，所司明有法制禁断"。叶法善于高宗武后有大功，因不愿向僧尼施礼拜，高宗故下是诏。此亦可间接证明叶法善于是年奉诏诣京师。

第三，武则天被册封为皇后事在永徽六年冬，武则天此前为诬陷王皇后，以十分残忍的手段亲手杀死自己尚在襁褓中的女儿，故意嫁祸王皇后让高宗大怒，是故不顾朝臣反对而将王皇后幽废。然由于武则天尝侍奉过太宗十余年，故此在武则天封后一事上也不是很顺利，但武后一旦得势，便立即以十分残忍的方式杀害了废后王氏和淑妃萧氏，又前后无辜诛杀或流放了众多与王、萧二人关系密切或为其亲党家人的朝廷大臣，因此一时之间朝廷内外难免冤气冲天。武则天一介女流，显庆元年中正怀有身孕，其时或当强整精神以应对复杂的宫廷内外情形，及十一月生皇子李显，其皇后地位也已稳固，因此产后虚脱疲惫的武则天，可能有诸多因素导致了某种程度上的间歇性精神病症，如产后抑郁症、躁郁症或妄想症之类的病症，也就是史书中所谓的数见王、萧二庶人为祟，诸多幻象幻觉幻听如王、萧二人披发沥血之惨状屡屡在武则天脑海中出现，故需请高道之士为之厌劾。

第四，武后初见王、萧二庶人变厉鬼为祟，虽也曾经由善厌劾鬼神之士为之厌劾，但收效几无。当然，从传统中医观点来看，妇人产后通常阳气衰减，易为外邪入侵，故此民间于产妇风寒暑湿之类禁忌甚多。至于妇人产后容易罹患精神类疾病，古人却知之甚少，多以为乃厉鬼为祟世间，故多有僧道之士在民间用某种仪式加符咒或念经或厌劾以祛除之。当时宫廷内道场供奉的一般道术之士不知是症个中缘由，仅施之以通常符咒厌劾之术，因此无法使武后身心恢复原状，即使高宗与武后一起避居蓬莱宫，武后魂魄似乎仍为王萧厉鬼所摄，百般无奈下，高宗只得下诏广召天下道术高明之士。叶法善应在显庆元年十一月武后产下皇子李显后开始为厉鬼所祟时，由朝中大臣或道士举荐之，从而始有高宗闻其名而征诣京师之举。

第五，叶法善本传云，法善尝于东都施行所擅长之法术以邀名誉，当然，这也许是奉诏行事，但从侧面可以证明，叶法善最初为高宗武后赏识之地点，应在东都而非长安。本传说"法善又尝于东都凌空观设坛醮祭，城中士女竞往观之。俄顷数十人自投火中，观者大惊，救之而免。法善曰：'此皆魅病，为吾法所摄耳。'问之果然。法善悉为禁劾，其病乃愈。"若叶法善不是随侍高宗武后于洛阳的话，他是不大可能于东都凌空观设坛醮祭的。而最合理的时间便是高宗显庆二年，这一年高宗武后几乎全年都在洛阳宫及其附近行宫，直到显庆三年二月丁巳才车驾还京。也就是说通过叶法善在洛阳宫半年左右的施法治疗，武则天之疾患基本康复，得以车驾返京师。

由于叶法善对于治愈武后的病体厥功至伟，因此高宗武后对于叶法善恩宠有加。叶法善既然不愿为官而求为道士，因此便留内道场，并享受高宗武后给予的特别优渥的赏赐。

(二)内道场规制及叶法善在内道场的日常活动

叶法善自高宗显庆中奉诏入宫为内道场道士，到玄宗开元八年六月初三去世，前后在朝中任职有六十余年，仅在内道场为道士的时间前后就将近五十年。虽然一度曾被流放岭南，但未几即被召回，并成为睿宗和玄宗夺取皇位的重要帮手。

要考察叶法善在长达50年供职内道场的情形，我们首先得考察一下初唐盛唐时期宫廷内道场的规制。然而，关于唐代宫廷内道场之规制，史书记载不甚详尽。据《新唐书·百官三》记载，唐代管理僧尼道士及宫观寺庙官方机构几经变革，初因隋制，而隋以署隶鸿胪寺。《隋书·百官下》记载：

"鸿胪寺统典客、司仪、崇玄三署。各置令。(二人。崇玄则惟置一人。)典客署又有掌客，(十人。)司仪有掌仪(二十人。)等员。"

隋代的鸿胪寺下又设有道场、玄坛。初唐时官方设置有诸寺观监，也隶属于鸿胪寺，每寺观有监一人。《新唐书·百官三》上这样记载道："初，天下僧、尼、道士、女官，皆隶鸿胪寺，武后延载元年，以僧、尼隶祠部。开元二十四年，道士、女官隶宗正寺，天宝二载，以道士隶司封。"

另外，《旧唐书·职官三》云："宗正寺，卿一人，从三品……掌天子族亲属籍，以别昭穆；领陵台、崇玄二署。崇玄署：令一人，正八品下。丞一人，正九品下。府二人，史三人，典事六人，掌固二人。令掌京都诸观之名数、道士之帐籍，与其斋醮之事。"

至于崇玄署，《新唐书·百官三》这样记载："崇玄署：令一人，正八品下;隋以署隶鸿胪,又有道场、玄坛。唐置诸寺观监,隶鸿胪寺,每寺观有监一人。贞观中,废寺观监。上元二年,置漆园监,寻废。开元二十五年,置崇玄学于玄元皇帝庙。天宝元年,两京置博士、助教各一员,学生百人,每祠享,以学生代斋郎。二载,改崇玄学曰崇玄馆,博士曰学士,助教曰直学士,置大学士一人,以宰相为之,领两京玄元宫及道院,改天下崇玄学为通道学,博士曰道德博士,未几而罢。宝应、永泰间,学生存者亡几。大历三年,复增至百人。初,天下僧、尼、道士、女官,皆隶鸿胪寺,武后延载元年,以僧、尼隶祠部。开元二十四年,道士、女官隶宗正寺,天宝二载,以道士隶司封。贞元四年,崇玄馆罢大学士,后复置左右街大功德使、东都功德使、修功德使,总僧、尼之籍及功役。元和二年,以道士、女官隶左右街功德使。会昌二年,以僧、尼隶主客,太清宫置玄元馆,亦有学士,至六年废,而僧、尼复隶两街功德使。"

据《旧唐书·职官三》上记载,唐朝的鸿胪寺下辖的宗正署(有时又叫崇玄署)对于道士僧尼的日常活动有明确的规定和限制:宗正署设令一人,正八品下,丞一人,正九品下。宗正署令的职守是掌京都诸观名数与道士帐籍、斋醮之事,同时还要管理新罗、日本僧入朝学问事宜,留学僧人九年不还者编诸籍。凡止民家,不过三夜。出逾宿者,立案连署,不过七日,路远者州县给程。当时天下共有道观一千六百八十七,道士七百七十六,女官九百八十八,寺五千三百五十八,僧七万五千五百二十四,尼五万五百七十六。对于那些要出家做道士或者僧、尼的人士的管理,也有相关的规定:长安和洛阳两京各设度僧、尼、道士、女官的御史一人莅之。每三年州、县都要造册登记道士僧尼人员,并规定其簿册一以留县,一以留州,僧、尼,一以上祠部,道士、女官,一以上宗正,一以上司封。

由上述史料我们可知,初、盛唐时,朝廷虽然对道教也很重视,但与僧、尼、寺庙之众尚有很大差异,史料有记载的宫观虽有 1687 所,但道士不过 776 名。与之相较,天下寺庙 5358 所,僧、尼人数多达十余万。从唐玄宗开元末年开始,朝廷对道教极大的重视,甚至专门开设了与儒教并重的玄学官学,在西都长安和东都洛阳都开设学校,设置博士,名为道德博士,并在全国范围内招收多达 100 名的生员。

叶法善入宫时间大约在显庆二年,薨于开元八年,故据此可知叶法善在世时其管理道士、僧、尼及其宫观寺庙的机构乃是鸿胪寺下辖的崇玄署。而叶法善在奉诏入宫前,虽然是一位颇有名气的乡间道士,但这时他并未获得朝廷认可的道士资格,所以才会向高宗请求为道士,并需要得到皇帝的特别恩准才能算是名正言顺的道士。

至于叶法善早期供职内道场的日常活动情况，目前我们尚无可资凭信的史料来加以述说。大概的日常活动，除了要参与皇室祭祀活动外，主要是参与那些有资格享受皇家道场丧葬仪礼服务的皇室贵族与达官显爵之室丧葬凶礼仪式。据《新唐书·百官三》记载："初，天下僧、尼、道士、女官，皆隶鸿胪寺，武后延载元年，以僧、尼隶祠部。开元二十四年，道士、女官隶宗正寺，天宝二载，以道士隶司封。"

根据现存的《唐六典》相关规定可以得知，叶法善加入内道场为道士后，按照规定，很多日常活动，像叶法善这样的道士很多情况下都必须参与。《唐六典》卷四"祠部郎中"条："凡道观三元日、千秋节日，凡修金录、明真等斋及僧寺别敕设斋，应行道官给料。"《全唐文》卷七十二《增设斋人数诏》载："忌辰修斋，虽出近制，斟酌损益，贵于得中。况在不迁之宗，允资异数之礼。五月六日、二十六日两忌设斋人数，宜各加至二千人。太穆文德皇后忌日亦宜各加倍数，其寺观仍旧。十二月八日忌宜于五所寺观共设四千人，宜令所司准式。"可见此条属于祠部式。《唐六典》卷四"祠部郎中"条："凡国忌日，两京定大观、寺各二散斋，诸道士、女道士及僧、尼，皆集于斋所，京文武五品以上与清官七品以上皆集，行香以退。若外州，亦各定一观、一寺以散斋，州、县官行香。应设斋者，盖八十有一州焉（谓四辅、五府、六雄、十望、曹、淮等州是也。其道士、女道士、僧、尼行道散斋，皆给香油、炭料。若官设斋，道、佛各施物三十五段，供修理道、佛，写一切经；道士、女道士、僧、尼各施钱十二文。五品以上女及孙女出家者，官斋、行道，皆听不预。若私家设斋，道士、女道士、僧、尼兼请不得过四十九人）。凡远忌日虽不废务，然非军务急切；亦不举事。余如常式。"

唐代僧道的管理根据相关法律规定归于鸿胪寺，而鸿胪寺主要掌宾客及凶仪事，其中内道场的主要职守就是为相关人员及其家属的丧葬事务服务的。唐制还规定：鸿胪寺所辖司仪署设令一人，正八品下，丞一人，正九品下，掌凶礼丧葬之具。京官职事三品以上、散官二品以上祖父母、父母丧，职事散官五品以上、都督、刺史卒于京师，及五品死王事者，将葬，祭以少牢，率斋郎执俎豆以往。三品以上赠以束帛，黑一、纁二，一品加乘马，既引，遣使赠于郭门之外，皆有束帛，一品加璧。五品以上葬，给营墓夫。有司仪六人，府二人，史四人，掌设十八人，斋郎三十人，掌固四人，幕士六十人。这些员属的主要职责便是为有资格的官吏本人及其家属的丧葬仪礼服务。

由于叶法善作为一个出身黄冠世家而其专长为摄养占卜和厌劾鬼神的道士，故此叶法善有很多机会结交朝中显贵和富贾巨室。这使得叶法善在这类日常活动中积累了较大数量的财富，为他日后在饥荒或疾疫流行时期给贫苦民众接济的粮食和药物提供了较为充实的物质基础。

那么叶法善入职内道场后，能够给王公贵族和商贾巨室提供的服务又有哪些方面？

综观叶法善一生之道术修为，大体不外乎如下几个方面：一、阴阳；二、符咒厌劾；三、内外科医术；四、胎息；五、炼丹术；六、辟谷；七、导引吐纳；八、遁甲步玄；九、隐身幻术；十、预知善恶。而这些修道之术，叶法善既有早年便传自父祖者，也有年轻时由游历四方寻访名师所得。其阴阳占卜、符咒厌劾、养生医术及预言善恶是一般修道之士服务社会大众并求取资财养家糊口的重要方式。叶法善早年所善之术，实乃民间道团赖以谋生之技能，难登大雅之堂，故叶法善早年即有志于道，自谓不遇名师，无以度世。

据道书记载，早在轩辕黄帝时期，就有隐居深山的修炼之人，一直发展到后来的方仙道和黄老道。他们从事的神仙方术，为正统道教直接吸收和继承。这方面主要有心斋、坐忘、缘督、导引、吐纳、听气、踵息、守静、存想、守一、辟谷、服食、房中、行气、胎息、外丹、内丹等等，下面略加总括：

心斋，"斋"即洁净之义，心斋即内心清净。《庄子》："唯道集虚，虚者，心斋也。"

坐忘，即静坐忘身。《庄子》："隳肢体，黜聪明，离形去知，同于大通，此谓坐忘。"

缘督，指遵循中道，或云运行督脉。《庄子》："缘督以为径，可以保身，可以全生，可以养亲，可以尽年。"

导引，指导行肢体，引气通身。《庄子》："熊经鸟伸，为寿而已矣，此导引之法。"三国时华佗所传五禽戏，即属此类。

吐纳，始吸入清气，呼出浊气。《庄子》："吹嘘呼吸，吐故纳新。"

听气，指静听内气。《庄子》："无听之以耳，而听之以心；无听之以心，而听之以气。"

踵息，指内呼吸深达于踵。《庄子》："真人之息以踵，众人之息以喉。"

守静，即收心求静。《太平经》："求道之法静为根。"

存想，又称存思、存神，即聚集身神不使外游。《天隐子》："存谓存我之神，想谓想我之身。"

守一，即守心于一。《庄子》："我守其一，以处其和。"

辟谷，亦称断谷、休粮、绝粒等。辟谷约分五种：一、不食五谷，即不吃米面之类。二、不食人间烟火，即不吃熟食。三、不吃油盐。四、不吃食物，专门服气。五、服用药物代替食物。

服食，又称服饵。指服食药物或外丹。《服气精义论》："诸药以代于谷，使气味兼致脏腑而全也。"

房中，又称御女、黄赤之道等。源于古代的生殖崇拜。房中术原是讲房事禁忌及却病益寿之卫生术。《汉书艺文志》说："乐而有节，则和平寿考。"《抱朴子》言："其大要在于还精补脑之一事耳。"后因易遭毁谤，道教不传。

行气，亦称引气、运气。指调动体内真气运行，以通经脉。《抱朴子内篇》："初学行气，鼻中引气而闭之。……及引之，皆不欲令已耳闻其出入之声，常令入多出少。"

胎息，即如胎儿般以肚脐呼吸。高层次丹道的胎息，指全身呼吸。《云笈七签》："人能依婴儿在母腹中，自服内气，握固守一，是名胎息。"

外丹，又称炼丹术、金丹术、烧炼术等。指用炉鼎烧炼金石草木炼成神丹，配合修炼服用。《抱朴子内篇》："夫金丹之药物，炼之愈久，变化愈妙，……服此内丹二药，炼人身体。"

道教修炼在以上众多神仙方术的基础之上，不断发展完善，终于形成了以"三元丹法"为主的完整的修炼体系，所有道功道术均可涵括其中。

众所周知，在科学尚不昌明，医疗技术有限的中古时期，寿命修短和生死疾患很大程度上只得听天由命。虽然，唐代的医药水平较之前代已有很大进步，同时也出现过一大批杰出的医药学家，如孙思邈的《千金方》等著述至今仍是中医专业的重要读本，但其中有关人的精神疾患的医治方药却非常有限。所以人们就把因为精神异常所导致的种种病状表现，认为是妖魔厉鬼为祟所致。而叶法善父祖及叶法善本人所精通的道教符箓之术乃专为厌劾鬼神之用，因此叶法善入京之后以厌劾之术独步当时的内道场而大有作为。据《太平广记·叶法善传》记载，相国姚崇已终之女①，因其钟念弥深，叶法善为之投符而使其死而复生。

① 据考证，姚崇生于公元650年，卒于公元721年，本名元崇，字元之，因唐玄宗"开元"年号讳，改名姚崇，河南三门峡陕县人。崇出身于官僚家庭，年轻时喜好逸乐，年长以后，才刻苦读书，大器晚成。晚年尝三度为相，即历任武则天、唐睿宗、唐玄宗三朝宰相。此处云叶法善尝施术丞相姚崇爱女，事件发生的时间不可考。姚崇生于公元650年，其女儿出生并当有数岁因故夭折或病故，其时间大概在公元680年后，或在武则天为帝时期，但不应是姚崇于圣历元年(698)被武则天破格提拔为丞相之后事。

李唐立国之初，高祖不喜佛法，尝于武德九年拟下诏禁佛①，但未果而禅位于太宗李世民。但在国家刚刚统一，人民颠沛流离、几经战乱之后，老百姓亟需一种在苦难生活中精神上可获得安慰的思想学说或宗教。而佛教作为一种在南北朝时代即已获得下层社会民众广泛认可的外来宗教，在这时便有了广泛的市场。因而在这个时期虽然朝廷对佛教处于赋税等方面的考量而加以管制，但底层民众的强烈摆脱自身生存困境的心理需求，仍然使得佛教迅速传播开来。

与佛教关注来生幸福不同的是，道教关注的是现实的当下幸福。虽然兴起于东汉时期的天师道，在组织架构和道书教义上借鉴了东传佛教的一些东西，但道教的日常活动主要是改善人们在现实社会生活中的境遇，比方以医药祛除病痛，以占卜预测未来，以厌劾驱除魔障，以养生延年益寿，以房中术增强夫妇欢悦，以道场仪式来慎终追远等等。但道教的这种运作模式决定了道教更善于在上层社会中传播，而下层贫苦民众因温饱尚难的生存环境迫使他们无缘得享现实生活的快乐，他们只得寄托来生，因此佛教的教义更易为下层民众所接受。

叶法善入宫供职内道场后，因为高宗武后的特别赏识而迅速成为朝中王公大臣达官贵人与商贾巨室们的座上嘉宾②，所以尽管高宗晚年归政武后，武则天又出于政治目的而对佛教大加扶持，但叶法善在中宗复辟后因

---

① 参见《旧唐书·高祖本纪》：武德九年夏五月辛巳，以京师寺观不甚清净，诏曰："释迦阐教，清净为先，远离尘垢，断除贪欲。所以弘宣胜业，修植善根，开导愚迷，津梁品庶。是以敷演经教，检约学徒，调忏身心，舍诸染著，衣服饮食，咸资四辈。自觉王迁谢，像法流行，末代陵迟，渐以亏滥。乃有猥贱之侣，规自尊高；浮惰之人，苟避徭役。妄为剃度，托号出家，嗜欲无厌，营求不息。出入闾里，周旋阛阓，驱策田产，聚积货物。耕织为生，估贩成业，事同编户，迹等齐人。进违戒律之文，退无礼典之训。至乃亲行劫掠，躬自穿窬，造作妖讹，交通豪猾。每罹宪网，自陷重刑，黩乱真如，倾毁妙法。譬兹稂莠，有秽嘉苗；类彼淤泥，混夫清水。又伽蓝之地，本曰净居，栖心之所，理尚幽寂。近代以来，多立寺舍，不求闲旷之境，唯趋喧杂之方。缮采崎岖，栋宇殊拓，错舛隐匿，诱纳奸邪。或有接延鄽邸，邻近屠酤，埃尘满室，膻腥盈道。徒长轻慢之心，有亏崇敬之义。且老氏垂化，实贵冲虚，养志无为，遗情物外。全真守一，是谓玄门，驱驰世务，尤乖宗旨。朕膺期驭宇，兴隆教法，志思利益，情在护持。欲使玉石区分，薰莸有辨，长存妙道，永固福田，正本澄源，宜从沙汰。诸僧、尼、道士、女冠等，有精勤练行、守戒律者，并令大寺观居住，给衣食，勿令乏短。其不能精进、戒行有阙、不堪供养者，并令罢遣，各还桑梓。所司明为条式，务依法教，违制之事，悉宜停断。京城留寺三所，观二所。其余天下诸州，各留一所。余悉罢之。事竟不行。"

② 此说有史料可资证明：(1)《旧唐书·方伎·叶法善传》：法善少传符箓，尤能厌劾鬼神。显庆中，高宗闻其名，征诣京师，将加爵位，固辞不受。求为道士，因留在内道场，供待甚厚。(2)《新唐书·方伎·叶法善传》：高宗时，又有叶法善者，括州括苍人。世为道士，传阴阳、占繇、符架之术，能厌劾怪鬼。帝闻之，召诣京师，欲宠以官，不拜。留内斋场，礼赐殊缛。(3)《太平广记·叶法善传》：初高宗征师至京，拜上卿，不就，请度为道士，出入禁门。

故被放逐南下之前的前后五十余年间，其在朝廷王公大臣达官贵人与商贾巨室之间的往来关系仍然十分密切。这也是叶法善在武则天当政时期未被株连祸害的重要原因，更是协助睿宗登基及保护玄宗免受不测并为玄宗最终登基立下显赫功劳的基础。如果叶法善没有在王公贵族和士族集团中建立广泛的关系网络，在危急时刻叶法善就不可能获得关键情报并使得中宗、睿宗和玄宗幸免于难。中宗复辟后大权落入韦后和武三思之手，叶法善也因与韦氏一党关系疏远，故被放逐南下。

（三）入主景龙观

据《唐叶真人传》载："景龙四年太岁辛亥（据编年作景云二年辛亥）三月初六夜，弟子梦一仙人，将一鹤，相随问云。对曰：我是时人，不言姓字。指弟子曰：君幸得师左宫仙，卿帝其方征，即有信来。神人所将鹤徘徊四顾，宛转而舞。睡觉即白之。真人曰：汝当梦耶，此吉征吾已知矣。九日日中时，有瑞云天乐，香气馥郁，浮空而来，遥至室内，弟子认是梦中所见。神人谓真人曰：相识否乎。答曰：晨夕思慕真容，有如饥渴。每夜存想寤寐之间，常侍左右，何为不识。叩头再拜。神人曰：卿累功欲满，宜自精励，道高魔试，当须慎之。太上令我预送变形易骨金精上药与卿，时运未至，不可即服，密而藏之。神人曰：卿至八月，即当入京，佐助当今帝主，及开元神武皇帝，传授道法，兼殄元凶。今天步艰难，龙飞在即，子当辅佐国家，安镇名山岳渎，投龙醮祭，几在于子，自天佑之。且受世荣禄，至封邑大，内居其位，世亦应之，如影随形。岁鹑尾，月鹑火，三日日中时，西岳侍卿，复卿太极紫微左宫仙卿之位。言毕，真人谢曰：浊质下愚，滥叨真盼，傥遂后期，则虫力负山，不胜其任，粉骨何谢。再拜而辞。"

这段记载虽说是假借神仙虚诞之言来彰显叶法善之名，但叶法善师徒于景云二年（辛亥）八月被征回京以及在之后的几个月间帮助李旦父子夺取了大权却是不争的事实。叶法善于景云二年中宗六月壬午遇弑驾崩后被召回京的缘由，就是李旦、李隆基父子出于其夺取皇位的政治目的。他们想借助于叶法善师徒的身份特性以及他们在京城的关系网来收集情报，以便应付当时朝野的诡异而且混乱的局面。叶法善师徒回京后便得以入住景龙观，相王李旦又以叶法善担任其已经先后出家为道士的西城[①]公主

---

① 金仙公主（689—732）为睿宗第九女，初封西城县主，神龙二年（706）年仅十八岁时便出家为道士，睿宗登极后进封为西城公主，景云二年五月进号为"金仙"，故史称金仙公主。

与隆昌①公主的道师。

由于有了名为"金仙""玉真"公主道师的这层关系，叶法善师徒通过其相关的宗教活动所获得各种情报，便能快速传入李旦、李隆基父子耳中，这对于他们能够击败韦后及其党羽并顺利夺取大权奠定了基础。

这里提到的景龙观，原本是中宗景龙年间，中宗韦后爱女长宁公主的宅第，在其夫婿外放为官后便将宅子捐为道观以取悦中宗，中宗因赐观名曰景龙。关于景龙观的地理位置，据《唐会要》卷五十载，景龙观位于长安崇仁坊(即今西安市西大街)。睿宗即位后，即于景云二年令铸铜钟悬于观中，是为景云钟，又因其悬于景龙观钟楼，又名景龙钟。②

睿宗景云二年五月辛酉，更以西城为金仙公主，隆昌为玉真公主，各为之造观，逼夺民居甚多，用功数百万。右散骑常侍魏知古、黄门侍郎李乂谏，皆不听，直至景云三年正月睿宗方下诏停建金仙玉真二观。③ 然从当时大臣的奏疏来看，睿宗当政年限虽短，但对于宫观寺庙的修造与道士僧尼的度牒发放仍然较多。这从另一侧面表明当时佛道的兴盛与朝廷大力支

---

① 隆昌公主(？—762)为金仙公主妹，景云元年亦请为道士，拜史崇玄和叶法善为师，景云二年五月进号"玉真"，故史称玉真公主。

② 景云是唐睿宗李旦的年号。因为此钟铸成于唐睿宗景云二年，即公元 711 年，故此得名。此钟是由铜和锡的合金，也就是青铜浇铸而成。铸造时分为五段，共 26 块铸模，现在钟体仍可见铸模痕迹。钟重约 6 吨，高 247 厘米，钟形上锐下侈，口径 169 厘米，呈现出非常别致的六角弧形。钟身由带祥云和蔓草图案的突出线条自上而下分为三层，每层用蔓草纹带分为六格，共十八格，除下段中格为铭文外，其余格内分别铸有飞天、腾龙、翔鹤、走狮、朱雀、凤、牛等图案，四角各有 4 朵祥云，显得生动别致。其中有 8 个区域选用相同的斜十字交叉图案，每个区域均匀装点 4 枚圆形凸起的钟乳，共 32 枚，这些钟乳主要起着强固钟体和协调音质音律的作用，使钟声纯美优雅，清脆洪亮。钟顶端坐一蹲兽，唤作"蒲牢"，蒲牢，民间相传为"龙生九子"之一，喜好音律，善于嘶鸣，充作洪钟提梁的兽钮，助其鸣声远扬。因此，安置于古代大钟之上的大多是蒲牢的形象。传说蒲牢生活在海滨，且十分害怕鲸鱼，一旦遭遇鲸鱼攻击，它就声音洪亮的大叫不止。因此在民间人们把撞钟的长木雕刻成鲸的形状，求其钟声能够格外响亮。钟身正面下段中央有一段骈体铭文，此铭文为鲜有传世字迹的唐睿宗李旦亲自撰文并书写，字体为稍参篆隶的楷书，气象雍穆，铭文整体分为 18 行，每行 17 字，空格 14 字，共 292 字。内容为描述道教的神秘玄妙，阐述景龙观的来历，景云钟的制作经过以及对此钟的赞扬，是李旦传世极少的珍贵书迹，故此铭文也为研究书法者所珍视。

"景云钟"为世界现存唯一由皇帝撰文书写、监工铸造的青铜大钟。铸工技巧娴熟、雕工精细、纹饰精美、线条流畅、钟声清晰洪亮、音质优美，显示了唐代高超的冶铸技术。中央人民广播电台曾对景云钟进行录音，每年除夕之夜作为辞旧迎新的"新年钟声"进行播放，并一直沿用。在 2000 年景云钟还登上过中国邮票，再次起到了文化传播的作用，被人们赞誉为"天下第一名钟"。这口钟最初在唐长安城景龙观(现址在今西安西大街)的钟楼上悬挂，明初移至现西安钟楼用以报时，于 1953 年入藏西安碑林博物馆。

③ 考《唐大诏令集》卷一〇八《政事·营造》所收《停修金仙玉真两观诏》末尾所注时间为景云三年正月。恐其年间有误，当以《资治通鉴》卷二百一十所载为准。

持有关，而叶法善的众多徒众，无疑也受当时政策和风气的影响。传记上说叶法善的弟子中就有不少王公大臣子弟，与李旦、李隆基父子的大力扶持是分不开的。

据《资治通鉴》卷二百一十记载，景云元年十二月癸未，"上以二女西城、隆昌公主为女官，以资天皇天后之福，仍欲于京城西造观。谏议大夫宁原悌上言，以为：'先朝悖逆庶人以爱女骄盈而及祸，新都、宜城以庶孽抑损而获全。又释、道二家皆以清净为本，不当广营寺观，劳人费财。梁武致败于前，先帝[1]取灾于后，殷鉴不远。今二公主入道，将为之置观，不宜过为崇丽，取谤四方。又，先朝所亲狎诸僧，尚在左右，宜加屏斥。'上览而善之。"

对于这种情形，我们可以从当时为右补阙辛替否的上疏中看出些许端倪。辛替否给睿宗皇帝的上疏这样写道："自古失道破国亡家者，口说不如身逢，耳闻不如目睹。臣请以陛下所目睹者言之。太宗皇帝，陛下之祖也，拨乱返正，开基立极；官不虚授，财无枉费；不多造寺观而有福，不多度僧尼而无灾，天地垂祐，风雨时若，粟帛充溢，蛮夷率服，享国久长，名高万古。陛下何不取而法之！中宗皇帝，陛下之兄，弃祖宗之业，徇女子之意；无能而禄者数千人，无功而封者百余家；造寺不止，费财货者数百亿，度人无穷，免租庸者数十万，所出日滋，所入日寡；夺百姓口中之食以养贪残，剥万人体上之衣以涂土木，于是人怨神怒，众叛亲离，水旱并臻，公私俱罄，享国不永，祸及其身。陛下何不惩而改之！自顷以来，水旱相继，兼以霜蝗，人无所食，未闻赈恤，而为二女造观，用钱百余万缗。陛下岂可不计当今府库之蓄积有几，中外之经费有几，而轻用百余万缗，以供无用之役乎！陛下族韦氏之家，而不去韦氏之恶，忍弃太宗之法，不忍弃中宗之政乎！且陛下与太子当韦氏用事之时，日夕忧危，切齿于群凶；今幸而除之，乃不改其所为，臣恐复有切齿于陛下者也。然则陛下又何恶于群凶而诛之！昔先帝之怜悖逆也，宗晋卿为之造第，赵履温为之葺园，殚园财，竭人力，第成不暇居，园成不暇游，而身为戮没。今之造观崇侈者，必非陛下、公主之本意，殆有宗、赵之徒从而劝之，不可不察也。陛下不停斯役，臣恐人之愁怨，不减先朝之时。人人知其祸败，而口不敢言，言则刑戮随之。如韦月将、燕钦融之徒，先朝诛之，陛下赏之，岂非陛下知直言之有益于国乎！臣今所言，亦先朝之直也，惟陛下察之。"上虽不能从，却嘉其切直。[2]

从这则材料可以推知，中宗复辟之后，皇后韦氏及其党羽也曾大肆任

---

① 这里"先帝"指被韦皇后毒杀的中宗皇帝。

② 参见《资治通鉴》卷二百十一。

用僧尼道士，到处修建寺庙宫观。中宗遇弑，睿宗李旦登基后，仍然大肆营造宫观寺庙，特别是睿宗要为出家为道姑的“玉真”“金仙”二位爱女强占民居各营宫观，当时朝野也可谓议论纷纷，但对于像叶法善这样的道教宗师来说，其影响力在当时已经渗透朝野了。加上先天二年叶法善被睿宗加封为金紫光禄大夫、鸿胪卿、越国公、景龙观主的显爵高官后，试图通过佛道途径而登高位邀名誉之徒也就不再少数了，对于欲藉此弘扬道教的叶法善来说，这无疑是天赐良机。

二　叶法善行道弘道考

综观叶法善一生从 7 岁起外去学道到虚岁 107 岁病故将近百年的学道弘道经历，可以说叶法善毕生都奉献给了光大道教的事业。他一生中为了学道求道行道传道，足迹遍及了大江南北。从早年的学道求道，青壮年时期的为民攘灾祈福、治病驱魔，到中年时期入职皇家内道场以后的六十余年，叶法善为行道惠民大济苍生，以及研著道经捐建宫观倾注了毕生心力。

（一）捐修宫观 封祭祈福

据现存史料，叶法善一生曾经捐修了很多座宫观作为弘扬道教的基础。《太平广记·叶法善传》说：“二京受道箓者，文武中外男女弟子千余人。所得金帛，并修宫观，恤孤贫，无爱惜。”“中宗复位，武三思尚秉国权。师以频察妖祥，保护中宗相王及玄宗，为三思所忌，窜于南海。广州人庶，夙仰其名，北向候之。师乘白鹿，自海上而至，止于龙兴新观。远近礼敬，舍施丰多，尽修观宇焉。”“师请以松阳宅为观，赐号淳和，御制碑书额，以荣乡里。”①

由于叶法善自高宗显庆中奉诏入宫后以其道法高深，深受朝廷百官器重，数十年间即收授了众多朝廷大员、公卿贵胄、王子王孙为弟子，所得赏赐金珠宝物不计其数，而叶法善将所得财物除了济贫周困外，还大量捐建

---

① 《唐叶真人传》同样也有类似记载：“帝及皇后，诸王公主，朝士以下，亲受道法。百官子弟，京城及诸州道士，从真人受经法者，前后计数千余人。王公布施塞道盈衢，随其所得，舍入观宇，修饰尊像，及救困穷。……自都督别驾长史百姓多受道法。舍施园林田宅者甚多，真人一无所取，并回施常住。”

宫观。到百岁之期，仍请示玄宗皇帝，请求将自己在松阳老家的旧宅子也捐建为一所道教宫观，并且还获得了皇帝的赐匾题辞的殊荣。

除了捐修宫观，叶法善还经常将王公达官们及富商巨贾赠送给他的钱财之物捐给一些宫观作为日常营运所需。《唐叶真人传》记载了叶法善一行被放逐到广州后深受当地士民敬重，同时也得到很多田宅园林钱物，叶法善将这些多余的田宅园林钱物一并捐赠给了当地的宫观："后中宗皇帝在位，武三思尚秉国权，时多信谗说。真人从容累谏，作旨贬之岭外。门人忧色。真人曰：否泰有时，隐见正当尔也。遂递至南岳，抵连州，去广州，尚数百里陆路不通，要以舟济。真人欲于广州采药，先遣弟子舟行至广府。义唐观道士闻真人来，驰报都督胡元礼，即与道士僧尼及府县官僚，先向江边迎候。少时，见真人乘白马从水上来，及到岸相谒，引至龙兴观。自都督别驾长史百姓多受道法。舍施园林田宅者甚多，真人一无所取，并回施常住。"

叶法善自高宗显庆中奉诏入宫为道士后，便多次奉旨去名山大川施行封祭。这种源自古代对于自然奇观的崇拜与风调雨顺国富民安的祈求，以及勒石记功和历代帝王期盼与仙人相遇得以像传说中的黄帝那样白日飞天，使得历代朝廷都对五岳四渎的封禅和祭祀非常重视。历代帝王只要条件基本成熟，加以朝廷大臣不提什么反对陈条，帝王们要么是自己亲自去登临封禅，要么会选派官吏去代朝廷对名山大川行奉祀之礼。《史记·封禅书》就曾对上古以来的王侯们所乐此不疲的这一现象进行了一番描述，其中有云：

自古受命帝王，曷尝不封禅？盖有无其应而用事者矣，未有睹符瑞见而不臻乎泰山者也。虽受命而功不至，至梁父矣而德不洽，洽矣而日有不暇给，是以即事用希。传曰："三年不为礼，礼必废；三年不为乐，乐必坏。"每世之隆，则封禅答焉，及衰而息。厥旷远者千有余载，近者数百载，故其仪阙然堙灭，其详不可得而记闻云。尚书曰，舜在璇玑玉衡，以齐七政。遂类于上帝，禋于六宗，望山川详考。遍群神。辑五瑞，择吉月日，见四岳诸牧，还瑞。岁二月，东巡狩，至于岱宗。岱宗，泰山也。柴，望秩于山川。遂觐东后。东后者，诸侯也。合时月正日，同律度量衡，修五礼，五玉三帛二生一死贽。五月，巡狩至南岳。南岳，衡山也。八月，巡狩至西岳。西岳，华山也。十一月，巡狩至北岳。北岳，恒山也。皆如岱宗之礼。中岳，嵩高也。五载一巡狩。

司马迁在这里记载了相关上古之时帝王对山岳的封禅祭祀有一些成例和规定，但实际上历朝历代的帝王都是因国力强盛时才得以行封禅之典。另据《史记·封禅书》云："秦缪公即位九年，齐桓公既霸，会诸侯于葵丘，而欲封禅。管仲曰：'古者封泰山禅梁父者七十二家，而夷吾所记者十有二焉。昔无怀氏封泰山，禅云云；虙羲封泰山，禅云云；神农封泰山，禅云云；炎帝封泰山，禅云云；黄帝封泰山，禅云云；颛顼封泰山，禅云云；帝佶封泰山，禅云云；尧封泰山，禅云云；舜封泰山，禅云云；禹封泰山，禅会稽；汤封泰山，禅云云；周成王封泰山，禅社首：皆受命然后得封禅。'桓公曰：'寡人北伐山戎，过孤竹；西伐大夏，涉流沙，束马悬车，上卑耳之山；南伐至召陵，登熊耳山以望江汉。兵车之会三，而乘车之会六，九合诸侯，一匡天下，诸侯莫违我。昔三代受命，亦何以异乎？'于是管仲睹桓公不可穷以辞，因设之以事，曰：'古之封禅，鄗上之黍，北里之禾，所以为盛；江淮之闲，一茅三脊，所以为藉也。东海致比目之鱼，西海致比翼之鸟，然后物有不召而自至者十有五焉。今凤皇麒麟不来，嘉谷不生，而蓬蒿藜莠茂，鸱枭数至，而欲封禅，毋乃不可乎？'于是桓公乃止。"

由于当年秦始皇封禅泰山时以儒生之礼繁复不实用，秦始皇本人又喜欢方士，故于封禅之际始弃儒生而不用。后汉武帝亦喜方士，故其封禅泰山时多用道士，此后历代君王但凡对名山大川行封禅祭祀之礼时，大多沿用此成例。李唐立国后，太宗朝曾屡有大臣建议行封禅大典，但第一次朝议封禅泰山事被魏征等人以当时人口稀少，国库尚虚，一旦欲行大典，西北诸胡王侯依礼应随驾，必将导致劳师动众，虚耗物力，恐后招致西北诸胡乘势来犯谏阻；第二次朝议封禅泰山事发生在贞观十五年间，其年夏四月辛卯下诏拟于次年二月驾幸泰山行封禅大典，令所司详定仪制。其年五月壬申，并州僧道及老人等抗表，以太原王业所因，明年登封已后，愿时临幸。六月戊申更诏天下诸州，举学综古今及孝悌淳笃、文章秀异者，并以来年二月总集泰山。然是月己酉，有星孛于太微，犯郎位。故于丙辰下诏停封泰山，避正殿以思咎，命食减膳。此后便因有事高丽，加以魏征等一班老臣功臣相继病故，故终太宗一朝，封禅一事始终未能成行。

高宗即位后，国力日盛，加以太宗朝几十年的前后征战，国内叛乱已基本平息，就西北东北及西南边陲尚有少量战事，故此封禅祭祀之事便提上了议事日程。麟德二年以天下大熟首次朝议封禅泰山。《旧唐书·高宗本纪》上这样记载道："麟德二年冬十月戊午，皇后请封禅，司礼太常伯刘祥道上疏请封禅。丁卯，将封泰山，发自东都。是岁大稔，米斗五钱，麦不列市。十一月乙卯，命有司祭泰山。麟德三年春正月戊辰朔，车驾至泰山顿。是日亲祀昊天上帝于封祀坛，以高祖、太宗配飨。己巳，帝升山行封禅之礼。庚午，禅于社首，祭皇地祇，以太穆太皇太后、文德皇太后配飨；皇后为亚献，越国太妃燕氏为终献。辛未，御降禅坛。壬申，御朝觐坛受朝贺。兖州界置紫云、仙鹤、万岁观，封峦、非烟、重轮三寺。天下诸州署观、寺一所。”①

当然，这类规模宏大由皇帝皇后及众多朝廷大臣随侍的封禅祭祀活动，毕竟不可能按照古代规制每隔三五年便施行一次，但如果只是指派几名朝廷使节并令地方主管官员协助的小规模的祭祀活动，则在高宗一朝就曾多次施行，除了都随驾封禅山岳外，其中叶法善作为一位深受高宗武后器重的法师，就曾多次奉命与其他朝廷官吏一起去祭祀几大名山。根据现存史料及碑石资料，可知叶法善就曾受命去如下山岳祭祀：

（1）史料记载叶法善最早奉旨为皇家行道封祭，当在高宗显庆年间。《太平广记·叶法善传》：“显庆中，法善奉命修黄箓斋于天台山，道由广陵，明晨将济瓜州。”这里所说的修黄箓斋，是道家洁斋法。黄箓指道士所做的道场，其设斋坛所用之符箓均为黄色，故称“黄箓斋”。在唐代，道教黄箓斋一般是为超度亡灵而作的度亡道场，《唐六典》更是规定官立道观可设黄箓斋，“为一切拔度先祖”。修黄箓斋的目的是拔度幽夜，令七祖升天，庇佑阳世子孙。是时高宗始苦于头痛，而武后亦恐先王皇后、萧贵妃亡灵为祟。是以叶法善自显庆二年入宫后不久即有此一行。

（2）唐高宗仪凤三年（678）泰山行道。《岱岳观造像记碑·仪凤画像记》②云：“仪凤三年三月三日，大洞三景法师③叶法善等，奉敕于此东岳修斋，设河图大醮。所有镇彩等物，敬造元始天尊、万福天尊两铺。功德既毕，勒石纪年。祇承官、朝散郎、行兖州都督府军事、摄功曹房希圣，祇承官、登仕郎、行兖州都督府录事刘怀。”

（3）据《道藏》第6册第862页记录，唐高宗弘道元年（683），因高宗苦头疼，又自信皇帝即天子，故命高道叶法善等行道名岳，以求得上天赐福以解头痛之苦。是年叶法善奉旨，代表皇室祭封南岳衡山：“帝命法善封南岳，

---

① 关于这次封禅泰山之盛况，《资治通鉴》卷二百零一这样写道：“冬十月丙寅，上发东都，从驾文武仪仗，数百里不绝。列营置幕，弥亘原野。东自高丽，西至波斯、乌长诸国朝会者，各帅其属扈从，穹庐毳幕，牛羊驼马，填咽道路。”

② 《岱岳观造像记碑》见录于《道家金石略》之唐部分。另据唐道士张万福撰《洞玄灵宝道士受三洞经诫法箓择日历》云：“诸月三日、二十七日，是尊皇降见之日。”这可以解释仪凤三年武则天派遣叶法善等法师于三月三日泰山行道的缘由。

③ 清王昶《金石萃编》卷五十三《岱岳观碑》按云：“所谓大洞三景法师者，当是高宗皇帝之赐号。三景者，《云笈七籤》云：三洞经第一洞真，第二洞元帝三洞神；乃三景之元白，八会之灵章，此云大洞，盖合三洞而名之。发善于此时奉敕于此设河图大醮也。”

乃居华盖峰下衡岳观。辟方四十里，充宫观长生之地，禁樵采，断畋猎，罢献课，以为常典。"[①]

(4)叶法善曾奉武则天旨意，于诸名岳投奠龙璧。《太平广记·叶法善传》："则天徵至神都，请于诸名岳投奠龙璧。"对于这一事件，《唐叶真人传》记述更为详尽："岁辛丑，则天皇后征真人投龙采药，遍祷名山大川。风轩飘飘，驲骑络绎。"这是指武则天晚年即长安元年（辛丑，701）为求得长生不老所发出的一道诏令。按照武则天的意思，叶法善除了要遍祷名岳以祈长生福寿外，还要广采延年益寿灵药进献。这使得已是耋耄之年的叶法善只得亲率一班子弟去名山大岳祈福采药，同时也使得叶法善一生足迹更是遍及大江南北。

(5)叶法善奉旨于景云二年前往江西抚州的魏夫人[②]仙坛，行醮祭法事，并于坛西修建洞灵观。据《太平寰宇记》，景云二年（711），唐睿宗"使道士叶法善祭醮，仍持绣像幡花，至于坛西置洞灵观，度女道士七人以奉之。"

(6)叶法善奉旨于镇江茅山设"投龙设斋碑"，宋人陈思《宝刻丛编》卷十五《集古录目》[③]对此有所记述："江南东路建康府，唐崇元宫碑，唐左拾遗孙处玄撰，杨幽径书。崇玄宫者，宋文帝路淑媛所立，唐景云二年（711），制使道士叶法善，奉立册投龙设斋碑，以太极元年（712，又为先天元年）四月立在茅山。"

(7)唐玄宗先天二年（713）八月，叶法善以景龙观观主、员外置鸿胪卿、越国公身份，奉敕前往西岳华山祭祀，封华岳神为金天王。《唐大诏令集》卷七十四"典礼类"载有《封华岳神为金天王制》：

"门下唯岳有五，太华其一，表峻皇居，合灵兴运。朕恭膺大宝，肇业神京，至诚所祈，神契潜感。顷者乱常悖道，有甲兵而窃发；仗顺诛逆，犹风雨之从助。永言幽赞，宁忘仰止，厥功茂美，报德斯存。宜封华岳神为金天王。仍令景龙观道士、鸿胪卿员外置、越国公叶法善，备礼告祭，主者施行。先天二年，八月二十日。"[④]

关于唐玄宗令叶法善封西岳华山金天王神的缘由，史书上这样记述道：玄宗乙酉岁生，以华岳当本命。先天二年七月正位，八月癸丑，封华岳神为金天王。李隆基生乙酉年，五行中酉位西方、属金、时令为秋、色白，华

---

① 此事亦见于《正统道藏》第11册第725页收录的唐道士李冲昭所撰《南岳小录·衡岳观》。

② 魏夫人即魏华存，东晋知名女道士，后被尊为道教上清派第一代宗师，世称"南岳夫人"。

③ 《宝刻丛编》见录于清《四库全书》。

④ 据考，此制由当时大国手时任紫薇侍郎、参知政事大臣苏颋草撰。

山五岳中为西岳，故此玄宗选取西岳华山加以封诰。

(8)唐玄宗开元二年(714)叶法善奉敕投龙会稽。唐贺知章《龙瑞宫记》[①]云：

> 宫记
>
> 秘书监贺知章
>
> 宫自黄帝建候神馆，宋尚书孔灵产入道，奏改怀仙馆。神龙元年再置。开元二年，敕叶天师醮。龙现，敕改龙瑞宫。管山界至：东秦皇酒瓮射的山，西石篑山，南望海、五笥、香炉峰，北禹陵内射的潭、五云溪水府、白鹤山、淘砂径、名坞、宫山鹿迹潭、封田茭池。洞天第十，本命天帝阳明紫府一真仙会处，黄帝藏书，石盖门封穴，禹至，开。得书治水，封禹穴。

关于这一事件，宋翰林学士李宗谔修撰的《龙瑞宫禹穴阳明洞天图经》这样记载道："会稽龙瑞观，在县南一十五里，即大禹探灵宝五符治水之所。唐神龙元年，置怀仙馆。开元二年，敕叶天师设醮而龙见，因改赐今额。"[②]

(二)排斥异端 摈排佛教

《旧唐书·叶法善传》说："时高宗令广征诸方道术之士，合炼黄白。法善上言：'金丹难就，徒费财物，有亏政理，请核其真伪。'帝然其言，因令法善试之，由是乃出九十余人，因一切罢之。法善又尝于东都凌空观设坛醮祭，城中士女竞往观之。俄顷数十人自投火中，观者大惊，救之而免。法善曰：'此皆魅病，为吾法所摄耳。'问之果然。法善悉为禁劾，其病乃愈。"

在这则史料中记载了叶法善对于道教正统的认知及其维护之心与为了弘扬道教的法力便特意在大庭广众之前设坛醮祭。我们知道，叶法善早年出身天师道世家，但在长达数十年的拜师求道的过程中曾经广泛吸收道教诸多教派的精华，然而，叶法善一入宫为内道场道士，便拿那些靠糊弄皇帝的道士开刀。高宗准奏并令叶法善核其真伪，结果一下子就将九十多名并无真正道术的人士赶出了宫庭，高宗也因此将那种想练就金丹以求长生不老想法抛诸脑后。

---

① 参见《道家金石略》，北京文物出版社1988年版，第145页。

② 见载于《正统道藏》洞玄部，记传类，鞠字7号。

除了讲求道教内部人士洁身自爱、潜心修道外，叶法善对于一些异端邪说也是深恶痛绝。"'今汝行三五盟威，正一之法，诛斩魑魅妖魔，救护群品，惠施贫乏，代天行理。'……其有狂邪淫祀为灾害者，行履所及，并皆诛戮。名闻远近。并皆知之。"①

《旧唐书·叶法善传》云："法善自高宗、则天、中宗历五十年，常往来名山，数召入禁中，尽礼问道。然排挤佛法，议者或讥其向背。以其术高，终莫之测。"这则史料告诉我们叶法善自高宗显庆中入宫到中宗时期被外放的这五十余年间，虽然经历了朝廷对于道教与佛教或崇或抑的几番变异，但朝廷对于叶法善这个人始终是恩礼有加。

作为官修正史，《旧唐书·叶法善传》说叶法善"排挤佛法，议者或讥其向背，以其术高，终莫之测"，这是颇不寻常的记录，表明叶法善一生中对于"诋毁"佛法可谓是不遗余力②。之所以没有被当时拥戴佛教甚或那些诚心礼佛的人生吞活剥、食骨寝皮，究其原因是叶法善术高，大家都斗不过他，所以只能无可奈何。而叶法善术高在哪些方面，如何排挤佛法，史载却多语焉不详，难以考证。从目前仅有的相关史料可以推知，叶法善"术高"大略表现在这样一些方面：

第一，叶法善内外兼修，有很高的搏击擒拿和防身护体本领。《唐叶真人传》记载了叶法善早年外出求师学道的情况，"寻诣豫章万法师求炼丹、辟谷、导引、胎息之法"。简言之，炼丹就是将一些矿物质与中草药按照一定的配比经过高温蒸煮、发酵、过滤等工序制成丹药的一门技术，所选用的材料以具有救死扶伤、延年益寿的功效为主，虽然这些物质经现代科学证明很大程度上有害于人体健康甚至有剧毒，但在古代科技不甚发达的情况下，这种以物材经加温等化学方法研制药物的方术尚只有少数人士知晓。至于辟谷，则大体上是几乎不食用五谷杂粮，所赖以维持生命的食物则有灵芝、茯苓、黄精、地黄、山药、蜂蜜等。导引术则是我们通常所说的气功，是指人体在某些特定的时刻通过静思冥想配合一些简单的肢体动作来达到气血流畅的强身健体功效。胎息，则是指通过反复练习，用皮肤和肚脐呼吸来取代上呼吸道来呼吸。

第二，叶法善早年在练就了一些强身健体的基本功之后，便开始到一些较远的地方去寻访名师。《唐叶真人传》说："由是于青城赵元阳受遁甲

---

① 参见《正统道藏·唐叶真人传》。

② 叶法善极力诋毁佛法，《新唐书·方伎·叶法善传》有相同记述："雅不喜浮屠法，常力诋毁，议者浅其好习，然发卫高，卒叵之测。"

步玄之术,嵩高韦善俊传八史云跷之道。后人蒙山访求隐术,于是山路遇一羽士,问曰:子何往?真人曰:欲求师学道。羽士曰:余亦学道,幸得相遇于此。我欲暂往他处,有小衣朴,君为守之。真人曰:诺。羽士遂去。经数日复来,曰:子真长者,愿以仙书一卷,神剑一口相报。遂开朴取赠授之。羽士告别,且曰:子但持此按行,尔后景界渐来,预知善恶。"这段记载说明叶法善曾在四川的青城山随名师赵元阳研习过遁甲步玄术和快走术(即轻功),后来又到嵩山随韦善俊研习八史云跷之道。所谓八史云跷,当属于轻功纵跃之术。之后叶法善又研习过隐身术,之后再机缘巧合,又得宝剑异书,勤加研习,故剑术高超,且终能预知未来。

第三,在叶法善学道略有所成后,有三真人及时出现,将其网罗到茅山派门下并更向叶法善传授了诸如白日升举等道术,又授予了叶法善作为茅山道士所需要的一些资格证明物件,如"符、剑、封、印"。《唐叶真人传》上说:"十月上甲夜半,焚香愿念,忽闻空中鸣钟击磬,管弦箫瑟之音。起而视之,俄顷见骑从满室,内有三神人,各长八尺余,容貌异常,衣云锦之衣,戴通天冠。真人俯伏虔请。神人曰:汝但复坐勿恐,太上遣吾喻汝,汝合得道。盖昔是太极紫微左宫仙翁领校簿,书录诸仙,及天下得道之士名字,增年减算,一月三奏。缘汝失谨,曾于休暇之日,游乎八荒。因兹降下人世,更修功累德。行满之日,当复汝仙位。今汝行三五盟威正一之法,诛斩魑魅妖魔,救护群品,惠施贫乏,代天行理。但以阴德为先,不须别有贡告。吾有秘法欲相传授,须清斋三日,无使世人知。受吾口诀,不得文字相付,恐传非人。轻泄帝旨,罪延七祖,不得上升。即以符、剑、封、印授之。又一神人曰:卿今退真,下生人世。宜广建功德。更受五岳符图,天皇大字,及三一真经,黄庭紫书,八景素书,步蹑呈纪秘密微妙。但是三洞上清、上法、上真须精进修习,晨夕无替。及长存五千文,统理人道,明察天地。勿致轻泄,道当自成。又一神人曰:至道微妙,非此能言,要当守一,屏去骄淫。每以鸣钟击鼓,调三理关,导引吐纳,服内外丹。常抱存日月,开闭门户,朝修太上,则当朱光潜照,无英白元,自来守护。黄老奏书,功成行满,必当升举。汝受此言,修行不倦,后期欲至,即于许氏旌阳君宅北山峰,重复相见。"

修炼成功了这些武功和法术后,叶法善在青壮年时期便成了一名游侠于江湖而非在籍的道士,并且在社会上得到了民众的广泛认可。

我们之所以说叶法善青壮年时期仅是一名亦农亦道且游侠江湖的乡间道场的道士,原因有二:

第一,叶法善于显庆中被征入宫后对高宗言不愿为官而愿为道士,足可证明此时叶法善尚没有取得有朝廷认可的道士资格，否则，叶法善何以会求为道士，任职内道场？我们知道，道教成为一个有组织的集团始于东汉时期的天师道。但最初作为道士是不一定要出家并脱离家庭生活的，道教的出家道士是什么时候出现的，具体时间已难考证。但早期道教中的天师道，都没有必须出家的规定，张道陵及子张衡、孙张鲁，都有妻室，人称三师三夫人。以后天师代代相传，天师道在魏晋以后也形成了若干世家。所以总的来说，天师道中容有出家道士，但也不是一律都得出家。

东晋以后，道教借鉴了佛教的组织方法，开始逐渐形成宫观制度。南北朝期间，道观制度有了很大的发展，在南朝出现了一大批道观。这些道观为道士出家提供坚实的基础，逐渐从修道场向具有了经济实体性质的道馆演变，经济实力渐渐壮大。至于演变始于何时，很难考知。但至少在陶弘景之时，茅山道观就已经初步具备了作为经济实体的条件。

在北朝，孝文帝太和十五年，诏令崇虚寺移于都南桑乾之阴，岳山之阳，永置其所，给户五十，以供斋祀之用，可招诸州隐士九十人。也就是说，崇虚寺从此年之后，可以固定有五十户的租税收入，有九十人可以免除徭役，这就基本保证了寺观日常生活的维持。随着宗教组织的这一转变，职业道士的身份也开始发生改变。因为道观同时作为一个经济实体，需要廉价甚至无偿的劳动力。对于平民来说，成为职业道士可以逃避税役，维持最基本的生活需要，同时又有成为高级道士的可能，所以平民成为职业道士的人数大为增加。说明俗人对宗教的选择不是信仰上的原因，更多的是出于经济上的考虑。

第二，唐代统治者吸取了前代统治者对于宗教管理政策上的失误所带来的教训，故此，对于要出家为僧道尼姑的人士，要通过一些繁杂的官方认证手续，也就是所谓的获得由朝廷颁发的道士或僧人的身份证明书“度牒”。唐代特别是初盛唐时期，由于长期战乱导致人口锐减，土地荒芜，朝廷军吏及赋税不足等因素，对导致人口递减的因素都非常关注，因而对僧道的私度问题非常重视，对此，《唐律》作了比较详细的规定。见之于《唐律疏议》等文献中关于僧道私度及违法论处的规定还有如下条则：

一、《名例律》卷三“除比附”条：“若诬告道士、女官应还俗者，比徒一年；其应苦使者，十日比笞十；官司出入者，罪亦如之。”

二、《名例律》卷六“称道士女冠”条：“诸称‘道士’‘女官’者，僧、尼同。”

三、《户婚律》卷十二“私入道”条：“诸私入道及度之者，杖一百；若由家长，家长当罪。已除贯者，徒一年。本贯主司及观寺三纲知情者，与同罪。若犯法合出观寺，经断不还俗者，从私度法。即监临之官，私辄度人者，一人杖一百，二人加一等。”

四、《贼盗律》卷十七“缘坐非同居”条：“诸缘坐非同居者，资财、田宅不在没限。虽同居，非缘坐及缘坐人子孙应免流者，各准分法留还。老、疾得免者，各准一子分法。”

五、《贼盗律》卷十九“诸盗毁天尊像”条：“诸盗毁天尊像、佛像者，徒三年。即道士、女官盗毁天尊像，僧、尼盗毁佛像者，加役流。真人、菩萨，各减一等。盗而供养者，杖一百。盗、毁不相须。”

六、《杂律》卷二十六“监主于监守内奸”条：“诸监临主守，于所监守内奸者，谓犯良人。加奸罪一等。即居父母及夫丧，若道士、女官奸者，各又加一等。妇女以凡奸论。”

而且唐代要获得一份准为僧人道士官方批文甚为不易。据相关史料记载，这样的度牒基本上由中书省控制审批发放。在中宗韦后时期，王公及诸公主争相私下买卖度牒以谋取利益之事见诸正史记载。至于度牒发放的审批也非常复杂繁琐。《不空制集表》中就记载了代宗广德二年不空请求特恩度僧到批准的全过程。《降诞日请度七僧祠部敕牒》就最为典型，现抄录如下：

僧慧通，年五十五（绛州曲沃县，俗姓王，无籍，请住千福寺）。

（僧）慧云，年二十三（京兆府长安县，俗姓段，无籍，请住大兴善寺）。

僧慧琳，年三十（镜州阌乡县方祥乡阌乡里，俗姓何名光王，兄咄为户，请住大兴善寺）。

僧慧珍，年三十三（京兆府万年县洪洞乡福润里，俗姓王名庭现，伯高为户，请住大兴善寺）。

僧法雄，年二十八（京兆府富平县赤阳乡昆山里，无籍，请住静法寺）。

僧法满，年十八（京兆府万年县崇德乡文圆里，俗姓胡，祖宾为户）。

僧慧琏，年四十。

右兴善寺三藏沙门不空奏：上件僧等自出家来，常寻法教，不阙师资，戒行精修，实堪为器，比虽离俗，迹昌私名。今因陛下开降诞之辰，朝贺欢欣之日，伏请官名以为正度，用资皇祚以福无疆。如天恩允许，请宣付所司。

中书门下牒祠部：

牒：奉较宜依，牒至准教，故牒
广德二年十月十九日
中书侍郎平章事杜鸿渐
中书侍郎平章事元载
黄门侍郎平章事王(使)
检校侍中李(使)
检校右仆射平章事(使)
太尉兼中书令(使)
尚书祠部牒三藏不空：
牒：奉中书门下敕牒如右，牒至准软，故牒。
广德二年十月十九日，令史牒。
主事。

从上面所抄载的这份文献可知，唐代对于僧人和道士身份的获取有一个十分复杂的程序。最终获得的度牒是由朝廷几个部门审核后才可能颁发的。因此我们认为，在叶法善入宫弘法并获得高宗武后认可之前，只是一名亦农亦道的乡间道场道士。

史料记载中关于叶法善摈排佛教的事迹，有这样几则：

1. 与婆罗门法师斗法

《太平广记·叶法善传》上记载了这样一个故事：初，师(指叶法善)居四明之下，在天台之东，数年。忽于五月一日，有老叟诣门，号泣求救。门人谓其有疾也。师引而问之，曰："某东海龙也。天帝所敕，主八海之宝，一千年一更其任，无过者超证仙品。某已九百七十年矣，微绩垂成，有婆罗门逞其幻法，住于海峰，昼夜禁咒，积三十年矣。其法将成，海水如云，卷在天半，五月五日，海将竭矣。统天镇海之宝，上帝制灵之物，必为幻僧所取。五日午时，乞赐丹符垂救。至期，师敕丹符，飞往救之，海水复旧。其僧愧恨，赴海而死。明日，龙辇宝货珍奇以来报。师拒曰："林野之中，栖神之所，不以珠玑宝货为用。"一无所受，因谓龙曰："此崖石之上，去水且远，但致一清泉，即为惠也。"是夕，闻风雨之声，及明，绕山麓四面，成一道石渠，泉水流注，经冬不竭。至今谓之天师渠。

2. 与淫人妻女的狐魅僧人斗法

《唐叶真人传》记载了有关叶法善与狐魅僧人斗法的故事。这则故事显然将不守僧人戒律的淫和尚比作狐媚妖物。这样的事件其实在唐代是很常见的，即便是大名鼎鼎的唐三藏法师的得意弟子辩机和尚，也因与已经出嫁的唐太宗公主、房玄龄儿媳通奸而被腰斩。所以,《唐叶真人传》为了神化叶法善,同时也许是为当朝中书侍郎避讳遮丑,故将和尚当成狐妖。事实上,这则故事中的狐妖应该只是一名也能“腾云驾雾”的僧人而已。《唐叶真人传》这样记载道:“时有中书侍郎女,以狐魅为祟,颠狂猖厥,鬼语神歌。女每见一僧乘青骡来至,其病遂作。奉敕命师为治。真人欲示神变。谓侍郎曰:贫道辟谷日久,疲羸无力,希一饱饭,当即为治。侍郎即遣家人具蔬饭。真人一饭一斛面三硕。瓜菜果实,莫以数计,见者皆惊,尚云未饱。未作法间,僧乘骡而至,瞻视真人,遂即却走。真人叱吏兵擒执,女遥知发声大哭。真人大叱一声,僧变成狐,骡乃化狗。讯问曰:家在城南古墓中。遂往掘视,得狐百许。金银罗绮,狼藉其内。因得素书三卷,野狐名目宗谱等官位名讳。真人继书符焚之。狐类悉皆屏灭。由是之后,城内病者尽瘥。”

当然,这些传说不足以表明叶法善曾对佛教的极力诋毁的情形。但结合当时僧人结交宫室贵族妇人仕女,公然与妇人交合。因此僧人在盛唐时期虽有唐玄奘这样的高僧大德弘扬佛法,但也有像唐玄奘弟子辩机与太宗公主(唐名相房玄龄儿媳)私通而至被腰斩的事件。所以叶法善诋毁佛教徒众可能事出有因。而当时担任史官负责修撰起居注的朝廷官员多是信佛之人,所以对于叶法善诋毁佛教之事才会记录于史籍之中。

《旧唐书》叶法善本传说他“排挤佛法”,以至于令时人“讥其向背”,这里“向”是向谁,是高宗、武后或者还是别人,现在已经不得而知,而“背”谁,则大体可以推知,应当是当时那些竭力支持佛教的朝廷官员或地方势力。而《新唐书》叶法善本传说他“雅不喜浮屠法,常力诋毁,议者浅其好习,然发卫高,卒叵之测”。这里说当时“议者浅其好习”大抵有些看不起叶法善的理论根底的意思。我们知道,中土佛教经历前后四百余年的传习,从汉魏时期的民俗佛教逐渐演化出一种适合文化阶层认识修习的士大夫佛教,即以讨论义理、心性为主要内容的佛教体系,这一体系脱胎于原始的大乘佛教经典。至唐太宗晚年,西去求取真经的洛阳僧人三藏法师回到西安,并在当时太子乃至朝廷的资助下翻译出来的大批佛教典籍,佛教因此与在高祖时期禁佛的政治背景下苟延残喘的情形大不相同,一大批皇宫贵胄与达官贵人争相与佛教高僧往来,一时间佛教寺院与僧众增长呈几何级数态势。而到叶法善奉旨入宫的高宗显庆年间,道教势力已经远远不及当时佛教的势力强大。在这样的背景下,叶法善因为高宗武后厌劾有大功而得到高宗武后赏识,所以叶法善一有机会,便会向高宗武后进言佛教之虚诞及其法力之低微。而在唐代占绝对优势的是以讨论义理心性为主的大乘佛教，叶法善这样一个乡间道场出身的道士，对于不能解决人身温饱疾病的佛教大乘哲学，当然不会有多大的兴趣去研究，因而被一些笃行佛教的文人雅士所讥笑也就不足为怪了。

众所周知，初唐时期，高祖曾因佛教浮诞，加以京师不净，而下旨禁佛，事虽不行，然即便像玄奘法师西去印度求取真经，也是非法偷渡，在玄奘西去印度通关时，有好几处都是经由当地信教民众的帮助下才得以绕道从大唐设在西域的关卡附近潜逃出去的。即便在印度留学多年，因其学高绩优而誉满印度佛教界之后东归时，还在担心朝廷追究他当年的违法偷渡而在西域停留很长一段时间不敢东归长安。高宗登基后，因其生母诚心礼佛而对佛教徒加以礼遇，特别是在太宗朝末年曾因玄奘法师之请而捐修了一些佛教建筑，如专门为其已故生母荐福的慈恩寺，为玄奘师徒整理翻译佛经提供方便与经费等等，但高宗同时也曾下旨令道教在佛教之前。

武则天主政后，由于佛教人士对于武则天大献殷勤，又专门撰集宣扬武则天当政合法性，故此，佛教与那些同时坚持认定李姓宗室方是皇家正统的一些道教徒而言，其待遇自然不及佛教徒好了。在武则天晚年就曾下旨令佛教在道教之先。在这种情形下，叶法善凭借其独特的身份与高超的法力，为道教徒的生存和发展赢得了一定的空间。叶法善在朝廷大臣和高宗武后面前不断进言道教的益世性与佛教的荒诞性，同时通过施展其超人的道教法术，使得当时朝野都对道教特别是天师道给予了充分的认同和肯定。

3.济世救人　弘扬大道

我们知道，僧道不务修持，徒以非理迎神，异术蛊惑人心或妄言吉凶之类邪恶道，唐代以前就屡见不鲜。尤以隋末道教图谶令给予唐代统治者的教训尤为深刻。因此有唐立国之初就立法禁止此等异道邪术并多次重申此禁令。唐武德九年有诏："民间不得妄立妖祠。自非卜筮正术，其馀杂占，悉从禁绝。"太宗贞观中曾命太常博士吕才与诸术士刊定阴阳杂书可行者，"其龟、易、五兆之外，诸杂占卜，亦皆停断"。这些禁令集中体现于管理僧道的格律之中。如："诸道士女冠僧尼，上观玄象、假说灾祥、语及国家、妖惑百姓，并犯习读兵书、杀人奸盗、及称得圣道、狱成者，虽会赦，犹还俗，并依法律，付官司科罪。"其用意盖在防止捏造妖言以惑众，影响社会安定，危及国家统治。到唐开元三年十一月十七日《禁断妖讹等敕》称：比有白衣长发，假托弥勒下生，因为妖讹，广集徒侣，称解禅观，妄说灾祥。或别作小经，诈云佛说；或椒蓄弟子，号为和尚；多不婚娶，眩惑闾阎；触类实繁，蠹政为甚。刺史县令，职在亲人，拙于抚驭，是生奸宄。自今以后，宜加捉搦，仍令按察使采访，如州县不能觉察，所由长官，并量状贬降。又唐宝应元年《禁僧道卜筮制》称：左道疑众，王制无赦。妖言蠹时，国朝尤禁。……而有学非而辨，性挟于邪，辄窥天道之远，妄验国家之事，仍又托于卜筮，假说灾祥。岂宜闾阎之内容其诳惑，兼亦衣冠之家多有厌胜；恐养成其俗，以生祸乱之萌。时艰以来，禁网疏阔，致令此辈，尚有矫诬。害政之深，莫过于此。将归正道，必绝奸源。宜令所司，举旧条处分。"这两条禁令重申了禁止异道邪术及其处罚办法，并作了详细阐述和严格规定，很有代表性。如果违犯上述法令，对此的惩罚是非常严厉的。

但是，即使在这样严厉的规制制约下，作为远离朝廷监控之下的民间道场出身的叶法善，其所擅长谋生技巧之一便是厌劾。当然，禁止僧道厌劾的条令在叶法善死后的唐宝应元年才颁行，而且叶法善本人也是以精于厌劾为高宗武后所亲重。在医技和药物均十分有限的唐代，百姓家中有人因故出现一些药物难以医治的病症时便会认为是妖佞作祟，故聘请高道僧道为之厌劾，这不失为一种不得已的医治病患家人的手段。另一方面，作为一种争取民众信赖的手段，宗教在传播过程中，通常都会借用为老百姓布施医药、周济贫苦、祛除病患、超度亡灵等方式来扩大影响并为参与这些活动的僧道徒众获取一些经济利益。

叶法善既然是出身于这样一个乡间道场世家，对于祖传的一些道家俗务都是非常精熟的。《旧唐书·叶法善传》说他"自曾祖三代为道士，皆有摄养占卜之术。法善少传符箓，尤能厌劾鬼神"。由此可知，叶法善早年在入宫为道士之前，除四处求方学道之外，其生业应该不离其本行：(1)为官宦与巨商富贾之家传授摄养之道；(2)从事吉凶占卜；(3)为药石无效之病患厌劾鬼神。

由于既得祖传道术，青壮年时期又曾历经大江南北遍访名师，加上机缘与天分，叶法善很快便获得了一身本领，医术道术武术均入一流境界，叶法善的一生行实，为元明时期的话本小说中的神魔异能提供了不少创作灵感，像著名的神魔小说《西游记》《东周列国》《封神演义》等著述中的不少神异事件都能从叶法善的事迹传说中找到母本，如上天入海、遁形腾挪、飞檐走壁、呼风唤雨、飞沙走石、降妖除魔、剖腹开肠等等，这些技能或幻术为叶法善赢得了声誉，无形中为道教的传播起到了巨大促进作用。

从现存的相关史料中，叶法善一生除魔卫道、护主为民的事迹，归结起来，大约有这样一些：

(一)潜行阴德,济度死生

道教在传统上很讲究积德行善。早在道教始祖老子的《道德经》就说“积善之家,必有余庆”。松阳叶氏一门作为地方上重要的道教家族,也是很注重积善修福的。据相关史料记载,叶法善一生就曾救人无数。《唐叶真人传》更是载有叶法善行阴德、济贫病、除邪恶、度死生的诸多事迹:“由是潜行阴德,济度死生。及会稽理病,屡曾起死。复于扬州,以剑开长史夫人之腹,取病以示人,夫人当时病瘥如故。凡开肠易胃,破腹剪形,一无损坏,亦无痛楚。抉目洗睛,出安纸上,除去膜翳,复纳于中,全不惊动,目明如故。”

另外,《太平广记·叶法善传》也有这样一些记载:“初高宗征师至京,拜上卿,不就,请度为道士,出入禁门。乃欲告成中岳,扈从者多疾,凡噀咒,病皆愈。”

当然,叶法善对于朝廷大臣家属子弟的救助也是其日常积德行善的必修功课,《太平广记·叶法善传》记载说:“相国姚崇已终之女,钟念弥深,投符起之。”

《唐叶真人传》还有一则这样的记载:“时有中书侍郎女,以狐魅为祟,颠狂猖厥,鬼语神歌。女每见一僧乘青骡来至,其病遂作。奉敕命师为治。真人欲示神变。谓侍郎曰:贫道辟谷日久,疲羸无力,希一饱饭,当即为治。侍郎即遣家人具蔬饭。真人一饭一斛,面三硕。瓜菜果实,莫以数计,见者皆惊,尚云未饱。未作法间,僧乘骡而至,瞻视真人,遂即却走。真人叱吏兵擒执,女遥知发声大哭。真人大叱一声,僧变成狐,骡乃化狗。讯问曰:家在城南古墓中。遂往掘视,得狐百许。金银罗绮,狼藉其内。因得素书三卷,野狐名目宗谱等官位名讳。真人继书符焚之。狐类悉皆屏灭。由是之后,城内病者尽瘥。”

当然,说狐妖为祟,未免荒诞,但古代仕女生长深闺,终日不见他人,每至青春年少时,体内激素水平的升高会导致一些幻觉异见也是常有之事。叶法善既然善于厌劾,当然知道这样高官显宦之家的深闺女子因青春寂寞而产生病患的缘由,为其治疗并使其痊愈也不足为奇了。

(二)除魔卫道,周济贫病

叶法善在长达百余年学道行道传道护道事业中,有无数除魔卫道,周济贫病的事迹。这些事迹由于年代久远，大多已经淹灭不传了。考之于今可见之史籍，大体有如下几则可为管窥：

1.《太平广记·叶法善传》："久之，辞归松阳，经过之地，救人无数。蜀川张尉之妻，死而复生，复为夫妇。师识之曰：'尸媚之疾也，不速除之，张死矣。'师投符而化为黑气焉。"

2.《太平广记·叶法善传》："钱塘江有巨蜃，时为人害，沦溺舟楫，行旅苦之。投符江中，使神人斩之。除害殄凶，玄功遐被，各具本传。"

3.《唐叶真人传》："人强与钱，则乞诸贫病。其有狂邪淫祀为灾害者，行履所及，并皆诛戮。名闻远近。并皆知之。"

4.《唐叶真人传》："王公布施塞道盈衢，随其所得，舍入观宇，修饰尊像，及救困穷。每日炊米十余硕，以供贫病，来者悉无选择。"

5.《唐叶真人传》："黑阖作乱，主上忧惶，莫知所计，问真人曰：何以禳救？答曰：此小寇无足为忧。遂以符法，敕天兵数万，翳空而来，甲刃交驰，击贼奔走。帝曰：功卫社稷，师之力也。屡有宠锡，真人辞而不受。曰：是天道神功，在臣何与？"

关于第五则，史料上有相关唐代西北边境遭受边民作乱反叛或者外族入侵的记载。但这一事件到底是指哪一次，却因史料未能提供更多细节而难以考证。这将有待学者进一步的研究。

（三）施行异术，彰显道法

现存史料中有很多关于叶法善以高超的法术来彰显其道法之高明及与妖魔歪道斗法的记述。这些异术神迹，其实是由于当时人们的认识水平局限而对于产生的一种崇慕心理。例如印度佛教称为菩萨的人，其实菩萨意译成汉语，就是通过修行获得知识和觉悟的人，这与犹太教和伊斯兰教中称为先知或者圣人是同一个道理。下面我们就根据相关史料记述，将叶法善一生中通过道法异术来彰显传播道教的事迹辑录如下：

1.《太平广记·叶法善传》："自仙府归还，已有役使之术矣，遂入居卯酉山。其门近山，巨石当路，每环回为径以避之。师投符起石，须臾飞去，路乃平坦。众共惊异。"

2.《旧唐书·叶法善传》："法善又尝于东都凌空观设坛醮祭，城中士女竞往观之。俄顷数十人自投火中，观者大惊，救之而免。法善曰：'此皆魅病，为吾法所摄耳。'问之果然。法善悉为禁劾，其病乃愈。"

3.《唐叶真人传》："钱塘江有巨蜃，沦溺舟航，经涉者苦之。清沙镇长沈愈躬自来迎，真人由是往焉。候潮信至，以铁符丹篆镇之，至今绝其患。又以剑勒“道静”二字于岩上，各方三丈许。真迹尚存，即三教门山是也。”

4.《唐叶真人传》：“忽五月一日，老叟诣门号泣求救，真人引而问之。曰：某东海龙也，上帝敕主八海之宝，一千年一更其任，无过失者，超登列仙。某已九百七十年矣，微勋将就。有婆罗门者，逞其幻法于海畔，日夜禁咒，积二十年，其法将验，海水如云卷上天畔。五月五日，海将涸焉，统天镇海之宝，必为幻僧所取，某今哀求救援。真人许之。至五日午时敕丹符飞往，海水复旧。胡僧愧叹，赴海而死。来日，老叟备珍奇宝物来报，真人辞谢不受。因曰：此山峰去水且远，但得一泉，即为惠也。是日风雨及明，山馆之侧有一脉清泉，自石渠出，经旱不竭，今谓之天师渠。在四明之下，天台之东，真人所寓处，皆须置坛立井。卯山绝顶初创山斋，复赐额为通天宫，大中祥符三年改寿昌观。观之侧西北向，有炼丹井，山下有灵泉，即泉处有醮厨，士民祈祷之所。”

5.《太平广记·叶法善传》：“常行涉大水，忽沉波中，谓已溺死，七日复出，衣履不濡，云：‘暂与河伯游蓬莱。’”《唐叶真人传》对于此事记载更为详尽：真人尝至清溪，属炎暑，与道士游于溪渚。真人忽沉水中，七日不返，同游道士惊惧，谓已葬蛟龙之腹。归告其家，及徒众道俗，尽皆傍溪觅之。七日后，忽见从旧游处出。曰：汝等必惧耶！我暂共河伯游蓬莱，值数仙人宴会，留顷刻间。虑子忧之，故亟来，果然也。”

6.《太平广记·叶法善传》：“中宗复位，武三思尚秉国权。师以频察妖祥，保护中宗相王及玄宗，为三思所忌，窜于南海。广州人庶，夙仰其名，北向候之。师乘白鹿，自海上而至，止于龙兴新观。远近礼敬，舍施丰多，尽修观宇焉。”

7.《太平广记·叶法善传》：“凡吉凶动静，必予奏闻。会吐蕃遣使进宝函封，曰：‘请陛下自开，无令他人知机密。’朝廷默然，唯法善曰：‘此是凶函，请陛下勿开，宜令蕃使自开。’玄宗从之。及令蕃使自开，函中弩发，中番使死，果如法善言。”

8.《太平广记·叶法善传》：“又，燕国公张说，尝诣观谒，师命酒。说曰：‘既无他客。’师曰：‘此有曲处士者，久隐山林，性谨而讷，颇耽于酒，钟石可也。’说请召之，斯须而至。其形不及三尺，而腰带数围，使坐于下，拜揖之礼，颇亦鲁朴。酒至，杯盂皆尽，而神色不动。燕公将去。师忽奋剑叱曲生曰：‘曾无高谈广论，唯沉湎于酒，亦何用哉！’因斩之，乃巨榼而已。”

9.《唐叶真人传》：“祈求皆有灵验，祷雪盈尺，请雨滂沱。尝在庐山升坛，坛角陆地水涌，其水甘美，仙鹤草舞。在许先生宅醮，二黄龙从井出。”

10.《太平广记・叶法善传》：“开元初，正月望夜，玄宗移仗于上阳宫以观灯。尚方匠毛顺心，结构彩楼三十余间，金翠珠玉，间厕其内。楼高百五十尺，微风所触，锵然成韵。以灯为龙、凤、螭、豹腾踯之状，似非人力。玄宗见大悦，促召师观于楼下，人莫知之。师曰：‘灯影之盛，固无比矣；然西凉府今夕之灯，亦亚于此。’玄宗曰：‘师顷尝游乎？’曰：‘适自彼来，便蒙急召。’玄宗异其言，曰：‘今欲一往，得乎？’曰：‘此易耳。’于是令玄宗闭目，约曰：‘必不得妄视，若误有所视，必有非常惊骇。’如其言，闭目距跃，已在霄汉。俄而足已及地。曰：‘可以观矣。’既睹影灯，连亘数十里，车马骈阗，士女纷委。玄宗称其盛者久之，乃请回。复闭目腾空而上，顷之已在楼下，而歌舞之曲未终。玄宗于凉州，以镂铁如意质酒，翌日命中使，托以他事，使于凉州，因求如意以还，验之非谬。又尝因八月望夜，师与玄宗游月宫，聆月中天乐。问其曲名，曰：‘《紫云曲》。’玄宗素晓音律，默记其声，归传其音。名之曰《霓裳羽衣》。自月宫还，过潞州城上，俯视城郭悄然，而月光如昼。师因请玄宗以玉笛奏曲。时玉笛在寝殿中，师命人取，顷之而至。奏曲既，投金钱于城中而还。旬日，潞州奏八月望夜，有天乐临城，兼获金钱以进。玄宗累与近臣试师道术，不可殚尽，而所验显然，皆非幻妄，故特加礼敬。其余追岳神，致风雨，烹龙肉，祛妖伪，灵效之事，具在本传，此不备录。”

对于这一事件，《唐叶真人传》则这样记述说：“玄宗移仗上阳宫观灯，尚方匠毛顺心结构彩楼三十余间，饰以金翠珠玉，楼高百余丈。微风所触锵然成韵，以灯为龙螭腾跃之状，似非人力所至，玄宗悦之。促召真人，观于楼下。真人曰：彩灯之盛，固无比矣，然西凉府今夕之灯，亦亚于此，但皆奢侈，无益于国。帝怪其言，欲试其仙术，且曰：今欲一往。得乎。曰：此易耳，以至尊远往观灯，恐非所宜。帝力强之。真人请帝瞑目，腾驱而上，俄顷即至，以所随如意贯酒。及欲回，复请帝瞑目，顷之，已在楼下，而歌舞未终。继遣中使，托以他事，使于凉州，因取如意以还，验之非妄。八月望夜，与帝游月宫，令聆月中天乐，问其曲名，曰：紫云。帝素知音律，记其声，遂著乐府，更其名曰：霓裳羽衣。自月宫还，过潞州，俯视城郭悄然，而月色如昼，因请帝以玉笛奏曲。时玉笛尚在寝殿中，真人遣神人取之，不顷而至，既而奏曲，遂投金钱于城中而还。旬日潞州奏，八月望夜，有天乐临城，兼获金钱以进。”

11.《太平广记・叶法善传》：“又一说云：显庆中，法善奉命修黄箓斋于天台山，道由广陵，明晨将济瓜州。是日，江干渡人，舣舟而候，时方春暮，浦溆晴暖，忽有黄白二叟相谓曰：‘乘间可以围棋为适乎。’即向空召冥儿。俄有丱童擘波而出，衣无沾湿。一叟曰：‘挈棋局与席偕来。’须臾，丱童如命，设席沙上。对坐约曰：‘赌胜者食明日北来道士。’因大笑而下子。良久，白衣叟曰：‘卿北矣！幸无以味美见侵也?’旷望逡巡，徐步凌波，远远而没。舟人知其将害法善也，惶惑不宁。及旦，则有内官驰马前至，督各舟楫。舟人则以昨日之所见具列焉。内官惊骇不悦。法善寻续而来，内官复以舟人之辞以启法善。法善微哂曰：‘有是乎？幸无挂意。’时法善符术神验，贤愚共知，然内官洎舟人从行之辈，忧轸靡遑。法善知之而促解缆，发岸咫尺，而暴风狂浪，天日昏晦。舟中之人，相顾失色。法善徐谓侍者曰：‘取我黑符，投之鹢首。’既投而波流静谧，有顷既济。法善顾舟人曰：‘尔可广召宗侣，沿流十里间，或芦洲茭渚，有巨鳞在焉，尔可取之，当大获其资矣。’舟人承教，不数里，果有白鱼长百尺许，周三十余围，僵暴沙上。就而视，脑有穴嵌然流膏。舟人因脔割载归，左近村间，食鱼累月。”

12.《唐叶真人传》：“当时有供奉明正谏，每使冥官上天曹检事，须臾之间，来报善恶，未尝失期。帝令师密切厌之，及问正谏都无所知。数日云：使不来。上令尊师解之，正谏曰：云被叶尊师遣向天门把捉，不得通。上又令密凿地为坎，使乐人入坎鼓乐。谓师曰：地中无故有音声，请师厌禳。真人书符四道，钉之于地，音声便断。仍使日责地中乐人，何不作乐。报云：见四方有蛇，各如柱大，张口向人欲噬，惊惧，故不敢动，时值旱暵，命真人向河祈雨。曰：各赍雨衣及伞盖，相随人未之信。祷祈才毕，雨遂雾霜，人马衣冠尽湿。一日，请帝暂离寝避灾，初不信，真人力言之，方移毕，风雨雷电霹雳，当帝寝处，直下震地，甲帐为之碎，帝惊悸不已。其余应验，事多不载。”

13.《唐叶真人传》：“真人于是请还山，拜扫致敬，于丽水松阳二处墓门，封树碑表。命李邕作墓志。韩择木书以光窀穸。（其墓在冲真之侧。）真人祖国重，葬于松阳之西山，山有石鸡能鸣，遂于其处置道院。（今日天真院。）立碑于下。时请李邕为碑记，并求其书，而邕不允，是夜追其魂书之，续以碑刻示邕。邕笑曰：初以为梦，今果然矣。真人始得碑石于海峤，遣神人运归，水神不知，误裂其石，即投符治之，水神哀告，得免。以胶缀石断处，今其碑断痕在焉。真人封树碑拜祭，泉石生辉，乡间炘庆。”

从上面所辑录的这些史料或是民间传说来看，叶法善的诸多异能与超常举动，在科技尚不发达的中古时期，人们自然而然地认为叶法善便是超人，即民间所谓的神仙下凡。

第五章　叶法善政治、养生、排佛思想考述

唐代著名长寿高道越国公叶法善，生于公元616年，卒于公元720年，出身于浙江丽水（会稽之南乡，隋之处州，唐之括州）松阳古市一个自曾祖以来四代习道的道士世家。叶法善少年之时，为了臻于更高的道法，多方游历、拜师。中年之时，以能潜行阴德、济度死生、诛戮狂邪、厌劾鬼神，名闻远近，再加上叔祖叶净能是京师内道场道士并担任国子祭酒的因素，受到唐高宗征召，进入内道场。晚年之时，暗中帮助李隆基，使李隆基在与韦后、太平公主进行斗争的政变之中全胜而出藉以登位而特受嘉奖，然后，光宗耀祖，泽惠乡里，以一百零五岁的遐龄无疾而终。

叶法善以其道行高超、慈善济世，成就于德隆位显、安康期颐，为世所重，是一位较为完美的传统道士。使得唐代多种笔记小说，诸如张鷟（658—730）《朝野佥载》、戴孚（生卒年不详，公元757年登进士第，任校书郎）《广异记》、牛肃（生卒年不详，约生活于804年前后）《纪闻》、牛僧孺（779—847）《玄怪录》、薛用弱（生卒年不详，821—824年曾任光州刺史）《集异记》等书，以叶法善为取材对象，添油加醋，予以神化。

其实，神化并非仙化。神是天神，仙是人仙。仙字的本义是人往高处提升的迁移，仙人是长生迁去之人。天神、地祇、人仙分为三种阶层，是不可混淆的。将道士神化，违背了道家本分。道家讲究无为而无不为，无为是不求自我表现的处事态度，虽有作为而不以有为念，抱着这种态度，才会灵活自如地对待任何事情，达到无不为。这也就是说，要以无为为本，以无不为所能成就的神奇为末。抱本才会兼末，抱末则是失本。因此，道家以不离常德为本分[①]，以平常心为道心，是反对崇尚神奇怪异之事。

一个人的一生，会形成一种主干式的思想，但在不同的阶段、环境，应对不同的人事，则是有着不同的分枝式的思想表现。大致而言，叶法善的

① 《道德经》第二十八章：常德不忒。

完美，主要表现为尊道贵德、少私寡欲、知白守黑、冲虚凝远、法于自然、用于人事，既不故作奇特、刻意卖弄，也不标新立异、挟技张扬，尤其是跟诸多笔记小说里的神化形象相比，更显得朴实，属于道教徒最为根本的体道用德的所以然，即基于一种主干式的道教传统思想。但在叶法善的生涯之中，至少可以区别为三种分枝式的思想表现，即政治思想、养生思想、排佛思想。

叶法善的一生，不事著述，著作成文的思想论述甚为稀罕。因此，他的政治、养生、排佛思想，要从诸多记载他的文本(《旧唐书》《新唐书》《太平广记》《册府元龟》《正统道藏》)之中将他的事迹、言行总结起来加以分析，方才可以显见。

一　叶法善的政治思想

在解说这个问题之前，首先需要申明，上古之时的政治思想，是以类同于哲学家的王者行使政权，致力于普协臣民，协和万邦，是为内圣外王，先王之道，是道、儒二家所共同遵奉的。道教以沿袭这种思想为传统，叶法善则是沿袭了传统的道教思想。

以《道德经》为道家、道教的根本经典，《论语》为儒家的根本经典，道家、道教的思想虽与儒家一样，讲究内圣外王，遵从先王之道，但儒家是在注重礼制的同时重视道德，道家、道教以道为本，以礼为末①，唯道是从，其政治思想属于原始的质朴化和明显的理想化。

儒家讲究体元居正，必须正确地落实于社会的秩序与应用，从而进行立功、立德、立言，对圣王的期待，并不强调天命式的君权神授，而是注重于德配文命，以有德者居之。例如，《诗经·大雅·文王之什·下武》："下武维周，世有哲王。三后在天，王配于京。王配于京，世德作求。永言配命，成王之孚"，就含有德配文命之意。

文命②，指的是文德教命，即以文化修养为主导的生命价值观。文命跟天命是不一样的，天命是以上天的意志为服从的天道之命，所谓的受命于

---

① 《道德经》第三十八章："上德不德，是以有德；下德不失德，是以无德。上德无为而无以为，上仁为之而无以为，上义为之而有以为，上礼为之而莫之应，则攘臂而扔之。故失道而后德，失德而后仁，失仁而后义，失义而后礼。夫礼者，忠信之薄，而乱之首。前识者，道之华，而愚之始。是以大丈夫处其厚，不居其薄；处其实，不居其华。故去彼取此。"

② 《尚书·大禹谟》：文命敷于四海，祗承于帝。

天。道家、道教因为唯道是从，对文命不大重视，相对之下较为侧重地倾向于具有天道意味的天命。叶法善便是信仰于天道、天命、天意。

叶法善早在少年之时就已深心信仰天意、遵奉天道。《太平广记·叶法善传》里的"常游括苍白马山，石室内遇三神人，皆锦衣宝冠，谓师曰：我奉太上命，以密旨告子，子本太极紫微左仙卿，以校录不勤，谪于人世，速宜立功济人，佐国功满，当复旧任，以正一三五之法，令授于子，又勤行助化，宜勉之焉。言讫而去。自是诛荡精怪，扫馘凶妖，所在经行，以救人为志"[①]，这段记述，即可说明。

在唐高宗征召之时，叶法善以道士的本分，拒绝入仕。在内道场做法师期间，常怀直谏匡保社稷之心，于武三思尚秉国权之时，从容累谏，被贬至岭南。到了李隆基执掌政事时，叶法善梦见神人授意要他辅佐开元皇帝[②]，就开始倾心帮助李隆基。可见，叶法善对天意的深信和对天道的遵奉是十分明显的。

叶法善以能够"预知韦氏逆乱，先已闻奏先天之言，一一并实"[③]"奸臣寓谋，凶丑僭逆，未尝不先事启，沃亟申幽赞"[④]，使他不像叔祖叶净能那样因投靠了韦后而身受政变失败之祸，全因"预睹迭萌"之正确，从而德隆位显，成为一代高道。之所以不与叔祖叶净能同流，乃是由于叶法善认识到了武氏、韦氏掌权有违天意，相比之下，李隆基符合天命。当然，所谓的天意、天命，是很抽象的，它必须有一些具象的对应，才会天道可德。武氏、韦氏滥用权术，血腥地残害李氏宗室，打压异己，制造冤狱，相比之下李隆基较为宽仁，颇有些具象地对应了天命。

武则天对道、佛二教的利用，完全是唯己的，诸如重用薛怀义、郭行真、卢藏用等人。薛怀义集男宠、奸僧于一身。郭行真是个劣行道士，曾于龙朔三年(663)因"上托天威惑乱百姓，广取财物奸谋极甚"[⑤]被唐高宗流配出去，麟德元年(664)，郭行真又出现于长安，并且出入禁中，为武则天行厌胜之术。《法苑珠林·破邪篇·妖惑乱众》收录了唐高宗流配郭行真的敕令："敕道士朝散大夫骑都尉郭行真，器识无取道艺缺然，为其小解医药薄闲章

---

① 李昉等编纂：《太平广记》卷二十六，叶法善，北京：中华书局，1961，第1册。

② 《太平广记·叶法善传》："景龙四年辛亥三月九日，括苍三神人又降，传太上之命：汝当辅我睿宗及开元圣帝，未可隐迹山岩，以旷委任。言讫而去。时二帝未立，而庙号年号，皆以先知"。

③ 《唐鸿胪卿越国公灵虚见素真人传》，《正统道藏》第30册，台北：新文丰出版社，1985。

④ [清]董浩等《全唐文》卷四十一。《故金紫光禄大夫鸿胪卿越国公景龙观主赠越州都督叶尊师碑铭(并序)》，上海：上海古籍出版社，1990。

⑤ [唐]道世：《法苑珠林》，上海古籍出版社，影印本，1991年。

醮，当为皇太子弘疗患得损，录其功效，叨授以荣班缘前驱使。妄作威祸兼以交结选曹，周旋法吏专行欺诈，取人财物遣营功德，隐盗尤多，朱紫莫分，而伪敷至教，菽麦讵辨。而潜读禁书徒知仆妾，是求庄宅为务，虽灵溪千仞，何能荡其秽质；神丹九液，岂可练其瑕心。擢发未数其愆，刊竹宁书其罪，论斯咎衅宜从伏法，以其参迹道门情所未忍，可除名长配流爱州，仍即发遣令长纲领送至彼，官司检校不得令出县境，其私畜奴婢田宅水硙车牛马等并宜没官。”[①]追求闻达的道士卢藏用，成就了“终南捷径”。并且，武氏明令：“释教宜在道法之上，缁服处黄冠之前”，大行扬佛抑道之政策。唐玄宗则是与武氏相反，扬道抑佛，虽如此，但对道士的选拔，甚为严格，规定玄学道举制度，编纂《开元道藏》。在开元盛世，继叶法善之后，司马承祯、吴筠、李含光等多位高道大德名重当时。

良禽择木而栖，凤凰不息凡枝。身在京中，面临武氏窃国的权势，敢于直谏，能于韦氏、太平公主、李隆基三方势力的角逐之中作出正确选择，叶法善犹如良禽、凤凰，是个有政治远见以及先知先验般预判能力的高道。

在这里，需要说明传统的道法，颇为讲究预判，尤其是政治方面。《道德经》第三十八章里的“前识”一词，其词义类同于先知、先验，也等于预判。因为，道，是宇宙的本源、世界的规则、历史的经验，根据历史的经验，可以对诸多人事作出预判。所以，道教有积善、经典、符箓、丹鼎、占验五大派类。

占验派跟儒家的谶纬派很是接近，周易八卦、太乙、六壬、奇门遁甲、梅花易数、子午流柱的命理学、堪舆地理的风水术等，都是占验类的术数。叶法善出身于“自曾祖三代为道士，皆有摄养占卜之术”[②]的道士世家，从少“研究周易，耽味老庄，河洛图纬，悉皆详览”[③]并能“寻形选胜，占星候气”[④]，早就深谙术数。

关于占卜、预判得到应验的颇为神奇之人事，不乏于各种文献中记载。例如，南朝刘义庆《世说新语》记载了东汉经学家郑玄是以术数高出一筹而逃过马融的追杀[⑤]，隋末唐初的袁天罡、李淳风则是史上极负盛名的预测家。

由于叶法善沿袭了道教传统的政治思想，能够预判政局，正确地审时度势，知白守黑，不予张扬预判能力。故而，虽然参与了政治斗争，但还能

---

① [唐]道世：《法苑珠林》，上海古籍出版社，影印本，1991。

② [后晋]沈昫：《旧唐书》卷一百九十一，北京：中华书局，1961。

③ 《唐鸿胪卿越国公灵虚见素真人传》，《正统道藏》第30册，台北：新文丰出版社，1985。

④ 《唐鸿胪卿越国公灵虚见素真人传》，《正统道藏》第30册，台北：新文丰出版社，1985。

⑤ 杨勇：《世说新语校笺》，中华书局，2006。

保持住道士的本分，然后继续升华自我，以道法之高、寿命之长、德望之韶，受到后世敬仰。

二　叶法善的养生思想

自古以来，道家、道教之中，不乏百岁以上的长寿之士。例如，先秦之时的彭铿、容成公、安期生、吕尚（姜太公）、老子，汉魏之时的蒯京、冷寿光、左慈，唐代除了叶法善，还有孙思邈、赵元阳、罗公远、张果、翟法言、吕洞宾，五代的谭峭，宋代的陈抟、柴通玄、丁少微、刘操（海蟾子）、石泰、张三丰，明代的杨汝真，清代的王常月、沈常敬、王永宁、范太青、白马李、高东篱，现代的吴云青、李诚玉。

道、儒、佛三者大体的分异，在于道讲治身，儒讲治世，佛讲治心。治身，即治理身命，换而言之，就是养生、葆生、摄生以及修身养性。我们往往会把修身养性与修心养性混为一谈，将佛教的治心当作修心养性，这是讹误的。修心养性是将心性从简陋粗野修养成精致纯粹，解开主观之我见，立于客观之明察。

佛教的治心，是把人心往空寂里泯灭，跟修身养性简直隔了十万八千里。中国在二十世纪之前之所以形成以儒、释、道相兼而成的传统文化，其实是以结构主义为正面、解构主义为反面的深思熟虑之文化形成大系统的体现。儒、道突出了结构主义，佛是以解构主义为标显。儒学主要依据周礼，讲究社会秩序与作用；道学主要表达先天、后天、道、德、礼、法的次序与道德的重要性；佛学则以空寂虚无否定客观事物，肯定主观臆想。佛学将世间境界、一切万物本性解构为十法界（佛、菩萨、缘觉、声闻、天、人、阿修罗、畜生、饿鬼、地狱）、十如是（相、性、体、力、作、因、缘、果、报、本末究竟），除了有其歧义（缘觉、声闻同属阿罗汉，饿鬼、地狱与十八层地狱同类，本末究竟在汉语的语境乃是三种分别：本、末、究竟）的自圆其说，就是教内的少数人有所知之；道教将万物本性分析为阴阳、五行，儒学将人文建构确定为仁、义、礼、智、信，乃是大众所悉。

空寂、泯灭，何必十法界、十如是，死了的就一切空寂了。治心若为空寂泯灭，又何必以治。因此，离开客观现实的用途，治心毫无实际意义。只有以少私寡欲、正心诚意为治心的，才会立人生之正，卓纯志之真，在现实世界向后代垂留不朽之精神。而能立人生之正、卓纯志之真的治心，是跟治身、养生休戚相关的。

较早地述及治身之理的《道德经》，关于摄生之道的第五十章："出生入死。生之徒，十有三；死之徒，十有三；人之生，动之于死地，亦十有三。夫何故？以其生之厚。盖闻善摄生者，路行不遇兕虎，入军不被甲兵；兕无所投其角，虎无所用其爪，兵无所容其刃。夫何故？以其无死地"，以及关于长生之道的第五十九章："治人事天，莫若啬。夫唯啬，是以早服。早服是谓重积德，重积德则无不克，无不克则莫知其极；莫知其极可以有国，有国之母可以长久，是谓根固柢，长生久视之道"，是很费解的。不管如何理解，至少这二章文字乃是点明了摄生、长生久视之道的重要。道家、道教都是认为道、天、地、王四大皆公，在公而容的世界，人生的最高理想就是长生久视。

叶法善的能够长寿，主要就是建立在道法高超的基础之上。道教的法术，主要是巫医相兼，利用本土的神祇信仰与神秘主义结合自身修炼，从而一代复一代地沿续着科学难以解释的奇异。从汉末天师道以符水治病设立二十四治、三十六靖庐、七十二静室，到民国之时尚有祝由科于民间治病，将近二千年来，这些法术不乏于史载以及地方文献，至今仍以道医与中医的分异诉说着未尽的神奇，这是不可忽视的。我们或许可以因为叶法善的祖父叶国重活了将近一百岁，胞姐也是一百多岁，而说这是一个长寿世家，有其遗传基因。但叶法善的父母在他少年之时就已去世，显然，遗传基因之说不大站得住脚。当然，仅以"道法高超"四字的高度概括长寿之道，也有点玄乎。

细读《旧唐书》《新唐书》《太平广记》《册府元龟》《正统道藏》里面关于叶法善的记载，叶法善首先是受到"自曾祖三代为道士，皆有摄养占卜之术"[①]的熏陶，并遵神人之言（《唐鸿胪卿越国公灵虚见素真人传》："又一神人曰：至道微妙，非此能言，要当守一，屏去骄淫，每以鸣钟击鼓，调三理关，导引吐纳，服内外丹"[②]），所学所行的道法主要有"投符役使之术""三五盟威正一之法""遁甲、步玄之术""八史、云蹻之道""炼丹、辟谷、导引、胎息之法""三洞上清、上法、上真之法""上清隐法"，以及能够"冥感空传"的"灵图秘诀，仙符真度，宝箓生券"之法。并且，不乏祈雨、禳灾、降妖、祛怪、治病救人之事，以及济助困穷贫病之人[③]。

"摄养之术""炼丹、辟谷、导引、胎息之法"是延年益寿之良方，"守一"

---

① [后晋]沈昫：《旧唐书》卷一百九十一，北京：中华书局，1961。

② 《唐鸿胪卿越国公灵虚见素真人传》，正统道藏：第30册，台北：新文丰出版社，1985。

③ 《唐鸿胪卿越国公灵虚见素真人传》："帝及皇后，诸王公主，朝士以下，亲受道法。百官子弟，京城及诸州道士，从真人受经法者，前后计数千余人。王公布施塞道盈衢，随其所得，舍入观宇，修饰尊像，及救困穷。每日炊米十余硕，以供贫病。"

“屏去骄淫”“调三理关，导引吐纳，服内外丹”是养生之道的具体做法。祈雨禳灾、降妖祛怪、治病救人，全都属于《道德经》第五十九章“长生久视之道”的“重积德”范畴之内，可见，行善积德，宜于养生。于是，叶法善的晚年，“年长而色若孺子”①，即所谓的童颜鹤发。

养生之道，很是讲究形神动静的调和。从事著述，苦思冥想，是很费心耗神的，属于养生之忌。明代胡文焕《类修要诀》：“戒暴怒以养其性，少思虑以养其神，减言语以养其气，绝私念以养其心”。而养生忌五久：久行、久立、久坐、久卧、久视。久行伤筋、久立伤骨、久坐伤肉、久卧伤气、久视伤血，从事著述就会久坐、久视，连犯二忌。因此，不事著述，少思减虑，以养心神，是叶法善养生之方的其中之一。

综合起来，叶法善以其事迹、言行所显示的养生之道，即他所透露的养生思想就是：正直处世、行善积德、少私寡欲、淡漠财物、不事著述，致于立功，不受功名富贵之累，但行道法济世之事，积极提高自身修养，逐步进入人生化境。

我对叶法善的定位是长寿高道、完美不忒的传统道士，他并非开山立派、创宗演系的祖师，也不是开堂说法、登台讲经的宗师。他的养生之道以及养生思想，是沿袭传统道法之所得，故而，他没有什么养生心得或口诀以文本形式留传下来。因为，传统道法的嗣授承袭，往往是口传心授，所谓“法不传六耳”，并且，多有秘祝、禁咒之法。例如，东晋高道葛洪《抱朴子内篇》所记的用于入山辟邪的六甲秘祝“临兵斗者皆数组前行”，与佛教密宗咒法参合起来，传到日本，成为修验道山伏以及忍术的“九字真言”。

《抱朴子》，分内外篇，将玄学、神仙学、方术、金丹、符咒、儒学纳为一体，确立了道教神仙理论的体系，是一部非常重要的道书。《内篇》主要讲述神仙方药、鬼怪变化、养生延年、禳灾祛病，说宇宙，证神仙，述金丹仙药的制作及应用，论各种方术包括守一、行气、导引的学习与应用，并罗列了各种道经的书目。《外篇》主要谈论人间得失、处世态度、政治思想，讥刺世俗、治民之法、世事臧否、藏器待时、克己思君、匡时佐世、超俗出世、修身著书以及文学理论。葛洪的成仙思想，以长生之理所启示的成仙之道，主要就是修仙必须积累善行，建立功德，慈善为怀。

《抱朴子内篇・论仙》：“夫求长生，修至道，诀在于志，不在于富贵

① [清]董浩等《全唐文》卷四十一，故金紫光禄大夫鸿胪卿越国公景龙观主赠越州都督叶尊师碑铭（并序），上海：上海古籍出版社，1990。

也……学仙之法，欲得恬愉淡泊，涤除嗜欲。”①《内篇·对俗》：“人欲地仙，当立三百善；欲天仙，立千二百善……积善事未满，虽服仙药，亦无益也。若不服仙药，并行好事，虽未便得仙，亦可无卒死之祸矣。”②，是对《道德经》第五十九章“唯啬”③“早服”④“重积德”“无不克”“莫知其极”之“长生久视之道”的敷演。另外，《抱朴子内篇》还在以玄为本、以知足为真、以一为专、道本儒末这几个方面，对《道德经》进行了继承和发挥，强调不能单纯地从修炼方术入手，人生的抱负也不能仅仅遁隐山林，要想真正修炼成仙就得建功立业，主张在现实社会生活之中获得精神解脱和炼得肉体飞升，既能立时济世，又可超凡入圣。这几乎完全就是叶法善所践行和体现的养生之道。

叶法善乃是《道德经》的忠实奉持者。而道教徒必以《道德经》为奉持，方是不违传统，而能领受道法之真传。

三　叶法善的排佛思想

叶法善对佛教的排斥，主要表现是以法术挫败僧人，见于《唐鸿胪卿越国公灵虚见素真人传》：“有中书侍郎女，以狐魅为祟，颠狂猖厥，鬼语神歌。女每见一僧乘青骡来至，其病遂作。奉敕命师为治。真人欲示神变，谓侍郎曰：贫道辟谷日久，疲羸无力，希一饱饭，当即为治。侍郎即遣家人具蔬饭。真人一饭一斛，面三硕。瓜菜果实，莫以数计，见者皆惊，尚云未饱。未作法间，僧乘骡而至，瞻视真人，遂即却走。真人叱吏兵擒执，女遥知发声大哭。真人大叱一声，僧变成狐，骡乃化狗”，“五月一日，老叟诣门号泣求救，真人引而问之。曰：某东海龙也，上帝敕主八海之宝，一千年一更其任，无过失者，超登列仙，某已九百七十年矣，微勋将就！有婆罗门者，逞其幻法于海畔，日夜禁咒，积二十年，其法将验，海水如云卷上天畔，五月五日，海将涸焉，统天镇海之宝，必为幻僧所取，某今哀求救援。真人许之，至五日午时劝丹符飞往，海水复旧。胡僧愧叹，赴海而死。来日，老叟辈珍奇宝物来报，真人辞谢不受。因曰：此山峰去水且远，但得一泉，即为惠也。是日风雨

---

① 王明：《抱朴子内篇校释》，中华书局，1985年。

② 王明：《抱朴子内篇校释》，中华书局，1985年。

③ 简约，尚俭。

④ 预先地对生活原则进行具有先验意味的服从与奉持。

及明，山馆之侧有一脉清泉，自石渠出，经旱不竭，今谓之天师渠"[①]。《旧唐书·叶法善》："法善自高宗、则天、中宗历五十年。常往来名山，数召入禁中，尽礼问道。然排挤佛法，议者或讥其向背。以其术高，终莫之测"[②]。《新唐书·叶法善》："雅不喜浮屠法，常力诋毁，议者浅其好憎，然以术高，卒叵测之"[③]。《朝野佥载》："孝和帝令内道场僧与道士各述所能，久而不决。玄都观叶法善取胡桃二升，并壳食之并尽。僧仍不伏。法善烧一铁钵，赫赤两合，欲合老僧头上，僧唱'贼'，袈裟掩面而走。孝和抚掌大笑"。[④]

以上五条，《唐鸿胪卿越国公灵虚见素真人传》的二条是形同玄幻的，《朝野佥载》一条真伪莫辨。但是，《旧唐书·叶法善》《新唐书·叶法善》的"术高"二字，却旁证着挫败僧人之法术虽然犹如玄幻而不可否定的可信性。佛教在唐代已是甚具规模与影响。唐代是各个民族文化大交融的时期，儒家思想并未正统如宋明之时，儒学之发扬亦不如宋明之光大。在各民族文化大交融包括对各种宗教进行兼纳的背景之下，并且处于唐高宗佛道并重、武则天扬佛抑道的现实境况之中，叶法善一心奉道而排佛，遭到议者的讥其向背。可见，叶法善不大随缘，亦不"无我"地混同于众，而是"雅不喜浮屠法，常力诋毁"，正直而不合时宜地坚持着排挤佛法。

与道教法术相比，佛教也有神奇的秘传之法，主要是在藏传的密宗，汉传佛教各个宗派并无多大神奇法术。那么，为什么中国佛教有着汉传、藏传的巨大差别呢？而道教却在汉地称异，不在藏地发扬？我认为，这是地域、地理、民族、文化的差异，使华夏与夷戎有别。而华夏与夷戎有别之论，是南北朝迄唐一直延续着的排佛思想。

印度佛教在西汉末期传入中国，依附于中国本有的方术，僧侣被视为方士、术士之类。东汉佛教对原始的佛教哲理很少了解，所讲的内容大体上是"精灵不灭""因果报应"之类。汉末魏初，佛经翻译日多，佛教分为小乘禅法的安世高系，大乘般若的支娄迦谶系。安世高系依附于当时流行的道术思想，并以之解释佛教；支娄迦谶系深受老庄思想影响。魏晋之时，流行以老庄思想为骨架的玄学，佛教便依附玄学，崛起了般若学，开始中国化（主要以鸠摩罗什弟子僧肇的《肇论》为代表），形成"六家七宗""南三北七"，但又渐渐摆脱中国原有的思想，引起了与儒、道之间的矛盾。

---

① 《唐鸿胪卿越国公灵虚见素真人传》，《正统道藏》第 30 册，台北：新文丰出版社，1985。

② ［后晋］沈昫：《旧唐书》卷一百九十一，北京：中华书局，1961。

③ ［宋］欧阳修：《新唐书》卷二百四，北京：中华书局，1956。

④ 见《太平广记》卷二八五引张鷟《朝野佥载》"叶道士"条（第 2269 页），述凌空观叶道士咒刀的神奇法术。

魏晋玄学分为“贵无”“崇有”，所讨论的问题是“本末有无”。“贵无”派与佛教般若学中的“本无宗”有着相似之处。“本无宗”认为“诸法本无自性”，不去执着什么，精神就可以摆脱现实的束缚，达到绝对“空无”的境界。它遭到了僧慧琳《黑白论》(又名《均善论》)的批驳。宗炳为破斥慧琳异见，作《明佛论》，又名《神不灭论》，倡“精神不灭，人可成佛，心作万有，诸法皆空”之说。何承天作《达性论》，持“生必有死，形毙神散，犹春荣秋落，四时代换”之说。颜延之作《释达性论》，则是“神理存没，傥异于枯荄变谢”之说。在梁朝和尚僧祐编的《弘明集》中，有何承天与宗炳、颜彦之辩论，何承天认为佛教徒虽然口头上讲“空无”，而实际上并不“空无”，他们不仅“爱欲未除”，而且怕“生死轮回”“因果报应”，这正是因为客观事物是实有的。然后，范缜作《神灭论》，说“形存则神存，形谢则神灭”。萧琛、曹思文、沈约等人力挺《神不灭论》，与范缜往复论辩。梁武帝即位之后，命当代硕学者共计六十余人，反驳范缜之论。

南朝道士顾欢，以佛道二教互相诽毁，作《夷夏论》，持华戎之辩，抑佛扬道。明僧绍作《正二教论》，谢镇之作《折夷夏论》，朱昭之作《难夷夏论》，朱广之作《谘夷夏论》，僧慧通作《驳夷夏论》，僧慧敏作《戎华论》加以驳斥。随后，刘虬《无量义经序》认为道家的“虚无”与佛教的“修空”是类似的，张融《门律》也认为道佛并无二致，周颙认为般若所观法性与老子所说的“虚无”在“寂然不动”之处虽有相同，但义旨大有差别。有道士托名张融作《三破论》，说佛教入国破国、入家破家、入身破身。刘勰作《灭惑论》，僧顺作《析三破论》，玄光作《辩惑论》反驳。

佛教虽在南朝甚嚣尘上，却在北朝遭到北魏太武帝、北周武帝先后二次废灭。到了唐朝，高祖李渊准备推崇佛教，太史令傅奕反对佛教，把魏晋以来反佛者的事迹编集成书，题为《高识传》十卷。两《唐书》记载，武德七年(624)，傅奕前后上疏七次，请求罢除佛教，他从民族意识、伦理道德、经济利益、武事兵略各个方面陈述了佛教的种种不是，言词甚为激切，说佛教是“演其妖书，述其邪法，伪启三途，谬张六道，恐吓愚夫，诈欺庸品”，使那些愚痴之人“不察根源，信其矫诈”，一心只知道“妄求功德”，从而“搢绅门里，翻受秃丁邪戒；儒士学中，倒说妖胡浪语。曲类哇哥，听之丧本；臭同鲍肆，过者失香”，佛教不仅“不忠不孝，削发而揖君亲”，而且“游手游食，易服以逃租赋”，给国家的经济收入造成极大损害。高祖颇感疑惑，诏百官议其事，太卿张道源说傅奕之奏是合理的，尚书右仆射萧瑀表示反对但辩不过傅奕。道士李仲卿著《十异九迷论》，刘进喜著《显正论》，与傅奕相辅，排斥佛教。高祖以傅奕奏策十一条请罢佛法，颁示诸僧，问他们出家于国家究有何益，僧法琳撰《破邪论》以答。高祖遂于武德九年下"沙汰僧道诏"，未几，以秦王李世民为皇太子，大赦天下，停汰道佛。僧法琳为了扬佛抑道，谤及道祖老子李聃，唐太宗怒而斥佛，问罪法琳，法琳巧舌如簧，"应机说导，即事骋词"，转为称赞老子。唐太宗以法琳《辩正论·信毁交报篇》所说的"念观音者，临刃不伤"，让法琳去念观音，七日之后开刀行刑，看看是否灵验。过了七日，唐太宗派人去问法琳，法琳说他不念观音，惟念陛下，因为陛下即是观音。唐太宗既然被僧法琳称为"观音"，也就慈悲为念，不对法琳用刑了。

总的来说，佛教是理主空寂、事尚功利，高谈着四大（地、水、火、风）皆空的僧侣到处致力于建寺造像、蓄养产业。《世说新语》记载了两个北方僧人为到南方过好日子而演成了心无宗，是"南三北七"之一。对佛教贡献极大的玄奘法师，更是功利，为了弘扬佛法，收授门徒一味偏重于智商之高，甚至完全忽略戒律，其弟子窥基，创立了唯识宗（又名法相宗、慈恩宗），却是大名鼎鼎的三车和尚，出行之时带着一车经书、一车酒肉、一车美女。另一弟子辩机，因与高阳公主私通而被腰斩。佛教内部的一些著名高僧也曾对空寂虚玄的教义持否定态度。例如，被胡适谓为"中国最伟大的禅师"、日本铃木大拙谓为"唐代最伟大的禅师"马祖道一（709—788）说"即心即佛"是劝止小儿啼哭用的[①]。马祖弟子之辈禅僧丹霞天然（丹霞天然，为唐代禅僧，法号天然）在冬天焚烧木雕佛像取暖，曾上堂开示："若识得释迦即老凡夫是，阿你须自看取，莫一盲引众盲，相将入火坑。"[②]武则天大肆崇佛之时，曾经遭到狄仁杰、姚崇的反对。狄仁杰所说的"化诱倍急，切于官徵；法事所须，严于制敕；膏腴美业，倍取其多；水碾庄园，数亦非少；逃丁避罪，并集法门"[③]。和姚崇所说的"佛不在外，求之于心。佛图澄最贤，无益于全赵；罗什多艺，不救于亡秦。何充、苻融，皆遭败灭；齐襄、梁武，未免灾殃。但发心慈悲，行事利益，使苍生安乐，即是佛身。何用妄度奸人，令坏正法"，"何必溺于小说，惑于凡僧，仍将喻品，用为实录，抄经写像，破业倾家，乃至施身亦无所吝，可谓大惑也"[④]，都是直指佛教理主空寂、事尚功利的虚伪。

前面在叶法善的政治思想里已经说了，叶法善一生乃是基于那种最根

① 《五灯会元》："僧问：和尚为什么说即心即佛。师云：为止小儿啼。僧云：啼止时如何。师云：非心非佛。"

② [宋]普济著：苏渊雷点校，《五灯会元》，中华书局，1984。

③ 《狄仁杰传》，《旧唐书》卷八十九，中华书局，1975。

④ 《姚崇传》，《旧唐书》卷九十六，中华书局，1975。

本的体道用德的道教思想。体道用德，属于经验域，故而“绝圣弃智”[①]。遵从既成之道，运用可得之德，是对经验进行学习、领会、发挥而履行的一条坦途。佛教属于智慧域追求大彻大悟，以觉行圆满而成佛，注重于对智慧的开发，这跟“绝圣弃智”是迥异之途。

佛教相比于儒、道，政治意识极为欠缺。这在法事科仪上就有显著的对比，佛教的经忏法事是僧众整齐地立、坐、跪、拜、诵经、唱赞、念咒，道教的斋醮法事是道士手持朝简模仿帝王上朝的形式表奏天神、咒禁鬼怪。儒家的政治主张是德政，道教的政治理念是王道，统治者对儒或道的利用，都会反过来被系统性的德政或王道思想渗透，唯有对佛教的利用，不会有着这种太阿倒持的危险。

道教因有政治主张，太平道的黄巾起义之后，被统治者严加防范之时又发生了天师道信徒孙恩、卢循起义，于是，使道教的教团建设深受统治阶级的顾忌。在教团组织上颇有建树的佛教在汉地的发展，完全威胁了道教的饭碗。为了加强教团建设，打出三教一家的旗号，元代的新道教全真道全盘效仿佛教的教团模式，使原先全都属于正一的道教分为正一、全真两大系统。较于教团建设之显著，道教并无多大实质性的三教合一的理论，三教一家、三教归一是偏于口号化的。而魏晋至隋唐的道、儒、释之间的交流、争议，它的起因乃是印度佛教传进曾经由百家争鸣奠定了大包容之文化态度的中国。中国不被佛教化，佛教已被中国化，这是佛教善于“随缘”的说明，因此，道、儒之士的排佛，其实乃是促进佛教中国化的动力。

我认为叶法善的排佛，是基于华夏与夷戎之别，遵从经验域的思想对智慧域的排斥，以及佛教的缺乏政治思想的缘故。叶法善不希望一个没有政治思想的宗教集团对社会产生太大的影响。古代历史上因大肆崇佛而造成的危害远远大于崇道，因此，大规模抑佛有好几次，大规模灭佛的运动也有好几次[②]，而道教好几次遭抑，不曾遭灭。虽然北周武帝为了灭佛下达并废佛道的诏书，使四万所佛寺被废，三百万僧人还俗，但道士以在家者为多，住庙者甚少，受到的打击并不大。

叶法善虽然排斥佛教，但没用污言秽语去骂，不显得特出。倒是有些僧人的言语，甚为特出。例如，成书于宋代的《五灯会元》多有此类记载，唐代德山宣鉴禅师上堂开示：“我先祖见处即不然，这里无祖无佛，达摩是老臊胡，释迦老子是干屎橛，文殊普贤是担屎汉。等觉妙觉是破执凡夫，菩提

---

① 《道德经》第十九章。

② 三武一宗灭佛：北魏太武帝、北周武帝、唐武宗、后周世宗。

涅槃是系驴橛，十二分教是鬼神簿、拭疮疣纸。四果三贤、初心十地是守古冢鬼，自救不了。”[①]云门文偃禅师曾说：“世尊初生下，一手指天，一手指地，周行七步，目顾四方，云：天上天下，唯我独尊。我当时若见，一棒打杀与狗子吃却，贵图天下太平。”[②]僧问文偃：如何是佛？文偃道：干屎橛。宋代禅宗杨歧派高僧无门慧开《无门关》说：“黄面瞿昙（释迦牟尼），旁若无人，压良为贱，悬羊头卖狗肉。”[③]德山宣鉴、云门文偃、无门慧开，身为僧人，竟将佛祖喻作“干屎橛”，讥为“黄面”，堪为特例。

叶法善沿袭道教的传统思想，运用预判能力顺应李唐正统的政治恢复之势，正直处世、行善积德、少私寡欲、淡漠财物、不事著述、致于立功，不受功名富贵之累，但行道法济世之事，积极提高自身修养，逐步进入人生化境，遵从华夏道统排斥缺乏政治思想的佛教，表现了他的政治、养生、排佛思想。从而归一于他所成就的道教传统之高道的完美形象。

如果，凭着道法之高超，擅术以耀、挟技而骄，那么，就会变成一个邪士、妖道。例如，郭行真擅厌胜之术，专行欺诈，广取财物。叶法善在身名兴盛之时，将所得财物广为布施，救济贫病之人，虽具修练摄养之术，却反对唐高宗召道士炼丹药[④]，因为，以一人之意，仗着权势，让多人为之服务，是完全违背了道法自然之宗旨的。

养生思想，在身体实践中兑现，可以不需什么学问造诣。政治思想和排佛思想的表达，是需要学问修养的。叶法善“好古学文，十一诵诗书，十二学礼乐，研穷周易，耽味老庄，河洛图纬，悉皆详览”[⑤]，表面上看，是由儒而道，说得夸张些，就是儒、道通吃。其实，一个十一岁的小孩子，即使读了一整年的诗书，在十二岁学礼乐之时兴趣就转到老庄之书，又怎能会有多少儒学造诣。叶法善的由儒而道，只是一个有识有志之士最起码的识字之后的读书、诵诗、识礼、知乐而已。

完美不忒的士子形象，必须以有识有志乃至卓识专志方才可以成就。叶法善的有识有志，也就臻于完美不忒而已。因此，研究叶法善以及他的政治、养生、排佛思想，应当以完美的常德和以平常心等传统道教思想基础作为出发点。

---

① ［宋］普济著，苏渊雷点校，《五灯会元》，中华书局，1984。

② ［宋］普济著，苏渊雷点校，《五灯会元》，中华书局，1984。

③ ［宋］普济著，苏渊雷点校，《五灯会元》，中华书局，1984。

④ 《旧唐书·叶法善》：“时高宗令广征诸方道术之士，合炼黄白。法善上言：金丹难就，徒费财物，有亏政理，请核其真伪。帝然其言，因令法善试之，由是乃出九十余人，因一切罢之。”

⑤ 《唐鸿胪卿越国公灵虚见素真人传》，《正统道藏》第30册，台北：新文丰出版社，1985。

第六章　叶法善轶事与传说真伪考论

作为一名曾经历事盛唐五主得享显爵高寿的得道之士，叶法善一生的经历本来就充满了传奇色彩。即使在官修正史中，对于叶法善生平事迹的记述也充满了传奇意味，更不用说中晚唐以降社会长期陷于动荡与地方割据的政治局面下，民间疾苦与冤屈难以得到声张，对于满怀正义与一心救民疾苦的盛唐道教尊师叶法善，广大民众便对其充满种种期许和景仰。于是，一场令人难辨真伪的造神运动便开始发端并流传开来。除了民间广为知悉的唐代八仙外，道教尊师叶法善的事迹也被民众不断神化。这里我们选取几件于史料中有可资考论的有关叶法善的事迹来进行一番考述。

一　叶法善与《月宫调》即《霓裳羽衣曲》的渊源关系

1984 年，浙江松阳道教古乐《月宫调》被编入《中国民族民间器乐曲集成·浙江卷》。2007 年，松阳成立了"月宫神韵古乐团"，这是一支以表演《月宫调》为主的乐团，至今共有团员 48 人。2009 年，《月宫调》被列入第三批浙江省非物质文化遗产名录。2010 年，丽水市公布了第一批非物质文化遗产项目代表性传承人名单，松阳谢根美(70 岁)、周文郁(51 岁)为《月宫调》传承人。

根据民国年间编修的《松阳县志》记载，《月宫调》就是盛唐名曲《霓裳羽衣曲》，唐代高道叶法善回乡祭祖并辟祖宅为淳和仙府，将《月宫调》从长安带到松阳，于家乡古市司授道教音乐。起先，《月宫调》是在道观之中演奏，后来成了松阳古市重大节日、道教庆典的传统演奏节目。千百年间一直在古市落地生根，世代相传，由于时代的变化，上个世纪五十年代起，《月宫调》销声匿迹，像地下文物似地埋存了 30 年，于八十年代开始受到社会关注。

因为叶法善是被唐玄宗封为越国公、越州都督的一代高道，由叶法善带到松阳的《月宫调》是一支由多人及多种器乐组合演奏的乐曲，与宫廷乐曲很是类似。所以，《月宫调》即是盛唐之时最负盛名的作为宫廷音乐与道教法曲进行流传的《霓裳羽衣曲》。

（一）关于《霓裳羽衣曲》

查考盛唐名曲《霓裳羽衣曲》的来历，就会看到它跟道教很有关系。

唐代白居易《霓裳羽衣歌和微之》："由来能事皆有主，杨氏创声君造谱"①，诗句下面附作者自注："开元中西凉府节度使杨敬忠造"，把《霓裳羽衣曲》的创造声调者归于杨敬忠名下。《新唐书·礼乐十二》："民间以帝自潞州还京师，举兵夜半诛韦皇后，制《夜半乐》《还京乐》二曲。帝又作《文成曲》，与《小破阵乐》更奏之。其后，河西节度使杨敬忠献《霓裳羽衣曲》十二遍，凡曲终必遽，唯《霓裳羽衣曲》将毕，引声益缓。帝方浸喜神仙之事，诏道士司马承祯制《玄真道曲》，茅山道士李会元制《大罗天曲》，工部侍郎贺知章制《紫清上圣道曲》。太清宫成，太常卿韦绍制《景云》《九真》《紫极》《小长寿》《承天》《顺天乐》六曲，又制商调君臣相遇乐曲。"②证明了杨敬忠并非《霓裳羽衣曲》的创造者，乃是这支乐曲的进献者。而《霓裳羽衣曲》的进献，进一步加深了唐玄宗对道教神仙之事的喜欢。

北宋郭茂倩《乐府诗集·近代曲辞·婆罗门》："乐苑曰：婆罗门，商调曲，开元中，西凉府节度杨敬忠进。唐会要曰：天宝十三载，改婆罗门为霓裳羽衣。"③沈括《梦溪笔谈·乐律》："刘禹锡诗云：三乡陌上望仙山，归作霓裳羽衣曲。又王建诗云：听风听水作霓裳。白乐天诗注云：开元中，西凉府节度杨敬忠造。郑嵎津阳门诗注云：叶法善尝引上入月宫，闻仙乐，及上归，但记其半，遂于笛中写之；会西凉府都督杨敬忠进婆罗门曲，与其声调相符，遂以月中所闻为散序，用敬述所进为其腔，而名霓裳羽衣曲。诸说各不同。今蒲中逍遥楼楣上有唐人横书，类梵字，相传是霓裳谱，字训不通，莫知是非。或谓今燕部有献仙音曲，乃其遗声。然霓裳本谓之道调法曲，今献仙音乃小石调耳，未知孰是。"④这二则记述，既说明了《霓裳羽衣曲》的二种来历：一、唐玄宗登三乡驿，望见女儿山（传说中的仙山），触发灵感而

① 曹学佺：《石仓历代诗选》卷六十一，《景印文渊阁四库全书》，台北：台湾商务印书馆，1983。
② 欧阳修等：《新唐书：礼乐12》卷廿二，北京：中华书局，1961。
③ 郭茂倩：《乐府诗集》，第80卷，台北：里仁书局，1999。
④ 沈括：《梦溪笔谈》卷五，中华书局，2009。

作;二、杨敬忠向唐玄宗进献《婆罗门曲》,唐玄宗予以改编。也相互辅证地肯定了《霓裳羽衣曲》属于道调法曲,若将之归类于“梵字”(佛教的梵呗音乐),是“字训不通”的,尽管它跟《婆罗门曲》很有渊源关系。后世一般都是认为《霓裳羽衣曲》前半部分是唐玄宗望见女儿山后悠然神往,回宫后根据幻想而作,后半部分是唐玄宗吸收河西节度使杨敬忠进献的《婆罗门曲》音调而成。

裳,上衣下裳,是“黄帝尧舜垂衣裳而天下治”[①]以衣裳之制初布文明。霓裳,出自《楚辞·九歌·东君》:“青云衣兮白霓裳,举长矢兮射天狼。”[②]羽衣,出自《史记·孝武本纪》:“天子又刻玉印曰天道将军,使使衣羽衣,夜立白茅上”,是以鸟羽为衣,取其如神仙飞翔之意。霓白之裳,羽制之冠盖,是具有道士及隐士意味的打扮,例如,《隋书·隐逸传·徐则》:“霓裳羽盖,既且腾云,空椁余衣,讵藉坟垄。”[③]羽士是道士的别称,羽林军是天军之意,黄冠羽服更是道士的典型装束。将“婆罗门”改名为“霓裳羽衣”,使源于印度的音乐中国化,《霓裳羽衣曲》作为宫廷乐曲和道教音乐已是无疑。

关于《霓裳羽衣曲》属于道调法曲的说明,还可以参考北宋王溥编撰《唐会要·乐类·诸乐》记载:“天宝十三载七月十日,太乐署供奉曲名,及改诸乐名。太蔟宫时号沙陀调。龟兹佛曲改为金华洞真。因度玉改为归圣曲……耶婆地胡歌改为静边引。婆罗门改为霓裳羽衣。”[④]关于“婆罗门改为霓裳羽衣”此事,另有南宋王灼《碧鸡漫志》转引唐代杜佑《理道要诀》的相关记述。南宋谢守灏《混元圣纪》第八卷里说“二月辛卯,帝制霓裳羽衣曲、紫微八卦舞,以献太清宫,贵异于九庙也”,则将《霓裳羽衣曲》变成了专属道教的乐曲。

《霓裳羽衣曲》的成为盛唐名曲,由于唐玄宗对之极为看重,在开元、天宝年间盛行一时。公元755—762年,发生“安史之乱”,此后,宫廷就没有再予演奏了。白居易《长恨歌》里的一句“渔阳鼙鼓动地来,惊破霓裳羽衣曲”,十分传神地交代了“安史之乱”的“渔阳鼙鼓”撕毁从公元713年开始的“开元盛世”。“开元盛世”殊致的文艺标志《霓裳羽衣曲》也被“渔阳鼙鼓”破毁。五代之时,南唐后主李煜得到残谱,昭惠后周娥皇与乐师曹生按

---

① 《十三经注疏·周易正义·系辞下》,北京:中华书局,1980。
② 陈第:《屈宋古音义》卷二,武昌张氏校刊本,清光绪六年(1880年)。
③ 魏征:《隋书》卷七十七,列传第四十二,隐逸,北京:中华书局,1973。
④ 王溥:《唐会要》卷三十三,上海:上海古籍出版社,1991。

谱寻声，补缀成曲，并曾一度整理排演，已非原味，并随着南唐的灭亡而佚。南宋丙午年(1186)，词人姜夔旅居长沙，登祝融峰，在乐工故书中发现了商调《霓裳曲》乐谱十八段，将之保存于《白石道人歌曲》，遗留至今。

(二)《霓裳羽衣曲》与游月宫

《霓裳羽衣曲》在被改为道调法曲之后，产生了将之仙化的唐玄宗由道士引导着上天游月宫的传说，使之更具道教意味。

唐代张祜(约 792—853)《华清宫四首》："风树离离月稍明，九天龙气在华清。宫门深锁无人觉，半夜云中羯鼓声。天阙沉沉夜未央，碧云仙曲舞霓裳。一声玉笛向空尽，月满骊山宫漏长。红树萧萧阁半开，上皇曾幸此宫来。至今风俗骊山下，村笛犹吹阿滥堆。水绕宫墙处处声，残红长绿露华清。武皇一夕梦不觉，十二玉楼空月明。"唐大中五年(851)进士郑嵎《津阳门》诗里的"蓬莱池上望秋月，无云万里悬清辉。上皇夜半月中去，三十六宫愁不归。月中秘乐天半间，丁珰玉石和埙篪。宸聪听览未终曲，却到人间迷是非。千秋御节在八月，会同万国朝华夷。花萼楼南大合乐，八音九奏鸾来仪"①。说的都是唐玄宗游月宫而得《霓裳羽衣曲》。

唐玄宗游月宫的故事，见载于唐代多种笔记、小说，《河东先生龙城录》、薛用弱《集异记》、卢肇《逸史》、渤海填《唐广德神异录》、郑处晦《明皇杂录》、牛僧孺《玄怪录》、郑綮《开天传信记》、王仁裕《开元天宝遗事》、李复言《续玄怪录》、杜光庭《神仙感遇传》等。这些文本，除了《河东先生龙城录·明皇梦游广寒宫》说的是申天师(申泰芝)和鸿都客，《逸史》说带唐玄宗游月宫的是罗公远，《集异记》《广德神异录》说是叶法善，其余各本便基本上都是指叶道士了，而叶道士指的是叶法善和叶净能。

鸿都客，其人无考，除了白居易《长恨歌》里有一句："临邛道士鸿都客，能以精诚致魂魄"，就是《河东先生龙城录·明皇梦游广寒宫》里说申天师(申泰芝)和鸿都客陪唐玄宗游月宫。申泰芝，字元之，又字广祥，因母杨氏梦吞芝而孕，故名泰芝，生于公元 686 年。历览胜地，往邵陵佘湖山修炼，开元二十六年(738)中秋，唐玄宗梦神人告邵州云山有道人炼丹得仙，召至长安，言论契合，常从帝游，善清淡，上每廷问，动辄移晷，赐号大国师，敕住元贞观，主持玄教，封为神惠妙寂灵济真人，历著灵异，天宝七年(748)辞归，天宝十四年(755)于云霖祠庭飞升。根据《云笈七籤》《历代

① [清]彭定求：《全唐诗》卷五一一，上海：上海古籍出版社，1986。

神仙谱》《仁惠妙寂灵修真人传》《莲荷山引》《申泰芝祠碑记》的相关记述，申泰芝应当是开元二十六年方才跟唐玄宗有所接近。

罗公远，生于公元618年，又名思远，彭州九陇山（今四川彭县）人，一说鄂州（今湖北武昌）人，与张果、叶法善齐名，筑室修炼于漓元治中，常往来青城、罗川之间，唐玄宗屡屡召见策问，奏答莫不称旨，赐紫衣度为道士，奉诏归隐炼丹，安史之乱，玄宗逃入蜀，公远于剑门奉迎至成都，拂衣而去，肃宗至德二年（757）召之，不赴，乾元初（758），解于浮云观，一说于蜀九仙谷飞升，享年一百四十。罗公远与唐玄宗最为接近之时，是安史之乱以后。

叶净能（净或作静、靖），是高宗（李治）内道场道士，担任过国子祭酒，公元706年被中宗李显封为"金紫光禄大夫"，卒于公元710年。《越国公叶真人世系谱》记载："叶法善高祖讳乾昱；曾祖讳道兴；祖父讳国重，字雅镇即，娶彭城刘氏生五子；叔祖静能，曾被封为银青光禄大夫、国子祭酒"[①]。叶净能虽然是个擅长"符法术"的著名道士，但他投靠"韦武（韦后、武三思）集团"，是一个"逆贼"。景龙四年（710）6月，李隆基（玄宗）与太平公主联合发动宫廷政变挫败"韦武集团"。睿宗（李旦）在第二次执政发布的《平内难敕》中，将叶净能列为"逆贼"名单中的第三位[②]。叶净能在唐玄宗登基之前已遭诛杀，故而，引唐玄宗游月宫的叶道士只能是叶法善。

《龙城录》，旧题柳宗元撰，但两《唐书》不载，《太平广记》《太平御览》《事类赋》等不录，是较受公认的宋代王铚撰写而托名河东先生柳宗元。不认为《河东先生龙城录》是河东先生所撰的有宋代何薳、张邦基、洪迈、朱熹、陈振孙，元代吴师道，明代杨慎、胡应麟，今人章士钊、余嘉锡、钱仲联。

《逸史》作者卢肇，生于公元818年，卒于882年。那就不如《集异记》（一般认为此书成于唐穆宗长庆年间）说带唐玄宗游月宫的是叶法善，可以作为第一版本。《集异记》的作者薛用弱，字中胜，唐河东（今山西永济一带）人，生卒年不详，穆宗长庆（821—824）时为光州刺史，文宗大和（827—835）初自仪曹郎出守弋阳。《集异记》问世之时早于《逸史》。

（三）叶法善的传奇

叶法善的传奇故事，最早见于开元初年张鷟《朝野佥载》"孝和帝令内

---

① 《越国公叶真人世系之谱》，《正统道藏》第30册，台北：新文丰出版社，1985。

② 《唐大诏令》卷一百二十三。

道场僧与道士各述所能，久而不决。玄都观叶法善取胡桃二升，并壳食之并尽。僧仍不伏。法善烧一铁钵，赫赤两合，欲合老僧头上，僧唱贼，袈裟掩面而走。孝和抚掌大笑”①。即叶法善还未去世，其事就已经被小说化演绎。接着，牛肃《纪闻》，专叙玄宗开元天宝年间事，其中“叶法善”条讲述叶法善制服千年老狐所化的婆罗门僧②。唐肃宗时，戴孚《广异记》记载了五条叶法善、叶净能的法术故事，开始将二位叶道士混为一谈。这些故事都是以一段文字专叙一事的志怪传奇写法，描写简洁，对叶法善（叶道士）本人的生平背景没有丝毫交待。然后，诸多志怪小说将二位叶道士故事混窜，成为普遍现象。

叶法善之所以会有许多传奇，因为，他在年少时候就有异事。唐玄宗《御制真人碑》：“初，师甫七岁涉江而游迨三年，人以为溺。及还，问其故，则曰：三青童引之，憩于华堂峻宇，咽灵药，吸云浆，太上镇之，是以留也。十五中毒死，又见昔青童曰：天台茅君飞印。印其腹，始殊闷绝，良久豁如。师以灵应感通，殊由若此。”③一个七岁的小孩，能够涉入江中，失踪了三年，足见其之不凡。并且，《旧唐书·方伎传·叶法善传》：“尝于东都凌空观设坛醮祭，城中士女竞往观之。俄顷，数十人自投火中，观者大惊，救之而免。法善曰：此皆魅病，为吾法所摄耳。问之，果然。法善悉为禁劾，其病乃愈。”④

唐代之所以志怪小说较为多见，跟道教的法术不无关系。也就是说，是道教的法术，推动了志怪小说的发展。而道教的法术、符箓、占验等等，其事只要付诸文字，便如志怪。唐玄宗《御制真人碑》和《旧唐书》以及《朝野佥载》对于叶法善的记载，其实与志怪小说极为近似。但是，尽管其事甚异，却不可妄加否认。因为世间若是全无神奇灵异之事，又何以会有神仙信仰以及神秘主义？并且，符箓派道士所擅长的祝由科⑤的灵异，是科学难以解释的。祝由科的符水治病，是从汉代张陵一直延续至民国年间。叶法善乃是符箓一派的高道，若真的不是不凡，又怎能从一个普通的民间道士

---

① 见《太平广记》卷二八五引张鹫《朝野佥载》“叶道士”条（第 2269 页），述凌空观叶道士咒刀的神奇法术。

② 《太平广记》卷四四八引《纪闻》“叶法善”，第 3665—3666 页。

③ [清]董浩等：《全唐文》卷四十一，上海：上海古籍出版社，1990。

④ [后晋]沈昫：《旧唐书》卷一百九十一，北京：中华书局，1961。

⑤ 《内经·贼风》岐伯曰：先巫知百病之胜，先知其病所从生者，可祝而已也。祝由之法，借符咒禁禳、移精变气进行治疗疾病。“祝”者，咒也；“由”者，病的原由也。祝由的概念很广，包括禁法、咒法、祝法、符法，以及暗示疗法、心理疗法、催眠疗法、音乐疗法等。

成为越国公呢。当然，不管怎样，唐代之人是游不了月宫的。这种“游”，只能是恍恍惚惚，不会记得很清楚的。恰如《津阳门诗》附注之言：“不能久留……且记忆其半。”

无可详考究竟出于何人何时的《广德神异录》，所记述的叶法善引唐玄宗游月宫之前，是于正月十五元宵佳节与叶法善至凉州赏灯：“唐玄宗于正月望夜……潜引法善观于楼下，人莫知者。法善谓上曰：影灯之盛，天下固无与比，惟凉州信为亚匹。上曰：师顷尝游乎。法善曰：适自彼来，便蒙召。上异其言，曰：今欲一往，得否？法善曰：此易耳。于是令上闭目，约曰：必不得妄视，若有所视，必当惊骇。上依其言，闭目距跃，身在霄汉，已而足及地。法善曰：可以观览。既视，灯烛连亘十数里，车马骈阗，士女纷杂，上称其善。久之，法善曰：观览毕，可回矣。复闭目，与法善腾虚而上，俄顷还故处，而楼下歌吹犹未终。”①这个铺垫，烘托出了唐玄宗与叶法善之间关系的尤为亲近。

作于公元838至860年之间的唐赵璘《因话录》卷五，对当时民间社会混淆二叶的状况便已有所批评：“有人撰集怪异记传云：玄宗令道士叶静能书符，不见国史。不知叶静能中宗朝坐妖妄伏法，玄宗时有道术者乃法善也，谈话之误差尚可，若著于文字，其误甚矣。”②叶净能在公元710年被诛，并且是李隆基的政敌，哪能在开元初年陪玄宗游月宫。而叶法善居于游月宫故事的第一版本，并且，叶法善非但受封越国公，连他的先父也受到追封，他跟唐玄宗的亲近，超过了罗公远、申泰芝，也只有这种亲近，才有了一起中秋赏月的可能。

根据《新唐书·艺文志》收录之书目，薛用弱《集异记》为三卷本，今之存本或二卷或一卷，亡佚了一半左右。今本已佚的但在《太平广记》等书之中引用的出自《集异记》的“明皇与叶法善游月宫听乐，问曲名，曰：紫云曲也。帝默记其声归，传其名曰霓裳羽衣。法善请以玉笛奏曲，时玉笛在寝殿中，法善令人取之，复以金钱投城中而还”③，乃是“上皇夜半月中去”的最早版本。《唐鸿胪卿越国公灵虚见素真人传》对《太平广记》所引用的版本略有敷演：“八月望夜，与帝游月宫，令聆月中天乐，问其曲名，曰：紫云。帝素知音律，记其声，遂著乐府，更其名曰：霓裳羽衣。自月宫还，过潞州，俯视城郭悄然，而月色如昼，因请帝以玉笛奏曲。时玉笛尚在寝殿中，真人遣

---

① 李昉等：《太平广记》卷二十六，北京：中华书局1961年版，第170—174页。

② [唐]赵璘：《因话录》卷五，上海：上海古籍出版社，1979。

③ 李昉等：《太平广记》卷二十六，北京：中华书局1961年版，第170—174页。

神人取之，不顷而至，既而奏曲，遂投金钱于城中而还。”[①]这交代了叶法善也是精通音乐的。也许，正是因为如此，再加上与《月宫调》(《霓裳羽衣曲》)关系密切，叶法善成为十二戏神之一。北京凤凰岭自然风景区的关帝庙内，戏神殿中供奉着戏神唐玄宗，旁边就有叶法善、罗公远、孙登、阮籍的牌位。

当然，关于杨敬忠的史料，也可以旁证叶法善与《月宫调》(《霓裳羽衣曲》)的渊源关系。

《旧唐书·突厥传》：“暾欲谷回兵，因而出赤亭以掠凉州羊马。时杨敬忠为凉州都督，遣副将卢公利、判官元澄，出兵邀击之。暾欲谷曰：‘敬述若守城自固，即与连和；若出兵相当，即须决战，我今乘胜，必有功矣。’公利等兵至删丹，遇贼，元澄令兵士揎臂持满，仍急结其袖，会风雪冻烈，尽坠弓矢。由是官军大败，元澄脱身而走。敬述坐削除官爵，白衣检校凉州事。”[②]开元八年，朔方道行军大总管王晙奏请从西面调动拔悉密部，东面调动奚、契丹两族兵，于秋季同至稽落水掩袭毗伽可汗牙帐。毗伽可汗的岳父暾欲谷利用王晙与天兵军节度使张嘉贞的不和，打败孤军深入的拔悉密部，经赤亭(新疆鄯善县东北七克腾)、掠凉州，击败河西节度使杨敬忠。杨敬忠被“降京城囚罪，杖以下原之”[③]，留在凉州检校军事。

杨敬忠进献《霓裳羽衣曲》，至少是在开元八年以前。因为献乐曲并非只是献上曲谱，还要献上专门演奏该曲的乐师、乐工、乐伎。一位受部将连坐而有罪了的官员进京入囚，是不可能去献乐的。他应当是被任命为凉州都督之后不久，赴京进行述职报告的时候向唐玄宗献曲。那么，《月宫调》和西凉献《婆罗门曲》，都是在开元八年之前。

叶法善是于开元元年(713)得授金紫光禄大夫、鸿胪卿、越国公，开元四年回乡授先父、修祖茔，开元五年将松阳祖宅辟为淳和仙府，括苍故居辟为宣阳观，开元八年六月于京中景龙观去世，由弟子叶仲容陪护灵柩归葬家乡。即使叶法善不曾于淳和仙府司授《月宫调》，也完全可以由叶仲容司授。成为松阳道教乐曲母调的《月宫调》传到松阳是在被改名为《霓裳羽衣曲》之前，因此，它以游月宫故事为本，乃是《月宫调》，不被叫做《霓裳羽衣曲》。

---

① 《唐鸿胪卿越国公灵虚见素真人传》，《正统道藏》第30册，台北：新文丰出版社，1985。

② [后晋]沈昫：《旧唐书》卷一九四，《突厥上》，北京：中华书局，1961。

③ [北宋]欧阳修：《新唐书》卷二百四，北京：中华书局，1956。

二 《留诗》与叶法善的不事著述缘由考论

大唐高道叶法善留存至今的著作，除了早就已被确证的《乞归乡上表》《乞回授先父表》《乞归乡修祖茔表》《留诗》《报弟子仲容书》，还有疑似的《亢仓子》（洞灵真经）、《大易志图参同经》、《骨髓灵文》、《北帝灵文》、《天真皇人九仙经》。确证的乃是无可否定，疑似的则是难以详考。

收录于《全唐文》第九百二十三卷的《乞归乡上表》《乞回授先父表》《乞归乡修祖茔表》，属于应事而制的官样文章。从夏朝开始实行宗法制的古代，富贵不还乡无异于锦衣夜行，功名成就者就会光宗耀祖、封妻荫子，叶法善达到了足以光耀父祖的官位，故有回乡授先父及修祖茔之为。也是收录于《全唐文》第九百二十三卷的《报弟子仲容书》：

> 汝将吾诗及书进上，不得求官，当奉诏监丧，归葬括苍。吾去后百六十年外，卯山当出一人，更过于吾。若有人于吾旧居修行，即其人也。①

全文很短，只有五十几个字，是对弟子嘱咐后事以及对于松阳卯山一百六十年之后的预言。唐末沈汾《续仙传·鄷去奢》记载，鄷去奢在叶法善去世百六十年后，前来松阳，于卯山修炼近二十年，可证叶法善预言不虚。

《留诗》是以形似律句的五古，简要地概括了作者的一生以及胸臆之所向，早已被学界视为叶法善的代表作。当然，抒发襟怀的作品更能代表个人。

（一）《留诗》直译及异解之辨

“昔在禹余天，还依太上家。忝以掌仙录，去来乘烟霞。暂下宛利城，渺然思金华。自此非久住，云上登香车。适向人间世，时复济苍生。度人初行满，辅国亦功成。但念清微乐，谁忻下界荣。门人好住此，倏然云上征。退仙时此地，去俗久为荣。今日登云天，归真游上清。泥丸空示世，腾举不为名。为报学仙者，知余朝玉京。”②

---

① 《全唐文》，据《唐叶真人传》收入卷923，《续修四库全书》第1649册，第516页。

② 《全唐诗》，卷八百六十。

这是《留诗》三首，收录于《全唐诗》第八百六十卷。诗本无题，因是叶法善临终遗留，故收录者将此三诗题之为“留”。我将这三首诗直译如下：

以前我住在三十三天之上的上清境禹余天，那里与太上老君的住处相依为邻。

有点勉为其难地掌管仙府里造册登记的工作，上班来去都是乘烟霓霞彩而行。

暂时离开禹余天我下到与法有缘的宛利城，翘首思念中元金华宫以及玉清境。

这宛利城并非永久居住之地，我正乘坐芳香馥郁的车子在云中返程回归上清。

人间世就像那等待法音周遍的宛利城，我之所以下凡来此就是为了济助苍生。

救度世人的道行我已初步地圆满了，辅佐国家的功德也算是得到应有的完成。

我总是想念玉清境清微天的逍遥快乐，不曾对这人间世的声色繁荣感到欢欣。

皈依于我门下的弟子啊你们继续好好住世吧，我已得大自在向云天之上起程。

我原本就在天上只因退出仙班而来度人，所以下到俗世能够享得长久的尊荣。

就在今日我登上白云缥缈的天界，归返先前真神所居的仙班重新游历上清境。

如同太乙帝君下在人身为泥丸君向世人演示了道法，腾空飞举而去不求虚名。

其实我只为告知世间学道求仙之人，好让你们晓得我回玄都玉京向神王朝觐。

对叶法善深有研究的丁煌先生在《汉唐道教论集·叶法善在道教史上地位之探讨》中将《留诗》体裁视为五律[①]，这是错误的。五律必须符合格律，以平仄对粘，以字词对仗。三首《留诗》在平仄上完全出律。例如，第一首是首句仄起不入韵的，五律平仄格式是：仄仄平平仄，平平仄仄平。平平

① 丁煌：《汉唐道教论集》，北京：中华书局，2009。

平仄仄，仄仄仄平平。仄仄平平仄，平平仄仄平。平平平仄仄，仄仄仄平平。第一首平仄却是：仄仄仄平平，平平仄仄平。仄仄仄平仄，仄平仄平平。仄仄仄仄平，仄平平平平。仄仄平仄仄，平仄平平平。共有十多处出格。三首诗每句的第二、四字的平仄几乎全都是与上下句不相对粘，每首的三、四与五、六这四句也没形成字词对仗的两个对联。故而，属于五古。好在它押韵无误，否则就等于是佛经里最为常见的偈了。

其实，比五律易于写作的五古，更可以确系为叶法善所作的。因为，世上并无天生的诗人，尤其是并非自由体的诗。一个平时几乎从不写诗的人哪会一写诗就能合乎格律。例如，也是收录于《全唐诗》第八百六十卷的张果《题登真洞》：

修成金骨练归真，洞锁遗踪不计春。野草漫随青岭秀，闲花长对白云新。风摇翠筱敲寒玉，水激丹砂走素鳞。自是神仙多变异，肯教踪迹掩红尘。①

这首七律，平仄、韵脚毫无出格之处，对仗工稳，用字遣词甚为斟酌，显然乃是善于工诗之人的作品。但《全唐诗》中张果之诗只此一首，那就值得怀疑这真的是张果的作品吗？

虽然三首五古的《留诗》属于作者绝笔之遗言，但内容无异于游仙诗。诗中的禹余天（大罗四天之一，属于上清境）、太上家（太上老君的住处）、金华（玉清境三元宫的中元宫）、清微（大罗四天之一的清微天）、上清（上清境，灵宝天尊所治）、玉京（盘古大帝元始天尊所居，是为神王之宗的玄都），都是天神居住之处。诗的大意是说作者原本就在天界，悠游三清仙境，下凡度人辅国，功成行满，重返天上。

有些学者将诗中“退仙”误解为谪仙。例如，朱连法《叶法善传略·道书艺文·叶法善遗世诗》认为《留诗》是叶法善说自己本为仙人，犯了天条，贬谪至人间，仙志犹存。朱还引用了《道教文学史》作者詹石窗对隐含诗中的作者本意深入剖析：“叶法善想象自己本为上界仙官，皈依太上老君，掌管仙家图箓，来去腾云驾雾，上下乘烟履霞。不料犯天条而成谪仙人，但他不甘居庸为凡，愿续仙志，济度苍生。他回顾了行善积德、教化信众、辅佐国主，终于行满功成的一生，并希望从此离开尘俗，返游上清妙境。他在诗中向门徒传授学道的秘诀，也表明了自己的人生态度。”②吴真《唐宋时期道士叶法善崇拜发展研究》第一章第四节也是如此误解地说：“这三首遗世诗

---

① 《全唐诗》卷八百六十。

② 朱连法：《叶法善传略》，上海人民出版社，2012。

是叶法善唯一留世的诗歌，语言平实，多用道经的隐喻和典故。重复使用禹余天、清微、上清、宛利城、玉京这些道教词汇和意象，意在强调自己乃是仙界掌仙录的谪仙，为了救济苍生而下凡，最后完成在人间辅国和度人的修行，返回仙界。这种临终前自我塑造谪仙形象，预言自己回归仙界，是唐代道士的普遍现象。”①

这种误解，是把《唐鸿胪卿越国公灵虚见素真人传》：“年十五中毒殆死……远访茅君，相遇，岳骨上起，目瞳正方，微笑曰：尔来乎，汝名已登仙格，身逢魔试，故相救而免，当以辅人弼教为意”“十月上甲夜半……焚香愿念，忽闻空中鸣钟击磬，管弦箫瑟之音。起而视之，俄顷见骑从满室，内有三神人，各长八尺余，容貌异常，衣云锦之衣，戴通天冠。真人俯伏虔请。神人曰：汝但复坐勿恐，太上遣吾喻汝，汝合得道，盖昔是太极紫微左宫仙翕领校簿，书录诸仙，及天下得道之士名字，增年减算，一月三奏，缘汝失谨，曾于休暇之日，游乎八荒，因兹降下人世，更修功累德，行满之日，当复汝仙位……又一神人曰：卿今退真，下生人世，宜广建功德”②，跟《太平广记·叶法善传》：“石室内遇三神人，皆锦衣宝冠，谓师曰：我奉太上命，以密旨告子，子本太极紫微左仙卿，以校录不勤，谪于人世”③，附会起来，将“汝名已登仙格，身逢魔试，故相救而免”④“缘汝失谨，曾于休暇之日，游乎八荒，因兹降下人世”“卿今退真，下生人世”⑤解读为在天上遭到了贬谪因而下凡于人间。

对《留诗》及叶法善的解读，应当以文本中录有《留诗》的《唐鸿胪卿越国公灵虚见素真人传》为主，参考《太平广记·叶法善传》而不进行附会。因为，“谪于人世”是在未录《留诗》的《太平广记·叶法善传》里出现的，《留诗》与《唐鸿胪卿越国公灵虚见素真人传》里面皆无“贬谪”之语。所以，不可将“退仙”理解为谪仙。毕竟，退与谪不是通假字。

（三）宛利城异解辨

《留诗》第三首中的“退仙”被误解为谪仙，跟第一首中的“宛利城”大有关系。例如，李丹、王陈亮《唐叶法善家族三碑考·叶法善遗诗三首》，吴真

① 吴真：《唐宋时期道士叶法善崇拜发展研究》，香港中文大学哲学博士论文，2006，9。

② 《唐鸿胪卿越国公灵虚见素真人传》，《正统道藏》第30册，台北：新文丰出版社，1985。

③ 李昉等编纂：《太平广记》卷二十六，北京：中华书局，1961。

④ 《唐鸿胪卿越国公灵虚见素真人传》，《正统道藏》第30册，台北：新文丰出版社，1985。

⑤ 《唐鸿胪卿越国公灵虚见素真人传》，《正统道藏》第30册，台北：新文丰出版社，1985。

《唐宋时期道士叶法善崇拜发展研究·第一章·第四节》,朱连法《叶法善传略·道书艺文·叶法善遗世诗》,都说"宛利城是元始天尊教化天地时的南方仙境"①。于是,"暂下宛利城,渺然思金华"会很直观地被误解成"暂时从仙境宛利城下来,来到人间世,在人间世,我渺渺然地思念金华仙境"。其实,"暂下"是暂时地从"禹余天"下到"宛利城"。作《留诗》之时,是叶法善"云上登香车""翛然云上征""今日登云天,归真游上清"所指的"今日",即"暂下"已毕,已返"云上",从而展开对"暂下"在"宛利城"的回顾。这个笔法,跟"退仙时此地,去俗久为荣"一样,"暂下"和"去俗"都是重返天界之时对曾经去过的下界、俗世的返视。

宛利城,在《正统道藏·太平部·道门经法相承次序》的"玄都八方"里是"南宛利城,弃贤世"②,在《云笈七籤·道教本始部·灵宝略纪》则是一座有待法音充满的城市。兹录《云笈七籤》的《灵宝略纪》全文如下:

述曰:经法元起量世,所谓与虚空齐量,信不可计,劫劫出化,非所思议。过去有劫,名曰龙汉,爰生圣人,号曰梵气天尊,出世以灵宝教化,度人无量,其法光显大千之界。龙汉一运,经九万九千九百九十九劫,气运终极,天沦地崩,四海冥合,乾坤破坏,无复光明。经一亿劫,天地乃开,劫名赤明,有大圣出世,号曰元始天尊,以灵宝教化,其法兴显,具如上说。赤明经二劫,天地又坏,无复光明,具更五劫,天地乃开。太上大道君以开皇元年托胎于西方绿那玉国,寄孕于洪氏之胞,凝神琼胎之府三千七百年,降诞于其国郁察山浮罗之岳,丹玄之阿侧,名曰器度,字上开元。及其长,乃启悟道真,期心高道,坐于枯桑之下,精思百日,而元始天尊下降,授道君灵宝大乘之法十部妙经。元始时仍住其国长乐舍中,普为时俗人天开畅大法。是时得道之人,尘沙非譬。元始乃与道君游履十方,宣布法缘,既毕,然后以法委付道君,则赐道君太上之号。道君即为广宣经箓,传乎万世。尔时十方大法布满,唯宛利城境法音未周,而此土众生与法有缘。

在昔帝喾时,太上遣三天真皇赍灵宝五篇真文以授帝喾,奉受供养,弥其年稔,法箓传乎世。帝喾将仙,乃封之于钟山。钟山在西北弱水之外,山高万五千里。至夏禹登位,乃登名山巡狩,度

---

① 朱连法:《叶法善传略》,上海人民出版社,2012。

② 正统道藏:《太平部·三卷 道门经法相承次序卷下·16》,台北:新文丰出版社,1985。

弱水，登钟山，遂得帝喾所封灵宝真文。于是奉持出世，依法修行。禹唯自修而已，不传于世，故禹得大神仙力，能凿龙门，通四渎。功毕，川途治导，天下又安。乃托尸见死，其实非死也。故智者美其迹，真人知其灵。禹未仙之前，乃复封之，镇乎北岳及包山洞庭之室。距吴王阖闾时，王出游包山，见一人在中，问曰：汝是何人？答曰：我姓山，名隐居。阖闾曰：子在山必有异见者，试为吾取之。隐居诺，乃入洞庭，访游乎地天一千五百里，乃至焉，见一石城，不敢辄入，乃于外斋戒三日然后入。见其石城门开，于室内玉几上有素书一卷，文字非常。即便拜而奉出，呈阖闾。阖闾即召群臣共观之，但其文篆书不可识，乃令人赍之问孔子。使者忽然谲诳曰：吴王闲居殿堂，忽有赤乌衔书来落殿前，王不解其意，故令请问。孔子愀然不答，良久乃言曰：丘闻童谣云'吴王出游观震湖，龙威丈人山隐居，北上包山入灵墟，乃入洞庭窃禹书，天帝大文不可舒，此文长传百六初，若强取出丧国庐'，若是此书者，丘能知之，赤乌所衔，则丘未闻。使者乃自首谢曰：实如所言。于是孔子曰：此是灵宝五符真文，昔夏禹得之于钟山，然后封之于洞庭之室。使者反白阖闾乃尊事之，然其侈性慢易，不能遵奉道科，而真文乃飞上天，不知所在。后其子夫差嗣位，乃登劳山，复得之，奉崇供养。自尔相承，世世录传。

至三国时，吴主孙权赤乌之年，有琅琊葛玄，字孝先。孝先乃葛尚书之子，尚书名孝儒，年八十乃诞玄。玄多灵应，年十三，好慕道德，纯粹忠信，举孝廉，不就，弃荣辞禄，志尚山水，入天台山学道，精思遐彻，未周一年，感通太上，遣三圣真人下降，以灵宝经授之。其第一真人自称太上玄一第一真人郁罗翘，其第二真人自称太上玄一第二真人光妙音，其第三真人自称太上玄一第三真人真定光。三真未降之前，太上又命太极真人徐来勒，为孝先作三洞法师。孝先凡所受经二十三卷，并语禀、请问十卷，合三十三卷。孝先传郑思远，又传兄太子少傅海安君，字孝爰。孝爰付子护军悌，悌即抱朴子之父。抱朴从郑君盟，郑君授抱朴于罗浮山，去世以付兄子海安君，至从孙巢甫，以隆安之末，传道士任延庆、徐灵期等，世世录传，支流分散，孽孕非一。此大运之通，应根而作者，因缘冥会，乃神明之意。有心君子，可以取焉。[1]

---

① 张君房：《云笈七籤》，蒋力生等校注，北京：华夏出版社，1996。

上录文字，颇与佛经近似，不惜虚夸，借老子李聃、孔子粉饰《灵宝经》的可崇性。交代了宛利城境在“道君即为广宣经箓，传乎万世。尔时十方大法布满”的情况下“法音未周，而此土众生与法有缘”。说太上大道君广宣经箓之时疏漏了宛利城。“弃贤世”其意义实为“法音未周”，是因太上布法疏漏所致。

道教是以重生、贵生之思想为本，相对地尊重社会人生，修道以法、财、侣、地为四要素，讲究道法济世。不像佛教把人间世看待为“五浊恶世”“三界火宅”是苦不堪忍的“娑婆世界”，修行必抱出世之心，僧人生活所需依靠社会捐赠从而喊出“慈悲喜舍”的口号。济世与出世的不同，是道、佛二教教徒在为人处世之基本态度上的分异。叶法善将他所处的时世比作需要天界之神仙行道布法使之法音周遍的“宛利城”，他是抱着济世的态度，来到人世行道布法是为了继续太上大道君未竟之事。而只有将所处时世当作“宛利城”，叶法善的度人、辅国才会与重生、贵生思想相协致地落实于可以“归真”的功成行满。这也就是说，人间并非浊恶，只因尚未贤达，有欠完美而已，故需神仙下凡济度，使之达到贤良。

“宛利城”既然是座“众生与法有缘”的地方，即为众生所居，并非仙境，相比于天界、仙境，是要“下”的。因此，“暂下宛利城”乃是从昔所在的“禹余天”下到了“宛利城”。这种“暂下”，其意义类同于佛教的观世音菩萨原已成佛乃是正法明如来，为了度众生，甘愿退为菩萨，也相似于地藏王菩萨“地狱不空，誓不成佛”而入地狱，因而我们是不能说观世音菩萨、地藏王菩萨是遭到了贬谪的。

（四）造经运动与叶法善的不事著述

《留诗》第三首里的“泥丸空示世”，接近于佛教之语。因为，佛教的最高境界“涅槃”（寂灭），又作“泥洹”，可以写成“泥丸”。寂灭则归空，以“泥丸”为“涅槃”，则是一生肉身及所作所为属于“空示世”。并且，“泥丸空示世”的下句是“腾举不为名”，“腾举”是指羽化飞升，道士羽化跟僧人圆寂都是凡俗所说的死了，“腾举”与“泥丸”恰可对仗。

我们一般习惯于以道教术语来理解道士之作，以佛教术语理解僧人之作，喜欢将二教甄别开来。而实际情形，并非如此。先秦道家到了汉代逐渐式微，佛教东传以后，使道家宗教化，张道陵创立了五斗米道，接着，从魏晋至隋唐，道教开始大肆造经，涌现了《太平经》《灵宝经》等《三洞》系列。于唐玄宗时编成《开元道藏》三千七百多卷，而在东晋葛洪《抱朴子》记载的书目中，当时各种道书六百多卷，符图五百卷。可见自晋至唐造经之多。

在造经运动中，起初，是以老子《道德经》作为理论依据。例如，张道陵创立教团之际，撰《老子想尔注》。《太平经》《灵宝经》演成系列之时，新兴的徐来勒、葛玄、郑思远、葛洪、葛巢甫、任延庆、徐灵期一系的灵宝经书受到崇扬，便开始贬低《道德经》。《云笈七籤·道教本始部·道教所起》："寻道家经诰，起自三元，从本降迹，成于五德，以三就五，乃成八会。其八会之字，妙气所成，八角垂芒，凝空云篆。太真按笔，玉妃拂筵，黄金为书，白玉为简，秘于诸天之上，藏于七宝玄台，有道即见，无道即隐。盖是自然天书，非关仓颉所作。今传灵宝经者，则是天真皇人于峨嵋山授于轩辕黄帝，又天真皇人授帝喾于牧德之台，夏禹感降于钟山，阖闾窃窥于句曲。其后有葛孝先之类，郑思远之徒，师资相承，蝉联不绝。其老君道德经，乃是大乘部摄正当三辅之经，未入三洞之教，今人学多浮浅，唯诵道德，不识真经，即谓道教起自庄周，始乎柱下，眷言弱丧，深所哀哉。"[①]《云笈七籤·道教本始部·灵宝略纪》里的"太上大道君以开皇元年托胎于西方绿那玉国……及其长，乃启悟道真，期心高道，坐于枯桑之下，精思百日，而元始天尊下降，授道君灵宝大乘之法十部妙经"[②]，既是道教将元始天尊借太上大道君（老子李聃）上位，又贬低了老子，并且，摹仿佛经，释迦牟尼佛坐菩提树下冥想而悟道，太上大道君便坐枯桑下精思。"开皇元年"，并非隋代杨坚的年号开皇，而是道教借用了佛教时间术语"劫"所创的五劫：龙汉、赤明、上皇、开皇、延康。

道教的造经运动跟此时佛教的大量译经是一种互为影响的关系，不仅其事业，在经文中也是两教术语互相掺杂。而译经很是类似于造经，佛教在翻译过程中改造了经书（东晋释道安指出译经的五失三不易。五失，五种丧失原意之况：一、文法相异，原语与汉语文词颠倒；二、原典文体质朴，较少修饰，汉语好文饰；三、原典常有数度重复相同之语，汉译则多略去此类重复；四、原典经文夹杂注解，语词颇有错乱之嫌，汉译文体多略去夹杂之注解；五、原典于说毕一事再接叙次事之时常有重复前述文词之嫌，汉译则多省略重复部分。三不易：一、经典系依当时之风俗、语言，但物换星移，时俗既变，若期以适合现代，则翻译不易；二、不拘圣人与凡夫距离多大，而欲令远昔圣人微妙法音适合后世凡愚之风俗，则翻译不易；三、阿难出经，距佛世不久，再经无数圣者点校记载，从而乃有圣教流传，后世之人若以浅

① 张君房：《云笈七籤》，蒋力生等校注，北京：华夏出版社，1996。

② 张君房：《云笈七籤》，蒋力生等校注，北京：华夏出版社，1996。

见从事译经，纵然审慎万分，亦恐有所讹误，则知翻译不易。唐代玄奘有五不翻：一、秘密故不翻，如陀罗尼；二、含多义故不翻，如婆伽梵；三、此方无故不翻，如阎浮树；四、有古译故不翻，如阿耨多罗三藐三菩提；五、令生善故不翻，如般若译作智慧恐生轻薄），并创造了一些伪经、伪论。

在互为影响的积极造经之时，佛、道二教相互诋毁、排斥，更是激励了造经的积极性。处于这种背景，会让依恋"太上家"的传统道士因《道德经》被贬低生逆反心理而不事著述。《唐鸿胪卿越国公灵虚见素真人传》里记神人嘱叶法善"长存五千文，统理人道，明察天地"[①]，这是叶法善推崇《道德经》、依恋"太上家"之夙因。但在道教新兴经书尤其是灵宝系列涌现的同时确定了神仙系统，深心信仰神仙的叶法善对"禹余天""金华""清微""上清""玉京"的迷恋跟对"太上家"的依恋是一体化了的。因此，他因《道德经》被贬低而生的逆反心理，不宜对道教造经予以正面抗议，也就只好表达于他的不事著述。

三首《留诗》，三番重复天上、人间之不同，以"但念清微乐，谁忻下界荣"和"为报学仙者，知余朝玉京"前后呼应地烘托并强调"腾举不为名"的立场。"为名"，是个必须相对而言的概念，将立功、立德、立言进行比较，乃是立功立德更为现实。立言若不以正直为本，就会因时所趋、因地制宜、博己之专、悦己之趣、发挥智慧、别出心裁、哗众取宠。在难以立功、立德的情况下，人们会热衷于立言以求名。叶法善若事于著述，则著之于文而为了求名。卢藏用《析滞论》中说："自叔世迁讹，俗多徼幸，竞称怪力，争诵诡言，屈政教而就孤虚，弃信赏而从推步。附会前史，变易旧经，依托空文，以为征据。覆军败将者，则隐秘无闻；偶同幸中者，则共相文饰。岂唯德之增惑，亦乃学人自是。呜呼，习俗讹谬，一至此焉。"[②]与叶法善大致同时的卢藏用虽然取巧于"终南捷径"而显达，也曾有直言时俗进行指斥之语，可见当时立言造经已形成了"诡言""空文"之风气。

在开元八年(720)去世的叶法善面临着佛教大量译经、道教大量造经的现实，可是以造经而立言的别有用心之人正加剧着"附会前史，变易旧经，依托空文，以为征据"的敷演以及"竞称怪力，争诵诡言，屈政教而就孤虚，弃信赏而从推步"的虚妄。与其立言，不如务实。正直地立功立德是最本质的务实，度人、辅国的济世方是真功德。故而，叶法善致力于"度人初行满，辅国亦功成"的立功立德，以现实功行反对"为名"之为。

---

① 《唐鸿胪卿越国公灵虚见素真人传》，《正统道藏》第 30 册，台北：新文丰出版社，1985。

② ［后晋］沈昫：《旧唐书：列传第四十四》，北京：中华书局，1961。

确证为叶法善所著的文字作品的甚为稀少，完全可以说叶法善是不事著述的，并且已被学界普遍认同。历史上不乏有人身死事逝，著作沉湮，但那是隐修者，即生前未能名闻于世的。作为当时就已位显望隆的国师级高道，叶法善若多有著作，是不会在当时埋隐，也不大容易遭到历史沉湮的。流露叶法善胸臆的《留诗》，乃是叶法善不事著述之原因的说明。

司马承祯、吴筠的师父茅山派第十一代宗师潘师正，以及韦善俊、罗公远，这三位与叶法善大致同时的高道，也是道法精湛，不事著述。可见，即使在道教经书纷纷出现的《开元道藏》成书之际，专致于修道行德的高道却能以不事著述的一生，履行“道常无名”①之宗旨。

① 《道德经》第三十二章。

附　录

附一　叶法善简谱

一岁　隋炀帝大业十二年，丙子，公元六一六年。隋室大乱，天下盗贼蜂起。叶法善母刘氏因梦流星入口吞而有孕。法善是年虚岁一岁。

二岁　隋大业十三年，又为隋恭帝义宁元年，丁丑，公元六一七年。隋炀帝南巡在江都行在。李渊入京师，立代王侑为帝，遥尊隋炀帝为太上皇，改元义宁。叶法善诞于隋大业十三年，虚岁二岁。

三岁　隋恭帝义宁二年，唐高祖武德元年，戊寅，公元六一八年。春三月，炀帝于江南行宫为部属所弑。恭帝逊位，禅位于唐王李渊。夏五月甲子，李渊于长安太极殿即帝位。改元。叶法善是年三岁。随父母居松阳。

四岁　唐高祖武德二年，己卯，公元六一九年。诏自今正月、五月、九月不行死刑，禁屠杀。二月乙酉，初定租、庸、调法。令文武官终丧。丙戌，州置宗师一人。酅国公被杀，追崇为隋帝，谥曰恭。叶法善是年四岁。随父母居松阳。

五岁　唐高祖武德三年，庚辰，公元六二〇年。二月京师地震。秦王李世民兵围洛阳，四面攻之，久而不克。叶法善是年五岁。随父母居松阳。或于是年已随父学道习书。

六岁　唐高祖武德四年，辛巳，公元六二一年。是年窦建德降，秦王李世民平洛阳，观隋宫室，命撤端门楼，焚干阳殿，毁则天门及阙；废诸道场，城中僧尼，留有名德者各三十人，余皆返初。又开馆延揽文学之士，杜如晦、房玄龄、虞世南、褚亮、姚思廉、陆德明、孔颖达、许敬宗之流均预选。秦王与之讨论经义，或夜分而罢。初行开元通宝。叶法善是年六岁。随父母居松阳。有辨疑析异之智。

七岁　唐高祖武德五年，壬午，公元六二二年。太子建成与齐王元吉及诸嫔妃共短秦王李世民，兄弟由是不睦。高祖亦始无易太子意。五月，刘黑闼既降，复反。高祖怒，命太子建成取山东男子十五以上悉坑之，驱其小弱妇女以实关中。太宗切谏，遂已。叶法善是年七岁。于括州松阳卯山家随父学书习道。或云法善是岁始涉江而游，然法善是年七岁是为虚岁，其实年未满六岁，故涉江游学之事必不在此年。

八岁　唐高祖武德六年，癸未，公元六二三年。叶法善是年八岁。辞亲离家游学当在是年。法善游学处当为天台茅君所。唐女皇武则天是年生。术士袁天纲见之，乃以为后必为女主。

九岁　唐高祖武德七年，甲申，公元六二四年。高祖是年春二月释奠国子学，令诸儒参讲诸经典。又新颁律令。初定租庸调法。突厥屡犯关中，诸大臣议迁都，独秦王谏为不可，并请缨却寇虏。叶法善是年九岁。辞亲离家游学中。其间憩于华堂峻宇，咽灵药，吸云浆。

十岁　唐高祖武德八年，乙酉，公元六二五年。秦王李世民进位中书令。叶法善是年十岁。辞亲离家游学中。

十一岁　唐高祖武德九年，丙戌，公元六二六年。诏定雅乐。诏民间不得妄立妖祠。自非卜筮正术，其余杂占，悉从禁绝。又诏除佛法，事竟不行。六月庚申，秦王以皇太子建成与齐王元吉同谋害己，率兵诛之。诏立秦王为皇太子，继统万机，大赦天下。八月癸亥，诏传位于皇太子。尊帝为太上皇，徙居弘义宫，改名太安宫。甲子，太宗即皇帝位于东宫显德殿。叶法善是年十一岁。学成归家，侍奉亲老，随父耕读，始习诗书。

十二岁　唐太宗贞观元年，丁亥，公元六二七年。贞观之治肇基于是年。制令“自今中书、门下及三品以上入阁议事，皆命谏官随之，有失辄谏”。命吏部尚书长孙无忌等与学士、法官更议定律令。关中饥，至有鬻男女者。叶法善是年十二岁。游学归家后，侍奉亲老，随父耕读，习诗书礼乐。

十三岁　唐太宗贞观二年，叶法善是年十三岁。于家侍奉亲老，随父耕读，研穷《周易》，耽味《庄》《老》。河洛图纬，悉皆详览。矢志修道，栖运林泉。与父俱遁乎卯山，樵苏自给。

十四岁　唐太宗贞观三年，己丑，公元六二九年。夏四月辛巳，太上皇徙居大安宫。以房玄龄为尚书左仆射，杜如晦为尚书右仆射，李靖为兵部尚书，右丞魏征为守秘书监，参预朝政。叶法善是年十四岁。或于是年中丁父母忧。法善亲为择地为葬所。随后四处云游，遍及名山仙境，以求师问道。

十五岁　唐太宗贞观四年，庚寅，公元六三〇年。李靖率军破突厥，擒颉利可汗。叶法善是年十五岁。当在江浙一带游历名山并寻找名师。中毒几死，后遇救，入天台山拜茅君为师修习道术。

十六岁　唐太宗贞观五年，辛卯，公元六三一年。诏僧、尼、道士致拜父母。以金帛购中国人因隋乱没突厥者男女八万人，尽还其家属。法善是年十六岁。游历山川、寻师问道中，或暂居天台山茅君治所习道。

十七岁　唐太宗贞观六年，壬辰，公元六三二年。朝议请封禅，上亦欲从之，魏征独以为不可，罢之。法善是年十七岁。游历山川、寻师问道中，或暂居天台山茅君治所习道。

十八岁　唐太宗贞观七年，癸巳，公元六三三年。李淳风贞观初奉诏造浑天仪，历七年，至是年方功毕。太宗称善，置其仪于凝晖阁。时人称其机巧。叶法善是年十八岁。游历山川、寻师问道中，或暂居天台山茅君治所习道。

十九岁　唐太宗贞观八年，甲午，公元六三四年。是年十一月修大明宫。叶法善是年十九岁。或于是后十数年间遍访名山仙府，寻师问道，于青城赵元阳受遁甲步元之术，于嵩高韦善俊传八史云跷之道。宴息于括苍罗浮，往还于蓬莱方丈。灵图秘诀，仙符真度，宝录生券，冥感空传。

二十岁　唐太宗贞观九年，乙未，公元六三五年。太上皇李渊五月庚子崩于垂拱殿，诏太子承干于东宫平决庶政。叶法善是年二十岁。至是年法善身长九尺，日角月渊，隆集楼背，修上促下，额有二午。

二十一岁　唐太宗贞观十年，丙申，公元六三六年。长孙皇后疾笃，太子请奏赦罪人及度人入道以获冥福，后以道、释异端之教，蠹国病民，皆太宗素所不为，止之。六月己卯，崩于立政殿。冬十一月庚寅，葬文德皇后于昭陵。叶法善是年二十一岁。于是时或已遵天台茅君之命遍访名师。法善此时当已善阴阳符咒及厌劾之术。僧玄奘已于印度获取部分经书。

二十二岁　唐太宗贞观十一年，丁酉，公元六三七年。颁《道上女冠在僧尼之上》诏令，称“朕之本系起自柱下”，道上女冠自今以后斋供行立，至于称谓可在僧尼之前，定道、佛次序。秋七月癸未，大霪雨。谷水溢入洛阳宫，毁宫寺十九所；洛水溢，漂六百家，溺死者六千余人。取武曌为才人以充后宫，贞观之政至是衰矣。叶法善是年二十二岁，婚否未可考。

二十三岁 唐太宗贞观十二年，戊戌，公元六三八年。吏部尚书高士廉奉诏修氏族志，正月乙未，书成，奏上之，太宗以皇族与后族并为高门，门第不应在山东崔卢以下，乃更命刊定，专以今朝品秩为高下。于是以皇族为首，外戚次之。降崔氏为第三。叶法善是年二十三岁。其行踪飘忽，难于考系。

二十四岁 唐太宗贞观十三年，己亥，公元六三九年。加房玄龄为太子少师。叶法善是年二十四岁。其时行踪籍载阙如，难以考系。太史令傅奕精究术数，而终不之信，武德九年尝上疏禁佛，有诏禁佛而事不果行。奕临终，戒其子无得学佛书，时年八十五。

二十五岁 唐太宗贞观十四年，庚子，公元六四〇年。二月丁丑，上幸国子监，观释奠，命祭酒孔颖达讲《孝经》，学生能明一大经已上皆得补官。于是四方学者云集京师，乃至高丽、百济、新罗、高昌、吐蕃诸酋长亦遣子弟请入国学，升讲筵者至八千余人。吐蕃赞普遣使请婚。上许以文成公主妻之。叶法善是年二十五岁。其时行踪籍载阙如，难以考系。然观其史传所载法善事迹，其所擅长者乃江南天师道系之茅山宗道术。

二十六岁 唐太宗贞观十五年，辛丑，公元六四一年。文成公主入藏和亲，吐蕃王赞普见唐使臣礼部尚书江夏王道宗，尽子婿礼，慕中国衣服、仪卫之美，为公主别筑城郭宫室而处之，自服纨绮以见公主。西藏慕中国之教化或自此时始。叶法善是年二十六岁。其时行踪籍载阙如，难以考系。或是时仍遵师命游学中。

二十七岁 唐太宗贞观十六年，壬寅，公元六四二年。上爱魏王泰，供给逾于太子，谏议大夫褚遂良谏止之。上又欲观褚遂良所为"起居注"，褚不予。叶法善是年二十七岁。其时行踪籍载阙如，难以考系。或是时仍遵师命游学中。

二十八岁 唐太宗贞观十七年，癸卯，公元六四三年。魏征是年薨。命百官九品以上皆赴丧，给羽葆鼓吹，陪葬昭陵。上自制碑文，并为书石。上思征不已，谓侍臣曰："人以铜为镜，可以正衣冠，以古为镜，可以见兴替，以人为镜，可以知得失；魏征没，朕亡一镜矣！"戊申，诏图画司徒、赵国公无忌等勋臣二十四人于凌烟阁。叶法善是年二十八岁。其时行踪籍载阙如，难以考系。或是时仍遵师命游学并修习道术中,或因已娶妻生子,乃于家松阳亦道亦耕以为生业。

二十九岁　唐太宗贞观十八年,甲辰,公元六四四年。御驾亲征高丽。群臣谏不听。十一月壬寅,车驾至洛阳宫。发天下甲士,召募十万,并趋平壤,以伐高丽。十二月辛丑,庶人承干死。叶法善是年二十九岁。其时行踪籍载阙如,难以考系。或是时仍遵师命游学并修习道术中,或因已娶妻生子,乃于家松阳亦道亦耕以为生业。

三十岁　唐太宗贞观十九年,乙巳,公元六四五年。御驾亲征高丽,虽有获胜,然诸军亦困于彼而不得凯旋。叶法善是年三十岁。其时行踪籍载阙如,难以考系。或是时仍遵师命游学并修习道术中,或因已娶妻生子,乃于家松阳亦道亦耕以为生业。僧玄奘游西域十七年,至是年始从西域返长安。太宗业师张后胤是时当继孔颖达为国子祭酒。

三十一岁　唐太宗贞观二十年,丙午,公元六四六年。群臣累请封禅;从之。诏造羽卫送洛阳宫。叶法善是年三十一岁。其时行踪籍载阙如,难以考系。或是时仍遵师命游学并修习道术中,或因已娶妻生子,乃于家松阳亦道亦耕以为生业。

三十二岁　唐太宗贞观二十一年,丁未,公元六四七年。诏曰:"左丘明、卜子夏等二十一人,并用其书,垂于国胄。既行其道,理合褒崇。自今有事太学,可与颜子俱配享孔子庙堂。"其尊重儒道如此。叶法善是年三十二岁。其时行踪籍载阙如,难以考系。或是时仍遵师命游学并修习道术中,或因已娶妻生子,乃于家松阳亦道亦耕以为生业。

三十三岁　唐太宗贞观二十二年,戊申,公元六四八年。上作《帝范》十二篇以赐太子。充容长城徐惠以上东征高丽,西讨龟兹,翠微、玉华,营缮相继,又服玩颇华靡,上疏谏。太宗善其言,甚礼重之。十二月庚午,太子为文德皇后作大慈恩寺成。叶法善是年三十三岁。其时行踪籍载阙如,难以考系。王玄策奉旨使西域。或是时仍遵师命游学并修习道术中,或因已娶妻生子,乃于家松阳亦道亦耕以为生业。

三十四岁　唐太宗贞观二十三年,己酉,公元六四九年。五月己巳,太宗崩于含风殿,年五十二。遗诏皇太子治即位于柩前。叶法善是年三十四岁。其时行踪籍载阙如,难以考系。或是时仍遵师命游学并修习道术中，或因已娶妻生子，乃于家松阳亦道亦耕以为生业。前晋王文学兼侍读名儒许叔牙是年卒。

三十五岁　唐高宗永徽元年，庚戌，公元六五〇年。立妃王氏为皇后。上以其舅长孙无忌与褚遂良辅政，天下阜安，谓有贞观遗风。叶法善是年三十五岁。其时行踪籍载阙如，难以考系。或是时仍遵师命游学并修习道术中，或因已娶妻生子，乃于家松阳亦道亦耕以为生业。

三十六岁　唐高宗永徽二年，辛亥，公元六五一年。九月癸巳，废玉华宫为佛寺。戊戌，更命九成宫为万年宫。叶法善是年三十六岁。其时行踪籍载阙如，难以考系。或是时仍遵师命游学并修习道术中，或因已娶妻生子，乃于家松阳亦道亦耕以为生业。

三十七岁　唐高宗永徽三年，壬子，公元六五二年。散骑常侍、驸马房遗爱与太宗女高阳公主等俱以谋反事发。叶法善是年三十七岁。其时行踪籍载阙如，难以考系。或仍遵师命游学并修习道术中，或因已娶妻生子，乃于家松阳亦道亦耕以为生业。或已于是时在江、浙、淮、扬、川、蜀间游历，以阴阳符咒厌劾及医术救民危急，乃潜行阴德。

三十八岁　唐高宗永徽四年，癸丑，公元六五三年。散骑常侍、驸马房遗爱与太宗女高阳公主等俱以谋反事发。叶法善是年三十八岁。其时行踪籍载阙如，难以考系。或是时仍遵师命游学并修习道术中，或因已娶妻生子，乃于家松阳亦道亦耕以为生业。或已于是时在江、浙、淮、扬、川、蜀间游历，以阴阳符咒厌劾及医术救民危急，乃潜行阴德。

三十九岁　唐高宗永徽五年，甲寅，公元六五四年。武昭仪是年产女，会王皇后来视之，武昭仪潜扼杀之，置于被中，乃诬告云帝女被皇后弄死，由是高宗有废后之意。叶法善是年三十九岁。其时行踪籍载阙如，难以考系。或是时仍遵师命游学并修习道术中，或居松阳亦道亦耕以为生业。或于是时在江、浙、淮、扬、川、蜀间游历，以阴阳符咒厌劾及医术救民危急，乃潜行阴德。其时叶法善之医术与厌劾之术已是远近皆知。

四十岁　唐高宗永徽六年，乙卯，公元六五五年。武昭仪诬王皇后与其母魏国夫人柳氏为厌胜，敕禁后母柳氏不得入宫。是年冬，废王皇后，另立武昭仪为后。叶法善是年四十岁。其时行踪籍载阙如，难以考系。或于是时行走在江、浙、淮、扬、川、蜀间，以阴阳符咒厌劾及医术救民危急，乃潜行阴德。其时叶法善之医术与厌劾之术已是远近皆知。

四十一岁　唐高宗显庆元年，丙辰，公元六五六年。僧玄奘迎御制并书慈恩寺碑文，导以天竺法仪。九月，括州暴风海溢，溺安固、永嘉二县四千余家。十二月乙酉，诏置算学。叶法善是年四十一岁。是时叶法善之符咒厌劾之术已是名动江湖。

四十二岁　唐高宗显庆二年，丁巳，公元六五七年。武后既以酷刑施予故后妃王、萧，继而又杀之于酒瓮，虽得封后，然王、萧数为祟宫中，武后频见王、萧披发沥血，如死时状。武后恶之，祷以巫祝，又移居蓬莱宫，复见，终岁不得一日安宁。故是年闰正月，车驾行幸洛阳宫，并于洛阳招方术之士为之厌劾。叶法善是年四十二岁，以为武后厌胜故，为朝廷招致洛阳。

四十三岁　唐高宗显庆三年，戊午，公元六五八年。李义府既为中书令，权倾朝野。叶法善是年四十三岁。春二月，随车驾赴长安。奉旨沙汰内道场假借炼丹术士名号者九十余人。以为武后厌劾之功，将加爵位，法善固辞不受。求为道士，因留在内道场，供待甚厚。时高宗令广征诸方道术之士，合炼黄白。法善上言："金丹难就，徒费财物，有亏政理，请核其真伪。"帝然其言，因令法善试之，由是乃出九十余人，因一切罢之。

四十四岁　唐高宗显庆四年，己未，公元六五九年。高宗头苦风疾，武后或代为阅批奏章，至是令许敬宗等一班佞臣构陷前朝重臣与宗室姻亲，一批大臣因此被黜，或流或杀，自是政归中宫，武后之秉国专权由此开端。叶法善是年四十四岁。仍在内道场为道士，因武后之故，叶法善所受供奉独厚。是年高宗以疾笃，复征孙思邈。

四十五岁　前年既辞高宗武后之显爵重赏，已居内道场为景龙观道士，受朝廷供养甚厚。唐高宗显庆五年，庚申，公元六六〇年。冬十月，上苦风眩头重，目不能视，百司奏事，上或使皇后决之。后性明敏，涉猎文史，处事皆称旨。由是始委以政事，权侔人主。叶法善是年四十五岁。既留内道场为道士，又素蒙帝后赏遇，每有游幸，法善当为帝后随从。是年当随车驾如东都、并州等。

四十六岁　唐高宗龙朔元年，辛酉，公元六六一年。二月乙未，以益、绵等州皆言龙见，改元龙朔。九月甲辰，以河南县大女张年百三岁且九世同堂，亲幸其第。叶法善是年四十六岁。仍在内道场景龙观为道士。僧玄奘是年五十六岁，卒，归葬白鹿原，士女送葬者数万人。

四十七岁　唐高宗龙朔二年，壬戌，公元六六二年。立波斯都督卑路斯为波斯王。将军薛仁贵三箭定天山。六月乙丑，诏僧尼女冠皆致敬父母。叶法善是年四十七岁。仍在内道场景龙观为道士，出入禁门。文学之士孟利贞与崇贤馆学士郭瑜、顾胤、董思恭及太子少师许敬宗等受诏撰《瑶山玉彩》五百卷，是年表上之。

四十八岁　唐高宗龙朔三年，癸亥，公元六六三年。李义府既为相乃知选事，贿赂公行，卖官为事，帝闻之不悦。夏四月乙丑，下义府狱。朝野莫不称庆。叶法善是年四十八岁。仍为内道场景龙观道士，出入禁门。

四十九岁　唐高宗麟德元年，甲子，公元六六四年。初，武后屈身忍辱，阿顺帝意，故上排群议而立之，及得志，专作威福，动辄制上所欲举，上不胜其忿，因道士郭行真行厌胜之术为宦者所发，上意欲废后。叶法善是年四十九岁。仍为内道场景龙观道士，出入禁门。叶法善叔祖叶靖能或于是年罢归。

五十岁　唐高宗麟德二年，乙丑，公元六六五年。李淳风以傅仁均《戊寅历》推步浸疏，乃增损刘焯《皇极历》，更撰《麟德历》；五月辛卯诏颁行之。以来年正月封禅泰山，故十月丙寅乃发东都，朝仪人众，从驾文武仪仗，数百里不绝。叶法善是年五十岁，仍为内道场景龙观道士，或随驾东幸，从封禅泰山。

五十一岁　唐高宗干封元年，丙寅，公元六六六年。上与后封禅泰山，大赦天下，唯李义府等长流人不听还都，义府遂以忧卒。车驾至曲阜，赠孔子太师，以少牢致祭。至亳州，谒老君庙，上尊号曰太上玄元皇帝。叶法善是年五十一岁。自从封禅东岳归，仍为内道场景龙观道士，出入禁门。或于此时已获授徒资格，收授徒众，从者甚众。

五十二岁　唐高宗干封二年，丁卯，公元六六七年。九月庚申，上以久疾，命太子弘监国。叶法善是年五十二岁。仍在内道场景龙观为道士。或以离乡日久，尝离京返乡，沿途驱魔厌胜，救助疾患，并以所得金钱赈灾济贫，修缮宫观。抑或尝以公卿百官所赐资财之部分于松阳修缮老宅。经过之地，救人无数。其间或因其志慕腾举，尝赴中岳嵩山从先达者修习云行腾举之术。

五十三岁　唐高宗总章元年，戊辰，公元六六八年。李勣、薛仁贵等将兵破高丽，拔平壤。帝以久病，欲饵婆罗门卢迦逸进所合不死药，郝处俊谏上乃止。叶法善是年五十三岁。既已辞归，乃四处游历，茅山、姑苏、洞庭、天目、括苍等处之名山仙境，叶法善无不登临。其于茅山居处为时最长，今所留遗迹亦多。然叶法善虽四处游历，但仍定期诣京师赴内道场供奉，以备帝后之顾问。

五十四岁　唐高宗总章二年，己巳，公元六六九年。是年秋，海水漂永嘉安固六千余家。叶法善是年五十四岁。仍为内道场景龙观道士，或游江湖，或居庙堂。

五十五岁　唐高宗咸亨元年，庚午，公元六七〇年。右相刘仁轨与太子少师许敬宗先后致仕。天下四十余州旱及霜虫，百姓饥乏。叶法善是年五十五岁。仍为内道场景龙观道士，或游江湖，或居庙堂。会天下百姓多饥乏，而法善所得王公布施塞道盈衢，随其所得，舍入观宇，修饰尊像，及救困穷。每日炊米十余硕，以供贫病，来者悉无选择。

五十六岁　唐高宗咸亨二年，辛未，公元六七一年。武后以姊子贺兰敏之为其父嗣，及敏之有过，敕流雷州，至韶州以马缰勒毙之。叶法善是年五十六岁。仍为内道场景龙观道士，或游江湖，或居庙堂，然朝觐无亏缺。

五十七岁　唐高宗咸亨三年，壬申，公元六七二年。秋八月，许敬宗卒，朝议谥曰“缪”。其孙太子舍人许彦伯讼太常博士袁思古与许氏有怨，请改谥。王勃父太常博士王福畤议其谥实，无可更易。礼部尚书阳思敬议曰敬宗有过能改宜曰恭。诏从之。叶法善是年五十七岁。仍为内道场景龙观道士，或游江湖，或居庙堂，然朝觐无亏缺。

五十八岁　唐高宗咸亨四年，癸酉，公元六七三年。三月以许敬宗所主修之国史多不实，诏刘仁轨等改修国史。八月诏以疟疾令太子于福殿受诸司启事。冬十月为皇太子纳妃。叶法善是年五十八岁。仍为内道场景龙观道士，或游江湖，或居庙堂，然朝觐无亏缺。

五十九岁　唐高宗上元元年，甲戌，公元六七四年。秋八月壬申诏：皇帝称天皇，皇后称天后。天后上表令王公以下皆习《老子》，准《孝经》《论语》策试及京官八品以上量加俸禄等便宜十二条，诏书褒美，皆行之。叶法善是年五十九岁。仍为内道场景龙观道士，或游江湖，或居庙堂，然朝觐无亏缺。孙思邈是年上表称疾还山。高宗赐良马,假鄱阳公主旧居以居之。卢照邻是年卧疾长安,与孙思邈游处,为《病梨树赋》。

六十岁　唐高宗上元二年,乙亥,公元六七五年。上头重不能视政,议使天后摄国。天后以太子弘奏事忤旨,由是失爱于后。是年四月己亥,太子薨于合璧宫,时人以为天后鸩之也。遂以雍王贤为太子。叶法善是年六十岁。仍为内道场景龙观道士,或游江湖,或居庙堂,然朝觐无亏缺。王勃是年二十八岁。在虢州参军任上。犯罪系狱当诛,以雍王贤立为皇太子,大赦出之,免死除名。勃出狱后往交趾省父,渡海溺水亡。

六十一岁　唐高宗仪凤元年,丙子,公元六七六年。徙封翼王轮为相王。天后讽上封中岳,诏今冬有事于嵩山,又以吐蕃犯境,诏罢封。大理丞狄仁杰以直谏擢为侍御使。叶法善是年六十一岁。仍为内道场景龙观道士,或游江湖,或居庙堂,然朝觐无亏缺。

六十二岁　唐高宗仪凤二年,丁丑,公元六七七年。正月京师地震。徙封周王显为英王,改名哲。诏三品以上在京文武官员每年各举文武才能堪任将牧者一人。叶法善是年六十二岁。仍为内道场景龙观道士,或游江湖,或居庙堂,然朝觐无亏缺。

六十三岁　唐高宗仪凤三年,戊寅,公元六七八年。太学生魏元忠上封事言御吐蕃之策,上善其言,令值中书省。叶法善是年六十三岁。仍为内道场景龙观道士,或游江湖,或居庙堂,然朝觐无亏缺。然叶法善与朝士偃师人明崇俨善符咒幻术为高宗天后所重,尝于宫中奉旨与叶法善斗法,未知其年,因姑系之。

六十四岁　唐高宗调露元年,己卯,公元六七九年。明崇俨以符咒幻术为上及天后所重,五月壬午,明崇俨为盗所杀。诏以太子贤监国,以处事明审,时人称之。十一月甲寅,上临轩试应岳牧举人。叶法善是年六十四岁。仍为内道场景龙观道士,或游江湖,或居庙堂,然朝觐无亏缺。叶法善或奉诏从幸嵩岳。卢照邻作《五悲文》自哀。病既久而不愈,于是年自沉颍水。

六十五岁　唐高宗永隆元年,庚辰,公元六八〇年。霍王元轨率文武百僚,请出一月俸料助军,以讨突厥。二月戊午车驾幸嵩岳。太子贤好声色,与户奴赵道生等狎昵,因故得罪,天后令鞫之,得太子谋反证据,幽于别所。从坐甚众,党与皆被诛。以英王哲为太子。叶法善是年六十五岁。仍为内道场景龙观道士,或游江湖,或居庙堂,然朝觐无亏缺。叶法善是年春二月当从封嵩岳。

是年文成公主薨于吐蕃。

六十六岁　唐高宗开耀元年，辛巳，公元六八一年。太平公主是年秋七月适薛绍。隐士田游岩征为太子洗马，在东宫无所规益。右卫副率蒋俨以书责之，竟无以为答。十一月癸卯，徙故太子贤于巴州。叶法善是年六十六岁。仍为内道场景龙观道士，或游江湖，或居庙堂，然朝觐无亏缺。

六十七岁　唐高宗永淳元年，壬午，公元六八二年。立皇孙重照为皇太孙。叶法善是年六十七岁。仍为内道场景龙观道士，或游江湖，或居庙堂，然朝觐无亏缺。孙思邈卒。

六十八岁　唐高宗弘道元年，癸未，公元六八三年。十二月丁巳，上崩于贞观殿，时年五十六。遗诏太子柩前即位。军国大事有不决者，兼取天后进止。甲子，中宗即位，尊天后为皇太后，政事咸取决于天后。叶法善是年六十八岁。仍为内道场景龙观道士，或游江湖，或居庙堂，然朝觐无亏缺。叶法善是年奉旨封南岳，辟地四十里充宫观长生之地。

六十九岁　唐中宗嗣圣/睿宗文明/光宅元年，甲申，公元六八四年。二月戊午，太后令废中宗为庐陵王。己未，立豫王旦为皇帝，使居别殿，不预政事。遣使之巴州逼令庶人贤自杀。迁庐陵王至房州，寻又迁于均州故濮王宅。李敬业、魏思温、唐之奇、骆宾王等以奉故太子贤为号反于扬州，以匡复庐陵王为辞。叶法善是年六十九岁。仍为内道场景龙观道士，或于是年始多游江湖。骆宾王是年以谋反被杀。

七十岁　唐则天皇后垂拱元年，乙酉，公元六八五年。制内外九品以上及百姓，咸令自举。陈子昂上疏言任人、祸福之事。又内宠僧人冯小宝，更姓名为薛怀义，又令与太平公主驸马薛氏合谱以为贵族。薛怀义恃宠骄奢，凌辱朝士、欺凌百姓，而武后每回护之。叶法善是年七十岁。仍为内道场景龙观道士，或于是年始多游江湖。

七十一岁　唐则天太后垂拱二年，丙戌，公元六八六年。太后自徐敬业反，疑天下人多图己，又欲久专国事，且又内行不正，知宗室大臣怨望，欲大诛杀以威之，乃大开告密之门。陈子昂疏谏，不听。狄仁杰以官声征为冬官尚书。叶法善是年七十一岁。仍为内道场景龙观道士，武后晚年既佞佛，内宠僧怀义等，法善其时当以游历名山大川、授徒传道为务。

七十二岁 唐则天太后垂拱三年，丁亥，公元六八七年。丞相苏良嗣以殴太后面首故，奉旨留守西京。是岁天下大饥，以山东关内尤甚。叶法善是年七十二岁。仍为内道场景龙观道士，武后晚年既佞佛，内宠僧怀义等，法善其时当以游历名山大川、授徒传道为务。

七十三岁 唐则天太后垂拱四年，戊子，公元六八八年。是岁，太后图为帝，乃计杀诸宗室。武后使内宠僧薛怀义督修明堂，成，高二百九十四尺，方三百尺，凡三层。武承嗣又使凿石为文以献，曰出洛水，武后大喜。叶法善是年七十三岁。仍为内道场景龙观道士，武后晚年既佞佛，内宠僧怀义等，法善其时当以游历名山大川、授徒传道为务。

七十四岁 唐则天太后永昌元年，己丑，公元六八九年。太后问陈子昂为政之要，陈子昂疏谏：宜缓刑崇德，息兵革，省赋役，抚慰宗室，各使自安。然是年诛杀甚多，宗室诛杀殆尽。叶法善是年七十四岁。仍为内道场景龙观道士，武后晚年既佞佛，内宠僧怀义等，法善其时当以游历名山大川、授徒传道为务。

七十五岁 周神圣皇帝天授元年，庚寅，公元六九〇年。改历，行周历，以冬十一月为正月，十二月为腊月，旧正月为一月。神皇武则天自以曌为名，改诏书为制书。二月辛酉，太后策贡士于洛城殿。贡士殿试自此始。九月九日壬午，革唐命，改国号为周。改元天授。加尊号曰神圣皇帝，降皇帝为皇嗣。叶法善是年七十五岁。仍为内道场景龙观道士。武后晚年既佞佛，内宠僧怀义等，法善其时当以游历名山大川、授徒传道为务。太平公主夫婿以谋反系狱。

七十六岁 周神圣皇帝天授二年，辛卯，公元六九一年。纳武氏神主于太庙。制以释教开革命之阶，升于道教之上。洛阳人王庆之请立武承嗣为皇太子，岑长倩以皇嗣在东宫，不宜有此议，太后犹豫之，而终不之易。叶法善是年七十六岁。仍为内道场景龙观道士。武后晚年既佞佛，内宠僧怀义等，叶法善其时当以游历名山大川、授徒传道为务。

七十七岁 周神圣皇帝长寿元年，壬辰，公元六九二年。狄仁杰等朝官被诬反，因系狱，仁杰假意承反，暗传书于其子，使达则天太后。叶法善是年七十七岁。仍为内道场景龙观道士。武后晚年既佞佛，内宠僧怀义等，法善其时当以游历名山大川、授徒传道为务。杨炯是年仍在盈川令任上。秋七月望日，炯献《盂兰盆赋》，词甚雅丽。

七十八岁　周神圣皇帝长寿二年，癸巳，公元六九三年。罢举人习《老子》，更习太后所造《臣轨》。加尊号曰金轮圣神皇帝。以佞佛故，又作金轮等七宝，每朝会，陈之殿庭。叶法善是年七十八岁。仍为内道场景龙观道士。武后晚年既佞佛，内宠僧怀义等，法善其时当以游历名山大川、授徒传道为务。

七十九岁　周神圣皇帝延载元年，甲午，公元六九四年。七月，征嵩山妖人韦什方为正谏大夫，同平章事，八月以其不如所夸能预知而遣返之。武三思帅四夷酋长请铸铜铁为天枢，立于端门之外，铭纪功德，黜唐颂周。叶法善是年七十九岁。仍为内道场景龙观道士。武后晚年既佞佛，内宠僧怀义等，法善其时当以游历名山大川、授徒传道为务。

八十岁　周神圣皇帝天册万岁元年，乙未，公元六九五年。僧薛怀义纵火烧明堂，上不问，令怀义重修之。怀义既不息入宫，多居白马寺，上复宠御医沈，怀义由是怨望。叶法善是年八十岁。仍为内道场景龙观道士。武后晚年既佞佛，内宠僧怀义等，叶法善其时当以游历名山大川、授徒传道为务。

八十一岁　周神圣皇帝万岁通天元年，丙申，公元六九六年。腊月封中岳嵩山，改元万岁登封。安平王武攸绪弃官求隐嵩山之阳，许之。契丹犯境，使武攸宜讨契丹。攸宜高置幕府，表子昂参谋。叶法善是年八十一岁。仍为内道场景龙观道士。武后晚年既佞佛，内宠僧怀义等，叶法善其时当以游历名山大川、授徒传道为务。

八十二岁　周神圣皇帝神功元年，丁酉，公元六九七年。是年武后年逾七十，诛内宠僧薛怀义后，更选张易之、张昌宗兄弟为内宠。叶法善是年八十二岁。仍为内道场景龙观道士。武后晚年既佞佛，内宠僧怀义等，叶法善其时当以游历名山大川、授徒传道为务。

八十三岁　周神圣皇帝圣历元年，戊戌，公元六九八年。武承嗣求为太子，不得，意甚怏怏，秋八月病薨。复以庐陵王哲为太子，复名为显。叶法善是年八十三岁。仍为内道场景龙观道士。武后晚年既佞佛，内宠僧怀义等，叶法善其时当以游历名山大川、授徒传道为务。陈子昂是年以父疾去官，回乡侍奉亲老。为县令段简所陷，后卒于狱中。

八十四岁　周神圣皇帝圣历二年，己亥，公元六九九年。上为内宠张易之、张昌宗置控鹤府，备员多为轻薄子。然又引天下文学之士入撰李峤、张说、宋之问、富嘉谟、徐彦伯等二十有六人撰《三教珠英》以掩秽闻。叶法善是年八十四岁。仍为内道场景龙观道士。武后晚年既佞佛，内宠二张等，叶法善其时当以游历名山大川、授徒传道为务。

八十五岁　周神圣皇帝久视元年，庚子，公元七〇〇年。太后使洪州僧胡超合长生药，三年而成，所费巨万。太后服之，疾小瘳。叶法善是年八十五岁。仍为内道场景龙观道士。武后晚年既佞佛，内宠二张等，叶法善其时当以游历名山大川、授徒传道为务。禅宗六祖僧神秀是年被征诣洛阳。神秀荐其弟子僧普寂，乃度为僧。

八十六岁　周神圣皇帝长安元年，辛丑，公元七〇一年。以成州言佛迹见，改元大足。叶法善是年八十六岁。仍为内道场景龙观道士。武后晚年既佞佛，内宠二张等，叶法善其时当以游历名山大川、授徒传道为务。

八十七岁　周神圣皇帝长安二年，壬寅，公元七〇二年。初设武举。叶法善是年八十七岁。仍为内道场景龙观道士。武后晚年既佞佛，又内宠僧怀义等，叶法善其时当以游历名山大川、授徒传道为务。

八十八岁　周神圣皇帝长安三年，癸卯，公元七〇三年。丞相魏元忠每抑张昌宗兄弟在朝为官者，由是诸张深怨之，乃诬其反，太后令与张昌宗廷辩之。昌宗密引凤阁舍人张说，说许之，赂以美官，使证元忠。及召见，张说以昌宗逼其诬证，元忠由此得免死。乃流元忠等。叶法善是年八十八岁。仍为内道场景龙观道士。武后晚年既佞佛，又内宠二张等，叶法善其时当以游历名山大川、授徒传道为务。

八十九岁　周神圣皇帝长安四年，甲辰，公元七〇四年。太后欲自求多福，乃复税天下僧尼以作大像于白司马阪。以秋官侍郎张柬之同平章事，时年且八十矣。叶法善是年八十九岁。仍为内道场景龙观道士。武后晚年既佞佛，又内宠二张等，叶法善其时当以游历名山大川、授徒传道为务。

九十岁　唐中宗神龙元年，乙巳，公元七〇五年。张柬之首倡帅羽林军诛张易之兄弟，迎皇太子监国，总司庶政。正月乙巳，则天传位于皇太子。丙午，即皇帝位于通天宫。二月甲寅，复国号为唐。十二月壬寅，武则天崩。叶法善是年九十岁。仍为内道场景龙观道士。武后晚年既佞佛，叶法善其时当以游历名山大川、授徒传道为务。

九十一岁　唐中宗神龙二年，丙午，公元七〇六年。术士秘书监郑普思聚党欲为乱，事觉被系，其妻第五氏以鬼道得幸于皇后，上敕环勿治。庭议以为普思罪不容赦，中宗不得已流普思于儋州，余党皆伏诛。叶法善是年九十一岁。仍为内道场景龙观道士，雅不喜浮屠法，常力诋毁之。故以不党于武三思并着力保护相王父子等，叶法善于是年被武三思党流广州。

九十二岁　唐中宗神龙三年，后改元景龙元年，丁未，公元七〇七年。皇后以太子重俊非其所生，恶之；安乐公主与驸马左卫将军武崇训常陵侮太子，或呼为奴。崇训又教公主言于上，请废太子，立己为皇太女。秋七月辛丑，太子与左羽林大将军李多祚等起兵诛武三思等。叶法善是年九十二岁。以不党于武三思并着力保护相王父子等故，于是年被武三思党疏黜之南海广州地界。后叶法善泛舟北上，止于龙兴新观。

九十三岁　唐中宗景龙二年，戊申，公元七〇八年。时帝好文学，宗亲贵戚善为文者多得高官显爵，儒学渐寝。又帝与诸王公大臣及妃后公主多营佛寺，耗费巨亿，府库为空。叶法善是年九十三岁。叶法善在广州流放中，因武三思等被太子重俊率兵诛杀，故对叶法善的加害稍有松懈，法善或于是年中泛舟北上，止于龙兴新观，以远近士庶所礼敬之钱物来修缮其宫观。岁余，入洪州西山，养神修道。其年三月初六夜叶法善弟子梦见神人来启示神示，九日果有神示来。后又入洪州西山，养神修道。

九十四岁　唐中宗景龙三年，己酉，公元七〇九年。上数与近臣学士宴集，令各效伎艺以为乐。叶法善是年九十四岁。在洪州西山，采药养神，授徒修道。

九十五岁　唐中宗景龙四年，唐睿宗玄真大圣大兴孝皇帝景云元年，庚戌，公元七一〇年。六月壬午，中宗遇毒，驾崩于神龙殿。丁亥，殇帝即位，时年十六。尊皇后为皇太后；立妃陆氏为皇后。庚子，相王子临淄王隆基起兵诛韦氏及其党羽，于是枭马秦客、杨均、叶静能等首，尸韦后于市。癸卯，太平公主传少帝命，请让位于相王。睿宗即位，御承天门，赦天下。叶法善是年九十五岁，是年三月九日，括苍三神人又降，传太上之命："汝当辅我睿宗及开元圣帝，未可隐迹山岩，以旷委任。"言讫而去。时二帝未立，而庙号年号，皆以先知。其年八月，果有诏征入京。太子李隆基以迫于太平公主故，于八月征叶法善诣京师。

九十六岁　唐睿宗景云二年，辛亥，公元七一一年。太平公主以太子隆基不附己，与益州长史窦怀贞结为朋党，欲另立之。叶法善是年九十六岁。即在京师景龙观为道士，法善密助太子隆基，使其得以早登大宝，终不为太平公主所移易。

九十七岁　唐玄宗至道大圣大明孝皇帝先天元年，壬子，公元七一二年。壬辰，制传位于太子，八月庚子，玄宗即位，尊睿宗为太上皇。改元。叶法善是年九十七岁。即在京师景龙观，常随侍玄宗左右以备顾问。法善多有建议，玄宗择善易行者行之。叶法善又与玄宗亲近大臣如张说、姚元之等过从甚密。

九十八岁　唐玄宗开元元年，癸丑，公元七一三年。太平公主以谋逆被诛，公主诸子及党羽被杀者数十人，余党皆被流放。及诛太平公主及其党羽，玄宗乃以姚崇为相，出张说为相州刺史，刘幽求亦左迁太子少保。叶法善是年九十八岁。八月以功高加授金紫光禄大夫，鸿胪卿，越国公兼景龙观主。三让不受，帝不许让。奏请置宣阳观一所，凡道场供养，珍奇宝物，并是锡赐尽归山门。

九十九岁　唐玄宗开元二年，甲寅，公元七一四年。朝廷自中宗以来贵戚争营佛寺，奏度人为僧，兼以伪妄；富户强丁多削发以避徭役，所在充满。秋七月戊申，禁百官家毋得与僧、尼、道士往还。叶法善是年九十九岁。既为金紫光禄大夫、元外置鸿胪卿、越国公、景龙观观主，奏请于括苍故居为道观，且将封诰回赠父祖，当有携弟子赴松阳存问父老乡亲、修缮营造之举。

一百岁　唐玄宗开元三年，乙卯，公元七一五年。山东大蝗，丞相姚崇使令吏民捕而瘗之。叶法善是年虚岁一百岁。仍在鸿胪卿、景龙观主任上。自以年迈，故思归乡终老。

一百零一岁　唐玄宗开元四年，丙辰，公元七一六年。叶法善是年一百零一岁，自以年迈，故于二月二十一日上表乞归乡终老，玄宗以正拟随师三清妙道为由，不许。然叶法善表三上，诏允回乡修缮父祖坟茔。又请以朝廷封诰回赠乃父，诏不许，另赠诰其父。赠其父银青光禄大夫，使持节歙州刺史。又请卯山西南祖宅为观，许之。赐额曰：淳和。叶法善于是年中启程回括州松阳故居，并有遣人将其预订的父祖坟茔所需碑石走水路运抵松阳。乃请当时文章书法大家《昭明文选注》作者李善之子时任括州刺史的李邕为其父祖作神道碑铭并书。

一百零二岁　唐玄宗开元五年，丁巳，公元七一七年。春正月癸卯，太庙坏四室，宋璟、苏珽以为皇帝不宜东幸洛阳，玄宗问姚崇，姚崇劝行。叶法善是年一百零二岁。是年清明期间，在括州地方官府襄助下为其父祖修缮坟茔并立碑。之后启程回京师。

一百零三岁　唐玄宗开元六年，戊午，公元七一八年。正月辛酉，敕禁恶钱，行开元通宝。丞相宋璟奏请徙括州司马李邕仪州司马郑勉为渝、硖二州刺史。诏从之。叶法善是年一百零三岁。既在期颐之年，法善当不复行走江湖，在京师景龙观为观主，潜心修道授徒并备顾问。

一百零四岁　唐玄宗开元七年，己未，公元七一九年。以太府粟易民间恶钱，送少府销毁或复铸之。叶法善是年一百零四岁。既在期颐之年，当不复行走江湖，在京师景龙观为观主，潜心修道授徒并备顾问。

一百零五岁　唐玄宗开元八年，庚申，公元七二〇年。叶法善是年虚岁一百零五岁。六月初三日卒于京师景龙观。遗命归葬松阳故郡。诏赠越州都督，使中使及括州地方官府助葬。诏度法善弟子司马仲容为道士。

附：有关叶法善事迹中颇涉虚诞或无从考系者

（一）《太平广记・叶法善传》

初，师居四明之下在天台之东数年。忽于五月一日，有老叟诣门，号泣求救。门人谓其有疾也。师引而问之，曰："某东海龙也。天帝所敕，主八海之宝，一千年一更其任，无过者超证仙品。某已九百七十年矣，微绩垂成，有婆罗门逞其幻法，住于海峰，昼夜禁咒，积三十年矣。其法将成，海水如云，卷在天半，五月五日，海将竭矣。统天镇海之宝，上帝制灵之物，必为幻僧所取。五日午时，乞赐丹符垂救。至期，师敕丹符，飞往救之，海水复旧。其僧愧恨，赴海而死。明日，龙辇宝货珍奇以来报。师拒曰："林野之中，栖神之所，不以珠玑宝货为用。"一无所受，因谓龙曰："此崖石之上，去水且远,但致一清泉,即为惠也。”是夕,闻风雨之声,及明,绕山麓四面,成一道石渠,泉水流注,经冬不竭。至今谓之天师渠。

(二)《太平广记·叶法善传》

又一说云,显庆中,法善奉命修黄箓斋于天台山,道由广陵,明晨将济瓜州。是日,江干渡人,舣舟而候,时方春暮,浦溆晴暖,忽有黄白二叟相谓曰:“乘间可以围棋为适乎。”即向空召冥儿。俄有丱童擘波而出,衣无沾湿。一叟曰:“挈棋局与席偕来。”须臾,丱童如命,设席沙上。对坐约曰:“赌胜者食明日北来道士。”因大笑而下子。良久,白衣叟曰:“卿北矣!幸无以味美见侵也?”旷望逡巡,徐步凌波,远远而没。舟人知其将害法善也,惶惑不宁。及旦,则有内官驰马前至,督各舟楫。舟人则以昨日之所见具列焉。内官惊骇不悦。法善寻续而来,内官复以舟人之辞以启法善。法善微哂曰:“有是乎?幸无挂意。”时法善符术神验,贤愚共知,然内官洎舟人从行之辈,忧轸靡遑。法善知之而促解缆,发岸咫尺,而暴风狂浪,天日昏晦。舟中之人,相顾失色。法善徐谓侍者曰:“取我黑符,投之鹢首。”既投而波流静谧,有顷既济。法善顾舟人曰:“尔可广召宗侣,沿流十里间,或芦洲葭渚,有巨鳞在焉,尔可取之,当大获其资矣。”舟人承教,不数里,果有白鱼长百尺许,周三十余围,僵暴沙上。就而视,脑有穴嵌然流膏。舟人因脔割载归,左近村闾,食鱼累月。

附二 隋唐叶氏三碑铭文

(一)叶尊师碑

开元二十七年二月唐玄宗御撰

朕闻轩辕三皇之盛者尊广成,唐尧五帝之盛者师尹寿。夫以圣人之道,教圣人之才,守之七日,又守之九日,朝彻而后能见。独是道也,入水不濡,蹈火不爇,啸叱风雨,鞭笞魔魅,无方而后能进物,独是神也。神则惟变,道亦旁通,苟得其人,抑所谓神道设教者也。

师讳法善,字道元。自诸梁食采,是谓叶公,邑亦如之,因而命氏,则昔为南阳人也。曾祖道兴,祖国重,父慧明,赠歙州刺史。

贲丘园者,一贯吾道,食旧德者,百代可知。故名溢宇宙之中,身在江海之上，则今为古括人也。至隋大业，岁在丙子，法师是生，凡六百四十二甲子。洎我开元，岁在庚申，形解升云，则春秋百有七矣。其生也，年长而色若孺子；其化也，委蜕而神则默仙。尝从朕游，仰之弥高，钻之弥坚，藏察无象，钩致不测。若言匡国辅主，鼓舞发挥焉，朕可推而尊之，不可得而臣也。其始终出处之迹，可得而言者。

初，师甫七岁，涉江而游。迨三年，人以为溺。及还，问其故。则曰：三青童引之，憩于华堂峻宇，咽灵药，吸云浆，太上镇之，是以留也。十五中毒死，又见昔青童曰：天台茅君飞印印其腹，始殊闷绝，良久豁如。师以灵应感通，殊尤若此。遂乃杖策游诸名山，远访茅君而遇。岳骨上起，目瞳正方，冰雪绰约，嗎然微笑曰：尔来乎！尔名已登仙格，身逢魔试，故相救而免。当以辅人弼教为意，无汲汲于去来也。由是便于青城赵元阳受遁甲步元之术，于嵩高韦善俊传八史云跷之道。宴息于括苍罗浮，往还于蓬莱方丈。灵图秘诀，仙符真度，宝录生券，冥感空传。临目而万八千神，咽胎而千二百息。或潜泳水府，或飞步火房，或剖腹濯肠，勿药自复；或刳肠割膜，投符有嘉；或聚合毒味，服之自若；或征召鬼物，使之立至；呵叱群鬼，奔走众神，若陪隶也。故海内称焉，千转万变；先朝宠焉，一昼三接。

朕在藩邸，累闻道要，及临宇县，虚竚昌言。奸臣寓谋，凶丑僭逆，未尝不先事启沃，亟申幽赞，故特加紫绶，以大公侯之封。而确固黄中，不乘轩冕之赏，可谓德博而施，道尊而光者也。适来无迹，为夫子之时；迩去无吝，为夫子之顺。岁在鹑尾，月鹑火是也。返真悬解，翊日追赠越州都督，逾月归藏于括苍之山。免朝章，从夙志也。先生幼有奇质，长标特操，神照体外，骨秀形表。故万先生目之曰：子书成仙格，方自仙宫，吾将及乐为同僚也。信哉！《易》曰："君子或出或处。"出者无山林之逸，处者无轩冕之贵，虽道同则应，而迹异难兼。先生养神太和，观妙元牝，君子或处之盛也；金印袭贵紫绶方来，君子或出之盛也。非夫道臻博大，德合神明，其孰能与于此也？故于王室则承恩者五代，当朕时则传道者数人，皆曰宗师，无间然矣。夫为文者纪其实，称德者尚其训。先生知余，余宁不述。训寓言而无愧，可披文而相质。铭曰：

忽然勃然，莫不出焉。油然浏然，莫不入焉。百昌之源，万化之泉。于此观妙，实云列仙。列仙伊何，销化却老。观妙伊何，岂假至道。旁通幽赞，神变灵造。淫词厉阶，无隐不讨。讨逆辅顺，功就佐时。藏往察微，业与神期。章绂加等，方来不欺。视缘若遗，恍然我思。大有元吉，黄中通理。默仙委蜕，玄达无已。叶县凫飞，辽城鹤止。玄风盛烈，郁乎千祀。岁在已卯，乘化而往，彼则悠然。不忘旧情，纪诸事迹。仙山海畔，碑石依然。

(二)真人祖碑

大唐故有道先生叶公碑并序

江夏李邕撰并书

昔者诞发老君，道纯天地，生德夫子，身负日月。且时宰不宗，主人勿用，矧乎埋照浚谷，潜盘穷山，幽姿蜕于尘容，素尚胤于仙类。岂辟命行矣爵服縶之而已哉。公讳国重，字雅镇，南阳叶县人也。自少昊锡羡，高辛纂绪。陶唐重熙，后稷迈种。文王之胤乃食于沈。尹戍之子载封于叶。受氏享国，大哉邈乎。逮乎祖乾昱，克壮其犹，永孚于德。瑾户习隐，塞兑亿坤。硕肤长材，通理博艺。虽安车累至而坚卧固辞。故庆祚克开，眉寿维永矣。厥考道兴，性守宫庭，道敷邦国。居鬼从地，帅神从天。受箓以怛之，飞符以北之。扼魍魉之邪。刘台台之祟，有足奇也。至于挥扎落纸，引弓贯革。特起五部，广雅大余，俟谁嗣哉。先生灵承道宗，异闻训诱。弱丧文貌，幼尚真笃。仙骨有象，童心不萌。专精五龙，遍游群岳。聪以知远，明以察微。达死生之占，体物气之变。尝以静贞动耗，息影归止。云外牝壑，林巢仙居。人绝不邻，道阻且右。独往幽胜，永歌隐沦。放闲保和，习虚致静。捃五石之髓，撷三芝之英。时哉不留，岁聿其逝。缁鬓纯漆，韶颜渥丹。事适玄同，神与道�。惟寂惟寞，不饮不食，数十载于兹，乃声闻帝廷。迹发皇眷，简授命，降尊加礼。将之以文马，速之以畅毂。先生盱眙长揖，挥手高谢曰："自昔帝舜登庸，德辉允烁，光武继统，吏道孔嘉。且薛方逢萌，备外臣之礼。虞仲夷逸，终处子之业。岂垢俗疵物，偏质介性，将探道慕德，坐致遐龄。"使者蓄无言之疑，申遂行之旨。乃周览庐室，省躬仓庑。考畴人之疆亩，讯家童之作业。皆俭以遵约，安能维始。味不甘白，色无养目。信以为著诚去伪，敢守难夺。顺风可即，强起曷至焉。遂虚观靓复命，（暂放闲列。）朝廷企其高，渴其道，聆嘉声而属想者，岂胜言哉。有司以天元书缺，星度官弛。亡五德之转，缪四时之序。天道运行，不知所况，子亥丑癸，焉识其原，皆乘遽远寻，请益传授。可谓绳诚列而曲直征，衡诚悬而轻重立。粤惟博物君子，岂伊小说鳜生乎。呜呼，天不持久，人将复归。颓年迫于期颐，远志屈于摧落。卜兆幽谷，托坟清林。逸人不追，国士靡宪。泉石沮色，乡县失声。岂无他人，惟子之故。胤子慧明，赠银青光禄大夫，歙州刺吏。公罔替厥繇，代增其业。启秘箓之高妙，扬玄津之洪波。道微若声，心麽苦气。吹律暖谷，运历知天。屡下辟书，终不应命。孙景龙观道士，鸿胪卿越国公法善，幼得父书，早传成法。鬒念有训，迈迹自身。读天下之书，备方外之术。火涤淫祀，剑诛群妖。恩开五君，名动四国。其入也，排金锁，谒紫庭，为帝傲吏；其出也，法玉京，坐玄寺，作人宗师。故能大匠道门，冢卿朝右。礼食轩座，寓直禁庐矣。常以理气自强，登老益壮。虽暮景急节，而纯孝孔哀。是献封章，愿拜坟墓。有轸帝念，载形王言。神札以飞，传瑞乃发。群公帐饯，列藩郊迎。朝章有晖，乡人皆庆。枉以末技，扬于孝心。惟先志以追远，立丰碑以纪德。夫何间然，其词曰：宗门素履，家代隐仙。道一相孕，薪火交传。黄公(术左)赤水珠联。道开幽键，性与真荃。一门累祖，四至百年。抗迹岩谷，消声天地。卓尔遐举，蔼然高致。麝以臭焚，珠以明坠。人则有心，征亦不至。保身匪偷，全璞为利。孝孙增业，明辟顺风。心尝无忝，事或不同。征贤朝满，举逸山空。曷由高枕，克谢代工。测微达变，尽规纳忠。皇眷虽渥，孝思亦深。章服粲粲，传驷骎骎。载达阙庭，是展坟林。纪石追远，昭铭率心。孝忠事立，荣段宠今。遐超古始，永宪江南。开元五年岁丁巳三月七日，侍者清溪观主，詹玄一，丁口。(真人有政观碑，末所书如此，盖李公既为撰碑而难于书，真人追其魂而书之，世号追魂碑。其间用字多差误，是时夜艾钟鸣，李公书未毕而觉，碑因在而不易云。)

(三)真人父碑

大唐赠歙州刺史叶公神道碑并序

江夏李邕撰

国子监太学生韩择木书并题

公讳慧明，字德昭，南阳郡人也。其先系自轩后，弥于周文。聃季食沈，子高封叶，因为氏矣。逮问政偶孔，好龙得真，代有闻也。昔者惟帝兴运，乃圣炳灵。风云相从，人梦通感。问气骏发，良弼大来。有开必先，凭物为象。固自然矣。则我使君降仙府，乘道流。追踪隐沦，叶契幽叟。结庐涧沚，考盘岩椒。同人利贞，遁代勿用。雅好酒德，尤邃老经。话言解颐，精义绝倒。诱进不倦，虚纳尽欵。好事集门，长者阗里。每至升月帷户，和风林薄。植杖啸谷，席皮琴山。泰然乐生，澹乎忘老。方且维性，寿溯神仙。徇赤松之游，纵黄老之术。外身先物，归根致柔。缘以大均，持以大定。色理不荡，宠辱不惊。绳绳焉，熙熙焉。孔德之容，罔可测已。故师长旌礼，邦族兴化。智者谓智，仁者谓仁。虽褐塞桑枢，苎衣韦带。必避涂加敬，怀风惕息焉。

是用克闻于家，大育厥胤。则我越公袭上德，延庆灵，生而知之，学而习之。有专门之资，得丕承之业。才龀骊道，既冠同玄。讯远岳之福庭，觏幽寻之方士。陈咒雷骇，吐刃电光。沈海莫濡，蹈冶匪热。呵万鬼，搦百神。启阴官之符，变冥司之箓。追究往事，坐知来兹。膏肓无所遁其形，雾露不能滋其疾。奇迹多绪，嘉声日闻。是以大君孔休，辟命荐至。入自卧内，问以咎征。造膝必成，偶事偕中。时更四纪，代且五王。顺风以请天师，敛衽以近皇极。缁素莫能出右，公卿是惟虚左。国家有事天地，将旅海岳。公尝致礼加璧。能事洁羞。传驷载途，郡邑迎谒者，岁四三焉。自顷贼臣畜祸，小人吹蛊。敢为戎首，兴此厉阶。天步未亨，人事将始。公乃极陈幽赞，大启圣猷。枚卜撰辰，并走群望。作为邦翰，先后主忧。殄剿元凶，翼扶皇统。是嘉厥异，式扬尔忠。爵赏懋于身，宠赠光乎考。匪此父也，曷训其子。匪此子也，曷扬其亲。松楸已行，碑板未立。求念终古，追存孝思。骤请阙延，第如江介。远访才子，枉逮鄙夫。赵括论兵，多阙旧学。班固述史，实赖家书。顾惟成章，伏愧贞石。其词曰：真隐夷轨，默仙解形。倬哉独立，企古遐征。殆庶玄德，升睹丹经。服乡不涅，光和无营。卜筑岑渚，左药右琴。徐啸风谷，缓步月林。白云怡意，清泉洗心。曷胜不往。曷奇不临。迹因神远，情随地深。举代方籍，皇家未轼。肇有懿子，载扬令德。左慈致物，越人辨色。司察鬼谋，役使神力。宠被五君，声闻八极。日尝薄蚀，国有多难。凶逆扇扬，忠烈愤惋，亦既先觉，克图幽赞。皇哉神武，赫然天断。薄然即戎，于以戡乱。帝念畴庸，典开列土。岂曜厥身，实赠于父。朱旛乃锡，紫绶是与。存致殁荣，忠伸孝举。列列桐柏，绪风兴悲。表墓有阙，纪德无词。哀哀严荫，奕奕孝思。孰传终古，是建丰碑。赠慧明银青光禄大夫歙州刺史子道士法善授鸿胪卿越国公。开元五年七日太岁丁巳鹑尾七月夷则七日甲辰建。

附三 叶法善相关史传辑录

(一)《旧唐书》列传第一百四十一《方伎》

叶法善传

道士叶法善，括州括苍县人。自曾祖三代为道士，皆有摄养占卜之术。法善少传符箓，尤能厌劾鬼神。显庆中，高宗闻其名，征诣京师，将加爵位，固辞不受。求为道士，因留在内道场，供待甚厚。时高宗令广征诸方道术之士，合炼黄白。法善上言："金丹难就，徒费财物，有亏政理，请核其真伪。"帝然其言，因令法善试之，由是乃出九十余人，因一切罢之。法善又尝于东都凌空观设坛醮祭，城中士女竞往观之。俄顷数十人自投火中，观者大惊，救之而免。法善曰："此皆魅病，为吾法所摄耳。"问之果然。法善悉为禁劾，其病乃愈。

法善自高宗、则天、中宗历五十年，常往来名山，数召入禁中，尽礼问道。然排挤佛法，议者或讥其向背。以其术高，终莫之测。

睿宗即位，称法善有冥助之力。先天二年，拜鸿胪卿，封越国公，仍依旧为道士，止于京师之景龙观，又赠其父为歙州刺史。当时尊宠，莫与为比。

法善生于隋大业之丙子，死于开元之庚子，凡一百七岁。八年卒。诏曰：

故道士鸿胪卿、员外置、越国公叶法善，天真精密，妙理玄畅，包括秘要，发挥灵符，固以冥默难源，希夷罕测。而情栖蓬阆，迹混朝伍，保黄冠而不杖，加紫绶而非荣，卓尔孤秀，冷然独往。胜气绝俗，贞风无尘，金骨外耸，珠光内应。斯乃体应中仙，名升上德。朕当听政之暇，屡询至道；公以理国之法，数奏昌言。谋参隐讽，事宜弘益。叹徽音之未泯，悲形解之俄留，曾莫憖遗，歼良奄及。永惟平昔，感怆于怀，宜申礼命，式旌泉壤。可赠越州都督。

（二）《新唐书》列传第一百二十九《方技》

叶法善传

高宗时，又有叶法善者，括州括苍人。世为道士，传阴阳、占繇、符架之术，能厌劾怪鬼。帝闻之，召诣京师，欲宠以官，不拜。留内斋场，礼赐殊缛。时帝悉召方士，化黄金治丹，法善上言："丹不可遽就，徒费财与日，请核真伪。"帝许之，凡百余人皆罢。尝在东都凌空祠为坛以祭，都人悉往观，有数十人自奔火中，众大惊，救而免。法善笑曰："此为魅所冯，吾以法摄之耳。"问而信，病亦皆已。其谲幻类若此。

历高、中二宗朝五十年，往来山中，时时召入禁内。雅不喜浮屠法，常力诋毁，议者浅其好习，然发卫高，卒亘之测。睿宗立，或言阴有助力。无天中，拜鸿胪卿，员外置，封越国公，舍景龙观，追赠其父歙州刺史，宠映当世。开元八年卒。或言生隋大业丙子，死庚子，盖百七岁云。玄宗下诏褒悼，赠越州都督。

(三)《太平广记》卷二十六《神仙》

叶法善传

叶法善字道元,本出南阳叶邑,今居处州松阳县。四代修道,皆以阴功密行及劾召之术救物济人。母刘,因昼寐,梦流星入口,吞之乃孕,十五月而生。年七岁,溺于江中,三年不还。父母问其故,曰:"青童引我,饮以云浆,故少留耳。"亦言青童引朝太上,太上颔而留之。弱冠,身长九尺,额有二午。性淳和洁白,不茹荤辛。常独处幽室,或游林泽,或访云泉。自仙府归还,已有役使之术矣,遂入居卯酉山。其门近山,巨石当路,每环回为径以避之。师投符起石,须臾飞去,路乃平坦。众共惊异。常游括苍白马山,石室内遇三神人,皆锦衣宝冠,谓师曰:"我奉太上命,以密旨告子。子本太极紫微左仙卿,以校录不勤,谪于人世,速宜立功济人,佐国功满,当复旧任。以正一三五之法,令授于子。又勤行助化。宜勉之焉。"言讫而去。自是诛荡精怪,扫馘凶妖,所在经行,以救人为志。

叔祖靖能,颇有神术,高宗时,入直翰林,为国子祭酒。武后监国,南迁而终。初,高宗征师至京,拜上卿,不就,请度为道士,出入禁门。乃欲告成中岳,扈从者多疾,凡噀咒,病皆愈。二京受道箓者,文武中外男女弟子千余人。所得金帛,并修宫观,恤孤贫,无爱惜。久之,辞归松阳,经过之地,救人无数。

蜀川张尉之妻,死而复生,复为夫妇。师识之曰:"尸媚之疾也,不速除之,张死矣。"师投符而化为黑气焉。相国姚崇已终之女,钟念弥深,投符起之。钱塘江有巨蜃,时为人害,沦溺舟楫,行旅苦之。投符江中,使神人斩之。除害殄凶,玄功遐被,各具本传。

于四海六合,名山洞天,咸所周历。师年十五,中毒殆死,见青童曰:"天台茵君,飞印相救。"于是获苏。又师青城山赵元阳,受遁甲。与嵩阳韦善俊传八史,东入蒙山,神人授书。诣嵩山,神仙授剑。常行涉大水,忽沉波中,谓已溺死,七日复出,衣履不濡,云:"暂与河伯游蓬莱。"则天征至神都,请于诸名岳投奠龙璧。中宗复位,武三思尚秉国权。师以频察妖祥,保护中宗相王及玄宗,为三思所忌,窜于南海。广州人庶,夙仰其名,北向候之。师乘白鹿,自海上而至,止于龙兴新观。远近礼敬,舍施丰多,尽修观宇焉。

岁余,入洪州西山,养神修道。景龙四年辛亥三月九日,括苍三神人又降,传太上之命:"汝当辅我睿宗及开元圣帝,未可隐迹山岩,以旷委任。"言讫而去。时二帝未立,而庙号年号,皆以先知。其年八月,果有诏征入京。

追后平韦后，立相王睿宗，玄宗承祚继统，师于上京，佐佑圣主。凡吉凶动静，必予奏闻。会吐蕃遣使进宝函封，曰："请陛下自开，无令他人知机密。"朝廷默然，唯法善曰："此是凶函，请陛下勿开，宜令蕃使自开。"玄宗从之。及令蕃使自开，函中弩发，中番使死，果如法善言。俄授银青光禄大夫鸿胪卿越国公景龙观主。

祖重，精于术数，明于考召，有功于江湖间，谥有道先生，自有传。父慧明，赠歙州刺史。师请以松阳宅为观，赐号淳和，御制碑书额，以荣乡里。

明年正月二十七日，忽友云鹤数百，行列北来，翔集故山，徘徊三日，瑞云五色，覆其所居。是岁庚申六月三日甲申，告化于上都景龙观。弟子既齐物、尹愔，睹真仙下降之事，秘而不言。二十一日。诏赠金紫光禄大夫越州都督。春秋百有七岁。所居院异香芬郁，仙乐缤纷，有青烟直上烛天，竟日方灭。师请归葬故乡。敕度其侄润州司马仲容为道士，与中使监护，葬于松阳。诏衢、婺、括三州助葬。供给（给原作终，据明抄本改）所须。发引日，敕官缟衣祖，送于国门之外。

开元初，正月望夜，玄宗移仗于上阳宫以观灯。尚方匠毛顺心，结构彩楼三十余间，金翠珠玉，间厕其内。楼高百五十尺，微风所触，锵然成韵。以灯为龙、凤、螭、豹腾踯之状，似非人力。玄宗见大悦，促召师观于楼下，人莫知之。师曰："灯影之盛，固无比矣；然西凉府今夕之灯，亦亚于此。"玄宗曰："师顷尝游乎？"曰："适自彼来，便蒙急召。"玄宗异其言，曰："今欲一往，得乎？"曰："此易耳。"于是令玄宗闭目，约曰："必不得妄视，若误有所视，必有非常惊骇。"如其言，闭目距跃，已在霄汉。俄而足已及地。曰："可以观矣。"既睹影灯，连亘数十里，车马骈阗，士女纷委。玄宗称其盛者久之，乃请回。复闭目腾空而上，顷之已在楼下，而歌舞之曲未终。玄宗于凉州，以镂铁如意质酒，翌日命中使，托以他事，使于凉州，因求如意以还，验之非谬。

又尝因八月望夜，师与玄宗游月宫，聆月中天乐。问其曲名，曰："《紫云曲》。"玄宗素晓音律，默记其声，归传其音。名之曰《霓裳羽衣》。自月宫还，过潞州城上，俯视城郭悄然，而月光如昼。师因请玄宗以玉笛奏曲。时玉笛在寝殿中，师命人取，顷之而至。奏曲既，投金钱于城中而还。旬日，潞州奏八月望夜，有天乐临城，兼获金钱以进。玄宗累与近臣试师道术，不可殚尽，而所验显然，皆非幻妄，故特加礼敬。

其余追岳神，致风雨，烹龙肉，祛妖伪，灵效之事，具在本传，此不备录。

又燕国公张说，尝诣观谒，师命酒。说曰："既无他客。"师曰："此有曲处士者，久隐山林，性谨而讷，颇耽于酒，钟石可也。"说请召之，斯须而至。其形不及三尺，而腰带数围，使坐于下，拜揖之礼，颇亦鲁朴。酒至，杯盂皆尽，而神色不动。燕公将去。师忽奋剑叱曲生曰："曾无高谈广论，唯沉湎于酒，亦何用哉！"因斩之，乃巨榼而已。尝谓门人曰："百六十年后，当有术过我者，来居卯酉山矣。

初，师居四明之下，在天台之东，数年。忽于五月一日，有老叟诣门，号泣求救。门人谓其有疾也。师引而问之，曰："某东海龙也。天帝所敕，主八海之宝，一千年一更其任，无过者超证仙品。某已九百七十年矣，微绩垂成，有婆罗门逞其幻法，住于海峰，昼夜禁咒，积三十年矣。其法将成，海水如云，卷在天半，五月五日，海将竭矣。统天镇海之宝，上帝制灵之物，必为幻僧所取。五日午时，乞赐丹符垂救。至期，师敕丹符，飞往救之，海水复旧。其僧愧恨，赴海而死。明日，龙辇宝货珍奇以来报。师拒曰："林野之中，栖神之所，不以珠玑宝货为用。"一无所受，因谓龙曰："此崖石之上，去水且远，但致一清泉，即为惠也。"是夕，闻风雨之声，及明，绕山麓四面，成一道石渠，泉水流注，经冬不竭。至今谓之天师渠。

又一说云，显庆中，法善奉命修黄箓斋于天台山，道由广陵，明晨将济瓜州。是日，江干渡人，舣舟而候，时方春暮，浦溆晴暖，忽有黄白二叟相谓曰："乘间可以围棋为适乎。"即向空召冥儿。俄有丱童擘波而出，衣无沾湿。一叟曰："挈棋局与席偕来。"须臾，丱童如命，设席沙上。对坐约曰："赌胜者食明日北来道士。"因大笑而下子。良久，白衣叟曰："卿北矣！幸无以味美见侵也？"旷望逡巡，徐步凌波，远远而没。舟人知其将害法善也，惶惑不宁。及旦，则有内官驰马前至，督各舟楫。舟人则以昨日之所见具列焉。内官惊骇不悦。法善寻续而来，内官复以舟人之辞以启法善。法善微哂曰："有是乎？幸无挂意。"时法善符术神验，贤愚共知，然内官洎舟人从行之辈，忧轸靡遑。法善知之而促解缆，发岸咫尺，而暴风狂浪，天日昏晦。舟中之人，相顾失色。法善徐谓侍者曰："取我黑符，投之鹢首。"既投而波流静谧，有顷既济。法善顾舟人曰："尔可广召宗侣，沿流十里间，或芦洲茭渚，有巨鳞在焉，尔可取之，当大获其资矣。"舟人承教，不数里，果有白鱼长百尺许，周三十余围，僵暴沙上。就而视，脑有穴嵌然流膏。舟人因脔割载归，左近村闾，食鱼累月。（出《集异记》及《仙传拾遗》）

（四）《正统道藏》洞神部谱录类所录

《唐鸿胪卿越国公灵虚见素真人传》

一卷。撰者不详。

唐叶真人传序

道家以清净虚无为宗，仙家以导引修炼为法。秦皇汉武，尝求神仙矣，求而不得，则曰：天下岂有仙人哉，尽妖妄矣。嗟夫神变无方，希夷莫测。弊屣功名，泥涂轩冕。是岂多欲之君，所能屈致耶。

余出守括苍，有表兄张君，道统为阵真羽士。一日访余，出示《叶天师传》。观其邀致神人，际遇仙客，皆平生精炼修习。仙风道骨，夙与神会，故能感遇契合。如此之易，亦其孝于亲，忠于君，有以动天地，感鬼神。位在上卿，足以鞭风驾霆，膺天爵之荣，岂区区人爵之所能晚哉。

今仙化几千百年矣，祈晴祷雨，泽及生民。报应如响，故宜受享祀。香火绵绵，一旦万古而不穷者矣。淳祐庚子春，裕斋马光祖序。

唐鸿胪卿越国公灵虚见素真人传

真人姓叶。名法善，字道元，一字太素，本南阳人也。自叶公沈诸，梁之后属。汉末桓灵之时，避地江左。鼻祖俭，寻佳山水，得会稽之南乡，隐于卯酉，家于松阳焉。高祖乾昱，道德有闻。曾祖道兴，不坠世业。祖国重，始构大门。父慧明，业诗礼居儒，素不务荣宠。游玩山林，枕石漱流。行歌负薪，每结草为舍。预知未然，曰：吾当有子。妻刘氏，因昼寝，梦流星入口，吞之，继而有娠。经十有五月，岁在困敦，月黄钟，而真人生。天无浮翳，四气朗清。异香入室，神光满堂。彩云徘徊，玄鹤下降。

初真人在胎，声闻于外。及生而聪明，幼而歧嶷。年甫七岁，识量温雅，貌古老成。父熟视之曰：汝幼勤苦，老必雅贵。于是涉江而游，三年不返，家人谓已溺亡。及还，问其故。则曰：二青童引我，饮以云浆，留连许时。年十岁，有善人伦者，曰：子以日角月渊，隆集偻背，修上促下，当为帝王之师。及弱冠，身长九尺，额有二午。性纯洁，自小不茹荤，独处幽室。好古学文，十一诵诗书，十二学礼乐。研穷周易，耽味老庄。河洛图纬，悉皆详览。志愿修道，栖运林泉。与父俱遁乎卯山，樵苏自给。寻形选胜，占星候气。登高临深，穷源逝险。

是时已有役使之术，其门巨石当路，投符起之，须臾飞去，叠于山之东南，众皆惊异。今卯山有石坎存焉。常寻幽访隐，得灵墟福地。其有欧冶铸剑溪。欧溪有神女化冢，石门岭，仙人曳履岭，其山势并括苍仙都洞天。连延天台四明。近金华长山赤松洞，黄初平叱石羊之处，相去不远。中有白马山瀑布水。青溪万仞，古号仙居，林泉葱倩，于是真人隐焉。家贫，尝曰：我生人世，功业未成，堂有垂白之亲，何以为养。遂佣耕亩亩，日吁不休，时有紫云为之覆盖。同人夺其阴处，云亦随之。被渔者扫水，卧于泥中，口中不言，色亦不愠。牧马既去其害，牧牛瓦无其金。无何居父母丧，乃于欧溪近山访卜葬之地，有一白鹿卧于山下雪中，近之，鹿遂跃去，其卧处温然，其有白气亘属高下。真人异之，因小立环视此山，则重冈叠陇，朝挹四正。与夫左右前后连袤起伏，形势悉备。叹曰：斯可藏矣。遂葬焉。

真人曰：不遇名师，将何度世。是时岁方十三，从括苍山入天台、四明、金华、会稽、涉江浙。北入天柱、天目、姑苏、洞庭、勾曲、衡山、霍山。南游剑水，登赤城，至罗浮等处，凡名山胜地，自江汉之南，无不经历。寻诣豫章万法师求炼丹、辟谷、导引、胎息之法。但熊经乌申，吐故纳新，食松茹木，无荣于世。年十五中毒殆死。又见青童曰：勾曲仙人，天台茅君，飞印相救。言毕，印至，印其腹。良久豁如。远访茅君，相遇，岳骨上起，目瞳正方。微笑曰：尔来乎。汝名已登仙格、身逢魔试，故相救而免，当以辅人弼教为意。

由是于青城赵元阳受遁甲步玄之术，嵩高韦善俊传八史云蹻之道。后入蒙山访求隐术，于是山路遇一羽士，问曰：子何往。真人曰：欲求师学道。羽士曰：余亦学道，幸得相遇于此。我欲暂往他处，有小衣朴，君为守之。真人曰：诺。羽士遂去。经数日复来，曰：子真长者，愿以仙书一卷，神剑一口相报。遂开朴取赠授之。羽士告别，且曰：子但持此按行，尔后景界渐来，预知善恶。

又合炼神丹，置坛起灶，经涉数年，思存灵应。十月上甲夜半，焚香愿念，忽闻空中鸣钟击磬，管弦箫瑟之音。起而视之，俄顷见骑从满室，内有三神人，各长八尺余，容貌异常，衣云锦之衣，戴通天冠。真人俯伏虔请。神人曰：汝但复坐勿恐，太上遣吾喻汝，汝合得道。盖昔是太极紫微左宫仙翁领校簿，书录诸仙，及天下得道之士名字，增年减算，一月三奏。缘汝失谨，曾于休暇之日，游乎八荒。因兹降下人世，更修功累德。行满之日，当复汝仙位。今汝行三五盟威正一之法，诛斩魑魅妖魔，救护群品，惠施贫乏，代天行理。但以阴德为先，不须别有贡告。吾有秘法欲相传授，须清斋三日，无使世人知。受吾口诀，不得文字相付，恐传非人。轻泄帝旨，罪延七祖，不得上升。即以符、剑、封、印授之。又一神人曰：卿今退真，下生人世。宜广建功德。更受五岳符图，天皇大字，及三一真经，黄庭紫书，八景素书，步蹑罡纪，秘密微妙。但是三洞上清、上法、上真须精进修习，晨夕无替。及长存五千文，统理人道，明察天地。勿致轻泄，道当自成。又一神人曰：至道微妙，非此能言，要当守一，屏去骄淫。每以鸣钟击鼓，调三理关，导引吐纳，服内外丹。常抱存日月，开闭门户，朝修太上，则当朱光潜照，无英白元，自来守护。黄老奏书，功成行满，必当升举。汝受此言，修行不倦，后期欲至，即于许氏旌阳君宅北山峰，重复相见。真人俯伏，谢曰：某行微德薄，不悟天真，枉垂灵驾，非意所及，恭承教旨，精意奉行。再拜奉辞，神人腾空而去。

由是潜行阴德，济度死生。及会稽理病，屡曾起死。复于扬州，以剑开长史夫人之腹，取病以示人，夫人当时病瘥如故。凡开肠易胃，破腹剪形，一无损坏，亦无痛楚。抉目洗睛，出安纸上，除去膜翳，复纳于中，全不惊动，目明如故。人强与钱，则乞诸贫病。其有狂邪淫祀为灾害者，行履所及，并皆诛戮。名闻远近。并皆知之。

征召至于，再三控辞，不允，勉赴阙庭。高宗皇帝见之，不使设以臣礼。湛然示寂。一无所言，但喘息而已。上曰：卿病耶。曰：臣病在市朝，疗在山林，愿从退隐。上曰：此逸人耳。诏为上卿，真人力辞，不拜。曰：臣愿出家，请为道士。帝乃从之，度于景龙观，多留内庭，问以道法，穷尽源奥，吉凶臧否，皆预知之，言无不中。

黑闼作乱，主上忧惶，莫知所计，问真人曰：何以禳救？答曰：此小寇无足为忧。遂以符法，敕天兵数万翳空而来，甲刃交驰，击贼奔走。帝曰：功卫社稷，师之力也。屡有宠锡，真人辞而不受。曰：是天道神功，在臣何与？

时有中书侍郎女，以狐魅为祟，颠狂猖厥，鬼语神歌。女每见一僧乘青骡来至，其病遂作。奉敕命师为治。真人欲示神变。谓侍郎曰：贫道辟谷日久，疲羸无力，希一饱饭，当即为治。侍郎即遣家人具蔬饭。真人一饭一斛，面三硕。瓜菜果实，莫以数计，见者皆惊，尚云未饱。未作法间，僧乘骡而至，瞻视真人，遂即却走。真人叱吏兵擒执，女遥知发声大哭。真人大叱一声，僧变成狐，骡乃化狗。讯问曰：家在城南古墓中。遂往掘视，得狐百许。金银罗绮，狼藉其内。因得素书三卷，野狐名目宗谱等官位名讳。真人继书符焚之。狐类悉皆屏灭。由是之后，城内病者尽瘥。

帝及皇后，诸王公主，朝士以下，亲受道法。百官子弟，京城及诸州道士，从真人受经法者，前后计数千余人。王公布施塞道盈衢，随其所得，舍入观宇，修饰尊像，及救困穷。每日炊米十余硕，以供贫病，来者悉无选择。真人常怀直谏。匡保社稷之心。高宗欲登封告成，驾幸中岳。忽疫疾流行，扈从者多病死。奉敕命令治，真人一诵吮诀，疫疠消殄，垂死者并皆得苏。特旨授殿中监。真人复辞不受。

当时有供奉明正谏，每使冥官上天曹检事，须臾之间，来报善恶，未尝失期。帝令师密切厌之，及问正谏都无所知。数日云：使不来。上令尊师解之，正谏曰：云被叶尊师遣向天门把捉，不得通。

上又令密凿地为坎，使乐人入坎鼓乐。谓师曰：地中无故有音声，请师厌禳。真人书符四道，钉之于地，音声便断。仍使日责地中乐人，何不作乐。报云:见四方有蛇,各如柱大,张口向人欲噬,惊惧,故不敢动。

时值旱暵,命真人向河祈雨。曰:各宝雨衣及徽盖,相随人未之信。祷祈才毕,雨遂雾霜,人马衣冠尽湿。一日,请帝暂离寝避灾,初不信,真人力言之,方移。毕,风雨雷电霹雳,当帝寝处,直下震地,甲帐为之碎,帝惊悸不已。其余应验,事多不载。

真人虽出入彤闱,佐时辅国,而韬时匿迹,和光同尘,心存仙道,志慕腾举,辞欲还山,帝乃许焉。归至茅山,姑苏、洞庭、天目、天台、括苍等处往来。于茅山修真炼丹,朝谒无亏。忽五月一日,老叟诣门号泣求救,真人引而问之。曰:某东海龙也,上帝敕主八海之宝,一千年一更其任,无过失者,超登列仙。某已九百七十年矣,微勋将就。有婆罗门者,逞其幻法于海畔,日夜禁咒,积二十年,其法将验,海水如云卷上天畔。五月五日,海将涸焉,统天镇海之宝,必为幻僧所取,某今哀求救援。真人许之。至五日午时劝丹符飞往,海水复旧。胡僧愧叹,赴海而死。来日,老叟辈珍奇宝物来报,真人辞谢不受。因曰:此山事去水且远,但得一泉即为惠也。是日风雨及明,山馆之侧有一脉清泉,自石渠出,经旱不竭,今谓之天师渠。在四明之下,天台之东,真人所寓处,皆须置坛立井。卯山绝顶初创山斋,复赐额为通天宫,大中祥符三年改寿昌观。观之侧西北向,有炼丹井,山下有灵泉,即泉处有醮厨,士民祈祷之所。治平元年赐寿圣观,今改名广福观。

真人尝至清溪,属炎暑,与道士游于溪渚。真人忽沉水中,七日不返,同游道士惊惧,谓已葬蛟龙之腹。归告其家,及徒众道俗,尽皆傍溪觅之。七日后,忽见从旧游处出。曰:汝等必惧耶,我暂共河伯游蓬莱,值数仙人宴会,留顷刻间。虑子忧之,故亟来,果然也。遂入天台寻司马练师,访不死之福庭。去桐梧,入灵墟,谓司马练师曰:荫落落之长松,藉萋萋之纤草,今日是也。又登华顶望海云:蓬莱去此不远,与子当复应归彼,即司马练师负琴,真人抚剑而过石桥,临青溪万仞,蹈危履险,抚壁立之翠屏,又何惧焉。

岁辛丑,则天皇后征真人投龙采药,遍祷名山大川。风轩飘飘,驷骑络绎。后中宗皇帝在位,武三思尚秉国权,时多信谗说。真人从容累谏,忤旨贬之岭外。门人忧色。真人曰:否泰有时,隐见正当尔也。遂递至南岳,抵连州,去广州,尚数百里陆路不通,要以舟济。真人欲于广州采药,先遣弟子舟行至广府。义唐观道士闻真人来,驰报都督胡元礼,即与道士僧尼及府县官僚,先向江边迎候。少时,见真人乘白马从水上来,及到岸相谒,引至龙兴观。自都督别驾长史百姓多受道法。舍施园林田宅者甚多,真人一无所取,并回施常住。当后得旨,量移归至洪州,依宗华观,将弟子入西山洪崖先生学道之所，居涉三年，行上清隐法。景龙四年太岁辛亥，据编年作景云二年辛亥三月初六夜，弟子梦一仙人，将一鹤，相随问云。对曰：我是时人，不言姓字。指弟子曰：君幸得师左宫仙，卿帝其方征，即有信来。神人所将鹤徘徊四顾，宛转而舞。睡觉即白之。真人曰：汝当梦耶，此吉征吾已知矣。九日日中时，有瑞云天乐，香气馥郁，浮空而来，遥至室内，弟子认是梦中所见。神人谓真人曰：相识否乎？答曰：晨夕思慕真容，有如饥渴。每夜存想寤寐之间，常侍左右，何为不识？叩头再拜。神人曰：卿累功欲满，宜自精励，道高魔试，当须慎之。太上令我预送变形易骨金精上药与卿，时运未至，不可即服，密而藏之。神人曰：卿至八月，即当入京，佐助当今帝主，及开元神武皇帝，传授道法，兼殄元凶。今天步艰难，龙飞在即，子当辅佐国家，安镇名山岳渎，投龙醮祭，几在于子，自天佑之。且受世荣禄，至封邑大，内居其位，世亦应之，如影随形。岁鹑尾，月鹑火，三日日中时，西岳侍卿，复卿太极紫微左宫仙卿之位。言毕，真人谢曰：浊质下愚，滥叨真盼，傥遂后期，则虫力负山，不胜其任，粉骨何谢？再拜而辞。

至八月，果奉诏曰：道士叶尊师，令入京，若有弟子，亦任随从。真人既奉诏，乘驿至京。朝见之后，多留内廷。时玄宗在藩邸，与真人同处，因章醮龙见坛前。祈求皆有灵验，祷雪盈尺，请雨滂沱。尝在庐山升坛，坛角陆地水涌，其水甘美，仙鹤草舞。在许先生宅醮，二黄龙从井出。真人匡辅玄宗，在滁州明雨，时预知韦氏逆乱，先已闻奏先天之言，一一并实。玄宗尝问真人机要，乃密云：昔遇神人，尝说有开元帝号。凡谋逆之党，并得预知。及帝登九五，改元为开元，号神武皇帝。真人在帝左右，未尝不献可替否，密申幽赞。除害殄凶，玄功遐被。

相国姚崇有女已死。爱念弥切，投符起之。张尉之妻死而化生，复为夫妇，真人知之，曰：此尸媚之疾也，不速除则张尉必死。投符而化为黑气。钱塘江有巨蜃，沦溺舟航，经涉者苦之。清沙镇长沈愈躬自来迎，真人由是往焉。候潮信至，以铁符丹篆镇之，至今绝其患。又以剑勒道静二字于岩上，各方三丈许。真迹尚存，即三教门山是也。

玄宗移仗上阳宫观灯，尚方匠毛顾心结构彩楼三十余间，饰以金翠珠玉，楼高百余丈。微风所触锵然成韵，以灯为龙螭腾跃之状，似非人力所至，玄宗悦之。促召真人，观于楼下。真人曰：彩灯之盛，固无比矣，然西凉府今夕之灯，亦亚于此，但皆奢侈，无益于国。帝怪其言，欲试其仙术，且曰：今欲一往。得乎。曰：此易耳，以至尊远往观灯，恐非所宜。帝力强之。真人请帝瞑目，腾驱而上，俄顷即至，以所随如意赏酒。及欲回，复请帝瞑目，顷之，已在楼下，而歌舞未终。继遣中使，托以他事，使于凉州，因取如意以还，验之非妄。

八月望夜，与帝游月宫，令聆月中天乐，问其曲名，曰：紫云。帝素知音律，记其声，遂着乐府，更其名曰：霓裳羽衣。自月宫还，过潞州，俯视城郭悄然，而月色如昼，因请帝以玉笛奏曲。时玉笛尚在寝殿中，真人遣神人取之，不顷而至，既而奏曲，遂投金钱于城中而还。旬日潞州奏，八月望夜，有天乐临城，兼获金钱以进。

帝累与近臣试其道术，皆非妄幻。若入柱隐形，凌空化鹤，追岳神，致风雨，灵验之事，不可殚述。会吐蕃遣使，进宝函封，曰：请陛下自开，毋令他人知机密。朝廷默然。唯真人曰：此是凶物，宜令番使自开。及令开，函中弩发，中番使而死。帝嗟叹惊悸。故愈加礼敬。先天二年八月，加授金紫光禄大夫，鸿胪卿越国公。三让不受，帝不许让。制书略曰：道士叶法善德包贞素，学究玄微。预睹衅萌，函申忠款。宜加宠命，以答懋功。仍遂乃怀，俾从真服。可授金紫光禄大夫，鸿胪卿越国公，兼景龙观主。

真人辞不获免，请回赠先君，并舍括苍山门故居，奏请置宣阳观一所，凡道场供养，珍奇宝物，并是锡赐尽归山门。

（宣阳观属丽水县宣慈乡，今改为冲真观。）赠真人父银青光禄大夫，使持节歙州刺史。又请卯山西南祖宅为观，赐额曰：淳和。（在松阳县旧市，今改为永宁观。）真人于是请还山，拜扫致敬，于丽水松阳二处墓门，封树碑表。命李邕作墓志。韩择木书以光窀宝。其墓在冲真之侧。真人祖国重，葬于松阳之西山，山有石鸡能鸣，遂于其处置道院，今曰天真院。立碑于下。时请李邕为碑记，并求其书，而邕不允，是夜追其魂书之，续以碑刻示邕。邕笑曰：初以为梦，今果然矣。真人始得碑石于海峤，遣神人运归，水神不知，误裂其石，即投符治之，水神哀告，得免。以胶缀石断处，今其碑断痕在焉。

真人封树碑拜祭，泉石生辉，乡间忻庆。开元五年，岁在丁巳，春三月因别乡人，曰：别易会难，此去恐不相见。左右欢欢。道俗潸然。车骑骈阗，士女络绎。送之登途，莫不哀恸。又曰：吾来年即遣信还，可于此候之，信到吾非久矣。明年正月二十七日，忽见玄鹤数百，列北而来，翔集欧溪，徘徊三日。瑞云五色，一时上覆。三日之后，不知所在。乡人怪其言灵异，莫测所由。

开元八年庚甲岁五月，真人已年一百七岁，于西京景龙观托疾，潜服神丹。天真来往，千乘万骑，日夜不绝。门人弟子，亲王公主，中使朝士，已下来去莫觉。唯弟子君愔、卢齐物等见，密而不言。至六月三日，甲申日中时分，真人化剑为尸，云舆造门。天钧拥户，彩云缭绕，香气缤纷，迎侍而去。京城之人咸见院中有青烟直上，与天相接，终日不灭。真人于座侧留三诗云：

昔在禹余天，还依太上家。忝以掌仙录，去来乘烟霞。暂下宛利城，渺然思金华。自此非久住，云上登香车。

适向人间世，时复济苍生。度人初行满，辅国亦功成。但念清微乐，谁忻下界荣。门人好住此，倏然云上征。

退仙时此地，去俗久为荣。今日登云天，归真游上清。泥丸空示世，腾举不为名。为报学仙者，知余朝玉京。

并有遗书报弟子仲容，云：汝将吾诗及书进上，不得求官，当奉诏监丧，归葬括苍。吾去后百六十年外，卯山当出一人，更过于吾。若有人于吾旧居修行，即其人也。

真人昔藏剑丹在卯山巨石下，后有丰去奢修行于此，得之，遂仙而去。今山产仙茆及无名异丹，灶下土化成耳。真人升云之后，弟子于旧坐处，收得诗及书进上，帝感泣，亲幸丧所，辍朝三日。王公以下百官朝士，无不感恸。翌日，进赠越州都督。至十六日，奉敕内图写真人貌像，御制赞曰：

词江泻液，义苑含芬。别有真气，青溪出云。卓尔无对，超然不群。幽蓟子，道士封君。

肃宗重赞曰：

昂昂高士，潇洒孤峙。却立排烟，乘霓控鲤。果而不伐，为而不侍。驭风泠然，与物终始。

又有制书，具在贺知章作《玄虚志序》中。仍敕度真人弟子司马仲容为东京圣真观道士，与中使护丧，归葬于宣阳观之侧。王公以下，尽出京城青门外送别，倾城缟素，莫不攀号哀恸。归至扬州，冥信先至，仙鹤数百翔于括苍洞天墓田。彩云五色，徘徊数日，不终旬朔，真人灵辆已至葬所，奉敕衢、婺、杭三州助葬，官僚士庶，道俗男女，去来如市，门人数千，悲恸不已。百鸟哀鸣。四面云集。天为改色，日亦无光。葬后一年，棺椁自开，但见衣冠剑舄，始知真人不死。实轻举耳。帝缅想仙风，眷慕不已。于观立碑宠以宸翰，及命太子题额。至国朝政和六年，特封“致虚见素法师”。宣和二年，加号“灵虚见素真人”。诰文藏于丽水之冲真。今以李邕所作碑志，及真人前后表奏、批答、制诰、世系，悉辑录于后云。

附四　叶法善存世表奏及诗文辑录

(一)真人乞归乡上表

道士臣某言:臣江海野人,素无道业。涧饮木食,枯槁自居。属圣朝宗道之门,大兴玄范。臣得沐皇化,服事五朝,竭忠尽诚,披肝沥胆。一有所补,万死无恨。侃属圣朝,重张寓县,再安品物。凡在含识,咸用昭苏。陛下不弃刍荛,复收簪履。臣愚陋过蒙恩渥,假具列棘之司,加以茅直之封。褒荣圻被,泽漏泉肩。然臣胡颜堪此大造,灰身刎首,不能上答。前岁天恩赐归乡里。残魂假息,获拜先茔,聚族联党,不胜悲庆。属亲柿莫年,百余三岁,见臣还丘壑,载喜载悲,才逾一旬,奄忽先逝。虽死生有命,理则固然,而骨肉有情,岂无哀痛。积年之疹。一朝遂发。形容枯劣,殆不能胜。往者虔奉纶言,俾投龙璧。奉使之后,礼应复命,心驰魏阙,意欲骏奔,病在江乡,力难胜致。自前年之冬末,骤辞南土。去岁之夏首,才达东京。死魂余步,抑难训说。宁有形枯心疾。叨厕莫宜。紫绶金章,人臣极贵。自非功高,带砺不可,锡其光宠。况道本希夷,无观视听。谬膺匪服,实玷国猷。伏愿陛下特赐余魂,得归丘墓。则物善遂性,天覆无涯。方违阙廷,不胜攀恋。无任恳祷之至,谨诣朝堂,上表以闻。臣诚惶诚恐,死罪死罪。谨言。

开元四年二月二十一日,鸿胪寺卿员外置越国公,景龙观主,臣叶某上表。

批答:省表具之。师羽仪碧落,梁楝玄门。迹虽系于人间,神自超于物累。方欲受三清之要,宣六气之和,资于朕躬,助以为政。且光庆之义,众妙所存。江海之心,此期难允。即宜断表,深体朕怀。

(二)真人乞归乡修祖茔表

道士臣某言,二月二十日,扶病陈诚,特乞余魂归修茔墓。而高天未听,局地无所。因此旧气发动,残生如线。未辞圣代,奄成异物。幸赖天覆含育,未即泉壤。贷及余命,得遂微心。臣前奉丝纶,赐归桑梓。既宝龙璧,备历山川。夙夜周章,恭承国命。比及乡里,时迫严寒。属数年失稔,百姓逃散,亲族馁馑,未辩情礼,欲树碑碣,私愿莫从。而碑石犹在苏州,未能得达乡里。臣焦心泣血，以日为岁。若此心不遂，死不瞑目。伏惟陛下覆焘亭育，昆虫遂性，孝理之教，被及含生。臣皮骨空存，命均风烛。乞余喘未绝。所愿获申。一闻圣恩，九泉无恨。方当解违宸极。异疾江湖。伏枕疏襟，不胜悲恋。谨诣朝堂，上表以闻。臣诚惶诚恐，死罪死罪。谨言。

开元四年二月二十三日，具位臣某上表。

批答：省表具知，师体含众妙，道冠草仙。希微所以，得真清净。由其助化。然因心之恳，扶病思归。表疏累闻，词情转至。今依所请，有斡于怀。

（三）真人乞回授先父表

臣闻，孝道之大，人行所先。故洪覆无言，神女有卷绡之应。厚载至广，江鳞表充膳之征。斯实感于神祇，通于天地者矣。伏惟皇帝陛下，孝道吋天地，圣备符神祇。齐郡擢灵芝，陵寝降甘露。此陛下孝感之应，故当锡类及物。而臣幸生孝理之代，目视灵应之符。身无横草之功，虚受茅苴之锡。九卿之任，下譬江海。五等之爵，上应星纬。臣崦嵫日迫，泉壤无几。生我父母，竟未答于劬劳。覆我圣恩，实有重于山岳。臣诚则微物，岂能无心。自忝辱朝列，日夜惶惧。生无益于圣代，死实负于康时。而犬马私情，切有所愿。乞以陛下，所授爵位，回赠先父。臣上不违陛下孝道之风，下得展臣罔极之念。一遂哀疚，万死为幸，且臣鸡皮鹤发，形骸若是。残魂假气，奄忽无时。去冬辞违阙廷，舆疾道路。曲蒙陛下覆养之德，复喜生全，令得重谒紫宸，趋蹑丹地。及兹余喘，披沥微诚。陛下所假臣厚禄赊钱，乞纳天库，官名封号，以被泉门。则聚族糜躯，合宗豂胆。存亡幸甚，所不敢言。伏愿天慈，沛然听许。再生非重，百身靡赎。不胜哀苦，悲恳之至。谨诣阙上表以闻。臣诚惶诚恐，死罪死罪。谨言。

开元四年二月二十三日，具位臣某上表。

批答：省表具知。师名登仙境，才轶道枢，保护朕躬。朕不忘德朝之爵秩，事时至公，鉴所陈析，情探大孝。朕敦风厉俗，益所嘉称。师崇让鸣谦，固难依允。所请赠者，别有处分。

（四）叶法善存世修道言论辑录

曾慥《道枢·九仙篇》叶法善关于内丹道修炼方面的言论，现辑录如下：

光辩天师叶法善也，曰：修长生者，勿散乱，勿烦怒，勿起着，勿妄想，勿贪爱，勿邪淫，勿放逸，而后可成也。

光辩天师曰：水火者，古先圣人之大药也。不在于外，而在吾身焉。心火也，应于离；肾水也，应于坎。故造金丹者，须凭龙虎水火者也。先之冷其坎户，如水而后下龙虎焉。于是交之有度，用之有数，下心之火，焚之可以治众疾，补虚损矣。病之微者，自顶至踵，以肾之水洗之可也；病之大者，自足至踵，以心之火焚之可也。

光辩天师曰：以本意在鼻之上，寸丝不挂于心，玄牝之门，诸事俱舍，离其本念，定息不出不入焉。

光辩天师曰：一息三七撞，日为之二十一过，至二旬乃能出黄云矣。

光辩天师曰：可以卧而为之，其名曰睡法。其去如寐，其来如寤焉。修道必待阳数之兴，而勿施泄，令阳气作用焉。故当一阳之生，则修之于静室，诸绿俱舍，而存想其五藏诸神，所谓青龙、白虎、朱雀、玄武也，所谓恍惚杳冥之中者也。

光辩天师曰：日，阳也，乃用阴数，八九七十二焉；月，阴也，乃用阳数，九九八十一焉。此法纯阳，故用四旬有五日焉。不用河车者，顺天道左转，自玄牝之门至于顶后矣。

光辩天师曰：青龙者，昼先下焉；白虎者，夜后行焉。青龙属于阳，昼有二十四度；白虎属于阴，夜有三十六度，于是昼行四十六，夜行四十九，耕种于脾之上，而生黄芽。黄芽者，命之根也。

光辩天师曰：圣胎者，不自外求，想其肾出精气，入于血海，凝结而成者也。

光辩天师曰：其出也，自一步至十步，以至二十步、四十步，百日可行万里，是为地仙者也。

光辩天师曰：神仙之剑，何谓也？先收日月之精华，后起心火锻之。日月者，肾也。于是肺为风鞴，肝为炉炭，脾为土模，胆为砺石。一息气中，为法自成矣。

（五）叶法善遗世诗

其一

昔在禹余天，还依太上家；
忝以掌仙录，去来乘烟霞；
暂下宛利城，渺然思金华；
自此非久住，云上登香车。

其二
适向人间世，时复济苍生；
度人初行满，辅国亦功成；
但念清微乐，谁忻下界荣；
门人好住此，儵然云上征。
其三
退仙时此地，去俗久为荣；
今日登云天，归真游上清；
泥丸空示世，腾举不为名；
为报学仙者，知余朝玉京。

（六）关于写叶法善历代诗歌

寄天台叶尊师
王贞白
师住天台久，长闻过石桥。
晴峰见沧海，深洞彻丹霄。
采药霞衣湿，煎芝古鼎焦。
念予无俗骨，频与鹤书招。

《步虚词》
李隆基
清溪道士人不识，
上天下天鹤一只。
洞门深锁碧窗寒，
滴露研朱点周易。

叶法善像赞
李隆基
词江泻液，义苑含芬。
别有真气，青溪出云。
卓尔无对，超然不群。
幽人蓟子，道士封君。

叶法善像赞
唐肃宗(李亨)
昂昂高士,潇洒孤峙。
却立排烟,乘霓控鲤。
果然不伐,为而不恃。
驭风泠然,与物终始。

送叶尊师归处州
唐 耿湋
风驭南行远,长山与夜江。
群袄离分野,五岳拜旌幢。
石髓调金鼎,云浆实玉缸。
狺狺吠声晓,洞府有仙厖。

附五　历代帝王赠封叶法善制诰

(一)赠叶法善越州都督制

故道士鸿胪卿员外置越国公叶法善,天真精密,妙理玄畅。包括秘要,发挥灵符。固以冥默难原,希夷罕测。而情栖蓬阆,迹混朝任。保黄冠而不拔。加紫绶以非荣。卓尔孤秀,泠然独往。胜气绝俗,贞风无尘。金骨外耸,珠光内映。斯乃体应中仙,名升上德。朕当听政之暇,屡询至道,公以理国之法,数奏昌言。谋参隐讽,事宜弘益。难徽音之未泯,悲形解之俄留。何莫慭遗,歼良奄及。永惟平昔,感怆于怀。宜申礼命,式贲泉壤。可赠越州都督。

(附录)弟子丁政观谢赐真人碑铭状

内肃明观道士尹惜,宣敕内出御文,赐臣师主。臣跪奉天章,仰瞻宸翰。以惶以喜,载庆载悲。臣忝与门人,不胜感愧之至,谨录陈谢以闻,谨状。开元二十七年四月二十三日,弟子景龙观道士丁政观等进。

（二）致虚见素法师诰

敕，唐金紫光禄大夫，鸿胪卿，越国公，元真护国天师叶某：夫为道者，所为无近名，而人亦无得名焉，此至人所以去名也。乃若善善而恶恶。垂世立教，则以名为表，治天下者，亦无不废尔。学道得法，自拔滓秽之中。今数百年，剑履如生，犹不忘物应民。请祷夹（華）之爵，而自然尔。固得之，聊易名号，以慰州人。可特封致虚见素法师。政和六年正月二十一日。

（三）加封灵虚见素真人诰

敕，朕体妙道以治身，畅淳风而抚世。凡号高真之侣，每与往躅之怀。见素真人叶法善，太极仙卿，括苍羽客。扫袄凶而馘减，摄魍魉以惊奔。故在开元之间，屡示化人之迹。深莫可测。本皆自然。惟见素之强名，具治平之前诏，景仰可以推崇。敢忘申贲灵虚，用彰徽妙。可特封灵虚见素真人。宣和二年六月二十五日。

主要参考文献

[1] 张继禹主编. 中华道藏[M]. 北京：华夏出版社，2004.

[2] [后晋]刘昫等. 旧唐书[M]. 北京：中华书局，1961.

[3] [宋]李昉等. 太平广记[M]. 北京：中华书局，1961.

[4] [宋]欧阳修. 新唐书[M]. 北京：中华书局，1961.

[5] [清]董诰等编修. 全唐文[M]. 上海：上海古籍据原刊影印本，1990.

[6] [宋]王钦若等编. 册府元龟[M]. 北京：中华书局，1960 年影印.

[7] [唐]道世. 法苑珠林[M]. 上海古籍出版社，影印本，1991.

[8] [宋]普济著，苏渊雷点校[M]. 五灯会元. 北京：中华书局，1984.

[9] [清]道光十一年(1831)版. 叶万春撰修松阳. 卯峰广元叶氏宗谱[M]. 木活字本，2008 再版.

[10] 丁煌. 汉唐道教论集[M]. 北京：中华书局，2009.

[11] [唐]道世. 法苑珠林[M]. 上海：上海古籍出版社，影印本，1991.

[12] 陈鼓应. 老子今注今译[M]. 北京：商务印书馆，2003.

[13] 杨勇. 世说新语校笺[M]. 北京：中华书局，2006.

[14] 王明. 抱朴子内篇校释[M]. 北京：中华书局，1985.

[15] 卿希泰，唐大潮. 道教史[M]. 南京：江苏人民出版社，2006.

[16] 蒋维乔. 中国佛教史[M]. 长沙：岳麓书社，2010.

[17] 汤一介. 儒道释与内在超越问题[M]. 南昌：江西人民出版社，1991.

[18] 曹学佺. 石仓历代诗选[M]. 景印文渊阁四库全书. 台北：台湾商务印书馆，1983.

[19] 郭茂倩、乐府诗集：第 80 卷[M]. 台北：里仁书局，1999.

[20] 沈括. 梦溪笔谈：卷五[M]. 中华书局，2009.

[21] 十三经注疏・周易正义・系辞下[M]. 北京：中华书局，1980.

[22] 陈第. 屈宋古音义. 卷 2[M]. 武昌张氏校刊本，清光绪六年(1880).

[23] 魏征. 隋书：卷七十七，列传第四十二. 隐逸[M]. 北京：中华书局，1973.

[24] 王溥. 唐会要：卷 33[Z]. 上海：上海古籍出版社，1991.

[25] [清]彭定求等编. 全唐诗:卷 511[Z]. 上海:上海古籍出版社,据扬州诗局本缩印,1986.
[26] 正统道藏[M]. 台北:新文丰出版社,1985.
[27] 唐大诏令集[M]. 上海:商务印书馆 1959 年版.
[28] [唐]赵璘. 因话录:卷五[Z]. 上海:上海古籍出版社,1979.
[29] [唐]杜光庭. 洞玄灵宝三师记[M].《道藏》本.
[30] 李宗为. 唐人传奇[M]. 北京:中华书局 1985.
[31] 陈耀庭等编. 道家养生术[M]. 上海:复旦大学出版社,1992.
[32] 吕锡琛. 道家道教与中国古代政治[M]. 长沙:湖南人民出版社,2002.
[33] 葛兆光. 道教与中国文化.[M] 上海:上海人民出版社,1987.
[34] 刘仲宇. 道教法术[M]. 上海:上海文艺出版社,2002.
[35] 孙昌武. 道教与唐代文学[M]. 北京:人民文学出版社,2001.
[36] [唐]广异记[M]. 戴孚撰、方诗铭辑校. 北京:中华书局,1992.
[37] [元]赵道一. 历世真仙体道通鉴[M]. 道藏影印本.
[38] [汉]刘向. 列仙传[M]. 琳琅密室丛书本.
[39] 杨勇. 世说新语校笺[M]. 北京:中华书局,2006.
[40] 张君房. 蒋力生,等,校注. 云笈七籤[M]. 北京:华夏出版社,1996.
[41] 李丹,王陈亮. 叶法善家族三碑考[M]. 杭州:西泠印社出版社,2008.
[42] 吴真. 为神性加注:唐宋叶法善崇拜的造成史[M]. 北京:中国社会科学出版社,2012.
[43] 青城山道教志[M]. 北京:中央文献出版社,2007.
[44] 王文才纂. 青城山志[M]. 成都:四川人民出版社.
[45] 卿希泰,中国道教史[M]. 成都:四川人民出版社,1992.
[46] 朱连法. 叶法善传略[M]. 上海:上海人民出版社,2012.

后　记

呈献在读者面前的这本专著，是我主持的2012年度浙江省哲学社会规划基础研究类课题“唐代道教宗师叶法善考论”(项目批准号12JCWH02YBM)的最终研究成果。参与本项目研究的成员，分别是丽水学院赵治中教授、丽水职业技术学院王一军副教授、丽水市民盟副主委吴积雷和丽水职业技术学院余红平老师。

在唐王朝前期，叶法善是名声隆盛的一代“道教宗师”，天师派的重要领袖。在宫廷，见宠于五朝君主，因匡国辅主而成为唐玄宗的“尊师”；在民间，他可谓妇孺皆知，还被尊奉为“追求往事，坐知来兹”的“国师”，济世救民、治病去邪的“神医”。而道教史对他没有足够的重视，提到一定的高度，即便研究也语焉不详。原因是叶法善逝世以后，传记、笔记等叙事文本的“仙化”和“神化”，使他成为一位历史、小说、神话、传奇、仙话交织，真伪杂糅、史实駸晦的人物，一些学者试图将被崇拜与想象掩盖了历史史实还原。1988年，丁煌的《叶法善在道教史上地位之探讨》，也没有受到学术界应有的重视。近几年，出现了吴真的《为神性加注：唐宋叶法善崇拜的造成史》，李丹、王陈亮的《唐叶法善家族三碑考》，都有独特的学术视角，为叶法善的研究作出新的贡献。我作为土生土长的松阳古市人，从小听着叶法善的传奇故事长大，更有责任和义务去挖掘这个历史文化资源。前辈学人已经廓清了叶法善研究中的许多谜团，而本书重点放在人们关注不多的一些问题上，是在前人研究基础上的一些学习心得，希望有补于叶法善研究的深入。

开始做这个课题，是在2010年。当时，我正处于苦闷与彷徨之中，不知拿什么来作研究方向。在一次与刘克勤副院长的交谈中受到启发，他鼓励我选定叶法善作为研究对象。我被说得有些心动，但又无从着手。赵治中教授研究处州文史已有十多年，在他的直接帮助和指导下，我逐渐明晰了研究的内容。两年多来，承蒙赵老师悉心指点，尤其是赵老师那严谨的治学风格和求是的学术态度对我影响很大，深感搞学术应当“有一分证据说一分话”。本书倾注了赵老师的心血，从确定专著的纲目、内容一直到文章的修改、定稿，他都提出了许多真知灼见。我也努力使自己的研究扎实稳妥，以不辜负老师的殷切期望。但结果和愿望可能还有一段距离，书中尚有不尽如人意之处，希望得到方家和读者的批评指正。

本书共有六个章节，其中第二章和第三章分别与赵治中老师和王一军老师合作完成。

感谢浙江师范大学博士生导师陈华文教授，在课题申报与书稿撰写的过程中，给予精心的指导和热情的帮助，提出了许多切中肯綮的建议，对书稿的修改与完善起到了很大的作用；感谢叶平先生（叶法善是叶平先生的四十五世祖），给予我极大的鼓励、支持和帮助，为此项课题研究提供了诸多宝贵的第一手资料；感谢天台传统文化交流中心郑能田先生，为相关研究提出了诸多观点和理论支撑；感谢松阳县文史办汤光新先生，曾为本书提供了大量素材；感谢李丹副教授，给予我的鼓励和支持：正是他们的无私、大力的支持和帮助，让我有了研究下去的勇气和决心，才使得成书的过程变得顺利，并最终如期出版，研究心得也终于得以呈现。在此，我一并对他们表示衷心的感谢！

周伟华

2014 年 11 月 18 日